AGENDA OF THE GODS
YAMADA TAKAAKI

神々の予定表《アジェンダ》

予言研究歴30年
元「と学会」員で元オカルト懐疑派

山田高明

CYZO

まえがき

今から約二千年前、イエスが十字架にかけられた事実はよく知られている。

実は、その処刑の数日前、彼は弟子たちに「世の終わり」について語っていた。それはまさに空前絶後の大予言であり、遠い未来の人類に向けたメッセージでもあった。

大変な内容だ、と弟子たちは驚愕した。それでしっかり書き残した者もいた。

それから二千年近くの時が過ぎ去った。今現在、世界では「まさにイエスが予言した終末期に差し掛かっているのではないか」として、騒ぎになり始めている。とりわけ聖書の記述に忠実なキリスト教徒であるエヴァンジェリカルズ（福音主義者）だけでなく、一般市民レベルでもそう感じている人が急増しているのだ。

「いったいその予言とやらはどんな内容なのか？」

「その予言が現代から近未来を指していると考える根拠は何なのか？」

「仮にそうだとしたら、この先、日本や世界はどうなってしまうのか？」

そんな疑問や感想を持たれる方もいると思う。それに応えるべく書かれたのが本書である。

本書の狙いは、第一に、そのイエス予言の徹底的な検証・解読であり、またそのフレームを

通して、これからの日本と世界に降りかかる出来事を予想することである。

第二に、イエスの再臨に関して、まったく新たな仮説を提唱することである。

一般に欧米では、1970年代に伝道師のハル・リンゼイらによって上書きされた終末と再臨のイメージが、ほとんど定着してしまっている。ただ、選民だけが生身のまま天に携挙（「ラプチャー」と言われる）されて、イエスが二千年前と同じ肉体で天から下って来るというイメージは、非キリスト教徒からすれば依然としてナンセンスな印象を拭えない。こういった既成概念をひっくり返すこともまた本書の狙いの一つだ。

また、大枠では第一の作業に含まれるが、**あえて第三の狙いとして特化するならば、予言にある究極のカタストロフィ「大艱難《かんなん》」の正体を突き止めることである。それはイエスいわく、神の特別の配慮がなければ「だれ一人救われない」ほどの究極の破滅だ。**

イエスの〝直系〟とも言えるローマ・カトリックは、すでに「第三次世界大戦は始まっている」という認識を示している。もしかすると、事態は想像以上に進行しているのかもしれない。日本が生き残るためにも「イエス予言」の解明が急務であると考える。

ただし、イエスの言葉や聖書だけでは情報が限られており、またあまりに宗教的な迷信や偏見にまみれているため、作業は容易ではない。まるでパズルの難問に取り組むように、様々な分野からヒントを借り、長時間の推理と格闘せねばならなかった。だが、その甲斐あって、ある信じ難い、人智を超越しているとも言える真相が浮き彫りになってきた。

それは私自身も戦慄するほどの恐ろしい内容だが、あいにく詳細は本文に譲る。

率直に言えば、まさか自分がこんな本を書くとは思わなかった。1998年、私は『トンデモ予言者大集合』（KKベストセラーズ）という本を上梓した。これは当時日本にはびこっていた予言や予言者を片っ端から批判する内容だった。また、世間では「20世紀末」と「2012年」に終末論騒動のピークが存在したが、私は一貫してこれらの現象を冷ややかに、かつ批判的に眺めていた。しかも、一時期、「と学会」にも在籍していた。

私を「と学会」へと誘ってくださったのはUFO・予言研究家の故・志水一夫さんだ。以来、私は会の発展にはまったく貢献したことのない「枯れ木も山の賑わい」程度の存在でしかなかったが、そんな人間でもメンバーとして受け入れ、自由にメーリングリストや例会で発言発表させてくれる懐の深い団体だった。世間では誤解する向きもあるが、同会は完全に趣味の会であり、政治的・思想的な趣旨はない。ただ、さすがに末端会員といえども、在籍中にこのような本を記した場合、迷惑がかかる可能性もある。それゆえ、私はすでに退会済みであるという点を、改めてこの場を借りて強調させていただきたい。

要するに、私はどちらかというと、オカルト的なものに対して否定的な考えの持ち主だったのだ。おそらく、十年前の自分だったら、この本を批判していたに違いない。

もっとも、単純な「ビリーバー」になったのかというと、そうでもない。たとえば、予言だの、チャネリングだの、霊能力だの、占いだの、それらを元にした高額セミナーだのに注意せねばならないという考えは、今でも変わっていない。とりわけ私が嫌悪するのは、悩みや不幸といった人の個人的な弱みにつけ込んで多額の金をとるようなやり方だ。宗教や精神世界、スピリチュアル業界では、今なおその種の悪弊が止むことはない。

その姿勢は今でも同じだ。だが、否定派・肯定派といった単純な色分けを超えたところで何かが変わってしまった。なぜか。私が無学だから？　むろん、それも大いにある。

お断りさせていただくが、私は聖書・宗教・予言・オカルトなどの研究家ではあるが、いわゆる知識人や言論人では断じてないし、そういったご大層な学歴や経歴もない。ただ単に、こういった分野について長年の知識や見聞があるという程度にすぎない。

しかし、学がないということは「転向」――個人的にはこの表現に違和感はあるがあくまで世間の見方として――の理由にはなるが、膨大な努力を費やしてまで本書を書かざるをえなくなった理由にはなりようがない。何事もやはり累積の結果なのだ。

第一に、むしろ偽物をたくさん見てきたことで、ある種の鑑定眼が発達したことが挙げられる。かれこれ「予言」なるものと三十年も付き合ってきた形になる。それだけの経験をして初めて見えてくるものもあるし、そこから「巷間で騒がれる予言の9割はデマ」と確信を持って断言することもできる。大半が自己顕示欲や虚栄心の産物であることは間違いない。だが、一概に否定できないものもある。つまり、玉石混合というよりは、ほとんどがゴミの山なわけだが、世の中にはわずかながら本物もあるのではないかというのが、今の私の率直な感想である。つまり、あくまで主観だが、私自身の経験と精神的な成長を通して、なんとなく偽物と本物の違いが分かるようになってきたのだ。

しかも、今から三十年以上も昔、私が十三歳の時に、当時「ものみの塔」の伝道の人が差し入れてくれた聖書や冊子から初めて知ったのが、イエスの予言だった（同組織の会員にはならなかったが）。つまり、結局、一周して原点に戻ってきた格好である。

第二に、それまで断片的だった知識や情報が、ここへ来て急速に体系化し、ひとつの未来像を立体的に浮かび上がらせるに至ったことだ。それまで互いに無関係と思っていた様々な超自然的な情報と、現実の政治・経済の動きとが面白いように繋がり始めた。

しかも、その「超自然情報」は、今言ったように、経験によって培われた私なりのフィルターを通ったものだ。当然、弾かれたものに関しては、本に載せていない。ゆえに読者には見えないが、実際には巷間に溢れている「超自然情報」の大半を不採用としている。それくらい厳しい選別基準を用いて、一定の信頼の置ける情報だけを用いている。

以上の結果として、近年になって、異分野の様々な情報が急速に関連を持ち始め、それまで謎だったことが筋道立てて理解できるようになった。それは現実の政治や経済を分析するだけでは決して得ることのできない境地である。

ある一枚の大きな絵――世界の真相と言ってもいい――を浮かび上がらせるには、どうしてもパズルのピースとして、聖書・宗教・予言・オカルトなどに関する知識が必要なようだ。どうやら、両者を統合し、有機的に関連付けられるようになった時にのみ、ある想像を絶するシナリオが浮き彫りになり、秘密の扉を開くことができるようになるらしい。かくして、ようやく「イエス予言」の何たるかが、私にも分かるようになった。

おそらく、超自然的な予知予言と、常識的な分析による近未来予測とを、同じ土俵で取り扱っていることに対して、違和感を覚える読者も少なくないと思う。一般には両者は完全に一線を画するものだし、混ぜこぜにするのはナンセンスだと見なされる。

しかし、私はあえて非科学を承知の上で、二種類のアプローチを交えた。むしろ、そうすることによって、まるでジッパーが重なり合うように互いを補強しあうのである。

さて、本書に記したことは、今はまだ何一つ実現していない。だが、仮に私の懸念が正しいとしたら、**これから日本と世界に待ち受けている混乱は尋常ではない。できるだけ多くの人々にこの危機を乗り越えてほしい。**だから、あえて「警告」を発するような真似をしなければならないのが残念だが、できれば被害を最小化するためと理解してもらえると幸いである。私は何事も――たとえそれが社会の大きな流れや運命であっても――個人の覚醒と変革なしには改善することができないと、堅く信じている。

それを促すことこそ、本書の最大の目的である。

２０１６年１月

山田高明

目次

まえがき――003

第1章 なぜ今〝イエスの大予言〟なのか？ ついに到来した〝終わりの始まり〟！

予言の中の予言――018
「マタイによる福音書」が新約聖書の真髄である理由――021
偽預言者の跳梁跋扈と人心の荒廃――022
なぜ終末の時期を特定することが難しいのか？――028
イエス予言が「現代」を指している根拠――030
「世界の初めから今までになく今後も決してないほどの大きな苦難」――033

予言はローマ帝国によるエルサレム陥落の描写か?——035
空前絶後の地球異変とその直前のサイン——037
それはノアの洪水以来の超カタストロフィ——040
そして審判の日——すべての人々が選別される——043
予言解読のために必要な資質とは?——048

第2章

戦慄の近未来シナリオ!
中東戦争とヨーロッパの崩壊、そして世界大戦へ!

055
ついにローマ征服を掲げる軍団が現れた——056
急速に現実味を帯びてきたイエスのある予言——058
小賢しい秘密工作は西側世界にブローバックする——061
すでに欧州内部に侵入を果たしているイスラム勢力——064
全ヨーロッパVS全イスラムに発展する危険性——067
スタートラインにすら立っていなかった1998年以前の日本のノストラダムス研究——070
ノストラダムスはＩＳの宣言内容に等しいことを予言していた!——073
進撃のイスラム——占領されるヨーロッパを〝視た〟予言者たち——078

第三次世界大戦の発火点を名指ししたノーベル平和賞候補の預言者――082
第三神殿建設とソロモンの予言した日本から現れる救世主――086
イラン核合意は大失敗――イスラエルの先制攻撃リスクが高まった――091
中東戦国時代とネオイスラム帝国誕生の可能性――095
〝中東最終戦争〟へのロシア介入はなぜ欧米では織り込みずみなのか――097
エゼキエル書に記された最終戦争の預言――100
エゼキエル書が描写する恐るべき核戦争の様相――103
中国の世界制覇の野望と漁夫の利を狙う巧妙な戦略――107
「ヨハネの黙示録」は中国軍の〝中東大進撃〟を描写しているのか――111

第3章
日本の大震災が世界恐慌の引き金に⁉
先進国の〝大崩壊時代〟が到来する！

東日本大震災はまだ「始まり」かもしれない――120
「関東大震災」と「南海トラフ地震」の凄まじい被害想定――123
平成の「連続大災害」に警戒せよ――127
妖少女が予知夢で見た壮絶な日本の近未来――131

避けられない日本の財政破綻とハイパーインフレ――134
中東有事が重なれば石油危機が再来する――136
中東の戦争に否応なしに巻き込まれる日本――139
未曾有の国難からついに秩序が崩壊!? そしてクーデターが……!――142
「軍事クーデター」と「外国で戦う日本軍」のビジョンを透視した妖少女――146
日本の大震災は「世界経済の心臓発作」を引き起こす――151
アメリカが没落して軍事力も縮小し、地域紛争があちこちで始まる――154
アメリカ国内の分離独立を仕掛けている中ロ――159
自然災害が激化し飢餓・貧困が世界規模で進行する――162
EUも空中分解し、西洋の時代そのものが終わる――165

第4章 予言のメカニズムと生と死の根源的意味がついにわかった!――171

リバース・アクセスが神秘の扉を開く!

イエスの〝奇跡〟はほとんど事実だと信じるように――172
人間は未来を見ることができるのか?――174
私が未来を見た日――178

この世は〝情報世界〟であり〝仮想現実〟である――180
体外離脱と死後世界の実在は人の本性が物質的な肉体や世界に属さない証拠――184
誕生はログインであり、死はログアウトである――186
あの世とこの世の接点が脳のどこかにある――190
この世から〝上位世界〟へのアクセスが「リバース・アクセス」――193
なぜ瞑想がリバース・アクセスの王道なのか?――196
瞑想によって誰もが「巨大な意識」と出会える――198
ノストラダムスはリバース・アクセス者だった――201
奇跡の原理――205

第5章

ある日突然やって来る!

究極の超カタストロフィ「大艱難」の正体

すべてはイエスの予言した通りだった――214
エド・デイムスと「キルショット説」――216
サイキックたちが透視した壮絶なこの世の終わりとは?――219
北朝鮮が核兵器を使用したらキルショットが近い!――221

弟子のペトロ、古今のチベット僧、現代の少女たちは同じ破局を視ていた!?――224
イエスの幻視内容から「大艱難」の正体を推理する――229
小惑星の地球衝突――過去の実例と未来のリスク――232
人類はまだ小惑星衝突の危機に対応できない――234
「超複合天災」をもたらす小惑星の衝突――237
同じ危機を警告する東西の巨星――グリア博士と王仁三郎――240
大陸の浮沈――グリア博士と日月神示が共有する未来のビジョン――244
世界でただ一人「大艱難」の発生時期を知るある意外な日本人――248

第6章
なぜイエスが選ばれたのか?
世界の終わりと神々の計画の真相!――255

「1998年にイエスのご入魂がある」とリーディングしていたエドガー・ケイシー――256
イエスの死から五百年後に輪廻転生説は否定された――260
本当は「死後の世界」も「輪廻転生」も認めている聖書――262
ついにケイシー・リーディングとノストラダムスの予言がリンクする!――266
輪廻転生説の否定により妄想に捕らわれてしまったキリスト教徒――269

日本中が悩み続けた「1999年の詩」を完全解読する――272
「大艱難」も予言していたノストラダムス――275
ついに明らかになった真の終末の時期――278
再生イエスはすでにわれわれの社会に雌伏している！――281
終末の時、オリオン座のベテルギウスが爆発する――285
聖書に数多く登場する不思議な〝雲〟とは何か――287
「天使」と「天の雲」の真の正体――291
宗教的迷信は極力取り除かねばならない――293
「最後の審判」の真相は宇宙社会による「選別救済」だった――296
ある疑惑――なぜ彼らは最初から助けないのか?――299
二千年前の出来事は伏線だった――302
「彼は来るはずだったイエスである」――305
あとがき――希望に代えて――310

第1章

なぜ今〃イエスの大予言〃なのか？
ついに到来した〃終わりの始まり〃！

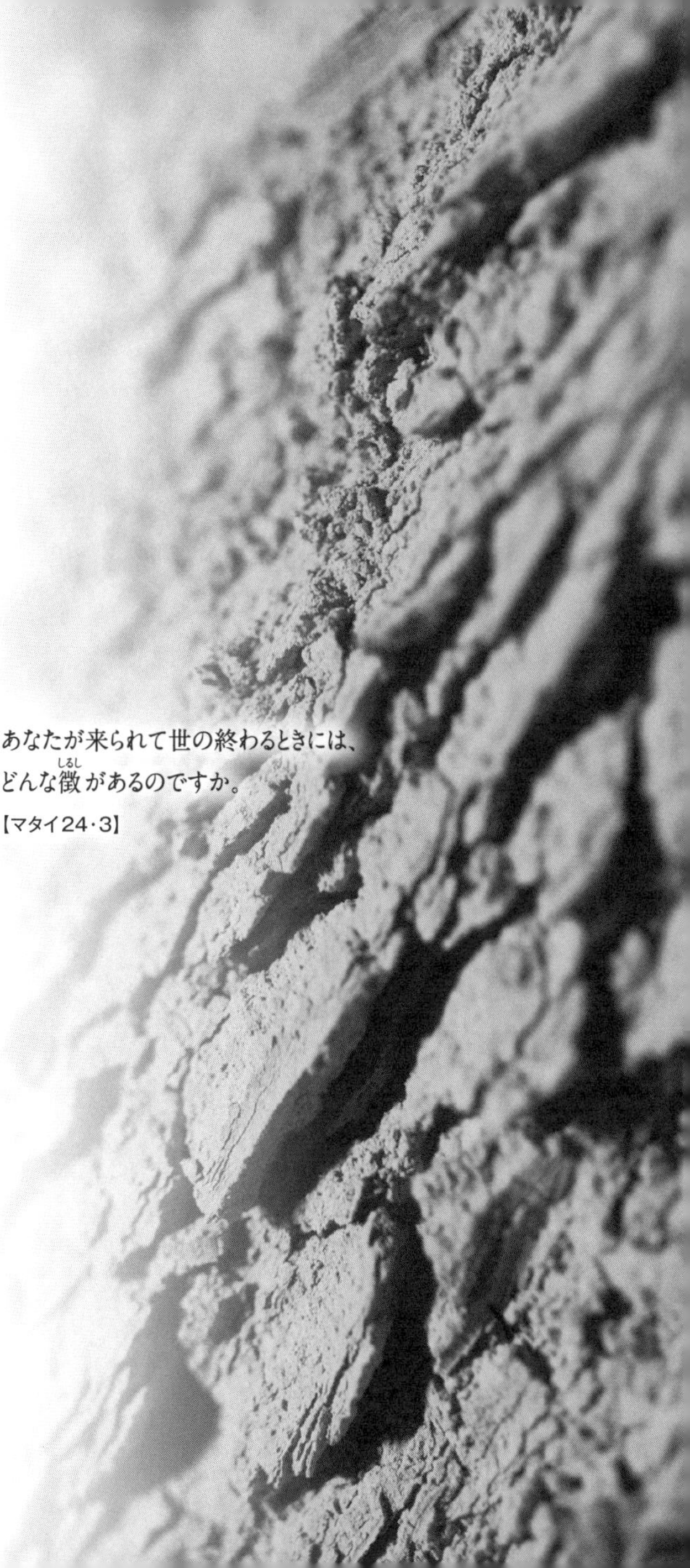

あなたが来られて世の終わるときには、
どんな徴《しるし》があるのですか。

【マタイ24・3】

予言の中の予言

さっそく、イエス予言の全容から見ていこう。

今から約二千年前のことだった。

預言者モーセがシナイ山で神と契約して以来、パレスチナの地には独特の民族宗教の伝統が息づいていた。だが、ローマ支配下のヘロデ朝（BC37年〜93年頃）の時代には、堕落が進んでいた。バビロン捕囚から帰還した者たちによって五百年ほど前に建設された第二神殿は、BC20年頃からヘロデ王によって大幅改築され、当時、金ピカの神殿へと生まれ変わっていた。だが、器作って魂入れずで、内部では腐敗が蔓延《まんえん》していた。人々は神殿税を徴収され、境内ではモノの売買だけでなく、公然と高利貸しまでが行われていた。

そんな時代に改革者として現れたのがヨハネであり、そして彼から洗礼を受けたのがイエスだった。まず人々が新時代の預言者と見なしたのはヨハネだったが、彼は捕らえられ、処刑されてしまう。一方、イエスは古巣のガリラヤに戻り、独自の宣教を開始する。

イエスの活動は当時のユダヤ社会にたちまちセンセーションを巻き起こした。

たとえば、彼は人々の眼前で驚くべき奇跡の数々を行ってみせた。

らい病患者、中風患者、目が見えない人、口が利けない人、悪霊に憑依《ひょうい》された人、等など、病人や障害者を片っ端から治癒して回った。それればかりか、嵐をしずめ、何千人分もの食べ物を作り出し、湖の上を歩き、未来を言い当て、死者さえ生き返らせた。

しかも、そういった奇跡現象以上に革新的だったのが彼の「教え」だった。

他人に対して腹を立てるな、悪口を言うな、復讐するな、敵を愛せ、善行は人の見ていないところでやれ、他人を裁くな、思い煩うな、自分を低くしろ、隣人を自分のように愛せ――。

彼はどんな人にも理解できるよう、分かり易い「たとえ」を用いながら説いた。

たちまち人々が彼の教えに耳を傾け始めた。噂を聞きつけた人々がパレスチナ中から彼のところへと押し寄せた。彼は忠実な弟子を得て、大勢の人々を従えるようになった。その素晴らしい教えの数々は後世、人々の道徳の模範となり、世界宗教となった。

だが、一方でイエスは、神殿内で行われていたビジネスを妨害し、当時の権威を次々と論破し、しばしば痛烈に批判した。だから、彼らから恨まれ、恐れられた。

当時のパレスチナには三重の統治機構が存在していた。まずローマ、その支配下のヘロデ朝、そしてユダヤ自治組織のサンヘドリン（最高法院）である。

サンヘドリンはユダヤの祭司、律法学者、長老たちの集まりだった。彼らの目には、イエスが既成の秩序を乱し、自分たちの地位を脅かしていると映った。だが、自身は執行権を持たなかったので、ローマの総督ピラトが彼を処刑するように仕向けた。彼らはイエスに濡れ衣を着せ、群衆を扇動して「十字架につけろ」と叫ばせた。その間、イエスは一言も弁明しなかった。ピラトは騒動を恐れた。姦計《かんけい》は成功し、イエスはゴルゴタの丘で磔《はりつけ》にされた。

その、ほんの数日前のことだった。

オリーブ山で座っていたイエスに対して、弟子たちが質問した。

「あなたが来られて世の終わるときには、どんな徴《しるし》があるのですか」

イエスはあたかも見てきたかのごとく、次のように答えた。

「人に惑わされないように気をつけなさい。わたしの名を名乗る者が大勢現れ、『わたしがメシアだ』と言って、多くの人を惑わすだろう。戦争の騒ぎや戦争のうわさを聞くだろうが、慌てないように気をつけなさい。そういうことは起こるに決まっているが、まだ世の終わりではない。民は民に、国は国に敵対して立ち上がり、方々に飢饉や地震が起こる。しかし、これらはすべて産みの苦しみの始まりである。そのとき、あなたがたは苦しみを受け、殺される。また、わたしの名のために、あなたがたはあらゆる民に憎まれる。そのとき、多くの人がつまずき、互いに裏切り、憎み合うようになる。偽預言者も大勢現れ、多くの人を惑わす。不法がはびこるので、多くの人の愛が冷える。しかし、最後まで耐え忍ぶ者は救われる。そして、御国のこの福音はあらゆる民への証として、全世界に宣べ伝えられる。それから、終わりが来る。」
（マタイ24・4〜14）（傍線筆者）

「マタイによる福音書」が新約聖書の真髄である理由

これが世の終わる少し前の状況だという。この問答には長々とした「たとえ」が含まれており、それを取り除いた純粋な予言部分の尺で考えると、これでほぼ三分の一だ。この後に人類の大半が滅ぶ「究極の終末」がやって来るとしている。それを描写した予言の残りの部分は、すぐあとで取り上げよう。

なお、とくに断りがない場合は、本書で引用する聖書の文言は、すべて日本聖書協会のカトリック・プロテスタント共通の「新共同訳」からとする。

ちなみに、この「オリーブ山の預言」は、マタイ書だけでなく、その後に記されたマルコ書とルカ書にも掲載されており、ほぼ同様の内容に近い。この三つの福音書は「共観」といって、イエスの生涯や教えについて重複箇所が多い。ただ、微妙に異なるというか、私の精読では、後の二つには後世の者が勝手に「オリーブ山の預言」を改変した形跡が見て取れる。

そこで、もっぱらマタイ書に依拠する点をお断りしておく。なぜなら、福音書だけでなく新約聖書全体の中でも、もっとも古い文書だからだ。この書はイエスの死後、それこそ十年から数十年の間に、現地パレスチナで記されたと考えられている。しかも、定説では、著者はイエスの弟子の一人で元徴税人、十二使徒のマタイだ。だから、常識的に考えれば、イエスとその教えの原型をもっともよく留めている文書である。

仏教だと、最古の経典『スッタニパータ』ですら、岩波版の訳者である中村元氏によると、開祖ガウタマ・シッダールタ（サンスクリット発音）の死から1世紀以上は経過していることから、これは驚くほど〝フレッシュ〟と言わざるをえない。だから、「オリーブ山の預言」も、イエスが実際に語ったそのままのセリフを伝えていると見なして構わない。

マタイ書はイエスの誕生から処刑、復活までの生涯を描いた「伝記」としての内容を持つ。一方で、その生涯を通して、「モラル面」と「予言面」の二つの要素がふんだんに盛り込まれている書でもある。まさに新約聖書の真髄であり、キリスト教について知りたければ、何よりもまずマタイ書に目を通さなければならないと言われるゆえんである。

偽預言者の跳梁跋扈と人心の荒廃

では、現代がこのイエス予言の時代に入ったと考えられる根拠は何だろうか。逆にいえば、この「オリーブ山の預言」のどういった部分が「現代」または「近未来」に当てはまると考えることができるのだろうか。まずは、その疑問に答えたいと思う。

実は、そう信じるに足る理由が幾つかある。まずは一つ目の根拠だ。

「人に惑わされないように気をつけなさい。わたしの名を名乗る者が大勢現れ、『わたしがメシアだ』と言って、多くの人を惑わすだろう。」

「偽預言者も大勢現れ、多くの人を惑わす。不法がはびこるので、多くの人の愛が冷える。」

どちらも何気ない一節だが、よく読むと、驚くほど現代に符合していることが分かる。

さすがに日本ではあまり見かけないが、キリスト教圏では「自称イエス」が掃いて捨てるほど現れており、しばしばタブロイド紙のネタになっている。欧米だけでなく、南米や東南アジアでも少なくない。「同一視」という言葉は普通に使われるが、憧れや尊敬の対象を模倣し、果ては同一化したい願望を表す精神医学用語でもある。どうやら、信仰が行き過ぎた人の中には、自身とイエスを重ね合わせる人も出てくるらしい。

ちなみに、「メシア」を自称して「多くの人を惑わす」ケースは、日本の宗教界や精神世界でも珍しくない。新興宗教の教祖などは、だいたいその手合いである。

「偽預言者も大勢現れ」という文言については少し解説が必要だ。というのも、日本では、この「預言」という言葉が常に混乱を引き起こしてきたからだ。

旧約聖書は預言(prophecy)や預言者(prophet)について、こう記している。

「神の霊はサウルの使者の上にも降り、彼らも預言する状態になった。」(サムエル記上19・20)

「主がわたしに言われる事をわたしは告げる」(列王記上22・14)

「決して人間の意志に基づいて語られたのではなく、人々が聖霊に導かれて神からの言葉を語ったもの」(ペトロの手紙二1・21)

つまり、預言とは「神から授かった言葉」なのだ。だから、預言者とはそれを授かる(資格のある)人物のことを指しており、いわば神託者・神の啓示を受ける者・神意の告知者・神の代弁者といったニュアンスである。

対して、未来について「こんな出来事があるだろう」とあれこれ予告する行為のことを予言(prediction)といい、その行為者のことを予言者(predictor)という。

聖書では、預言(=神の言葉)の内容が「未来のお告げ」(=予言)だったり、預言者が頻繁に未来を予言して的中させたりする様子が描かれている。イエスのオリーブ山での説教は、預言であると同時に予言でもある典型だ(そしてこれが本物の予言の特徴である)。だから、

真の予言（同時に預言でもある）1％以下

※絶対神または神域（存在）との同調・接触によって生まれるが、受け手次第では主観（≒翻訳）も入る

旧約系

モーセ、サムエル
エリヤ、エリシャ、イザヤ
エゼキエル、ダニエル
ゼカリヤ、マラキなど

新約系

イエス、ペトロ
パウロ、ヨハネ
など

欧米系

ノストラダムス
エドガー・ケイシー
ポール・ソロモン
など

日本系

聖徳太子
出口王仁三郎
岡本天明
など

偽の予言（≠預言）99％以上

※主に下記の理由に拠って生まれる
① 盲想・幻聴幻覚・精神病
② 非神域・低次元存在との同調・接触
③ イタズラ・愉快犯的動機
④ 名声・自己顕示欲・自己陶酔目的
⑤ 詐欺・金儲け・信者集め目的
※項目を兼ねているケースも多い。下に行くほど反社会的

図1　真の予言と偽の予言の違い

日本語的にはどうしても紛らわしくなってしまう。今さら言っても仕方がないが、最初から「預言」ではなく「神示」とでも翻訳しておけば、このような混乱を招かずにすんだかもしれない（「神託」はすでにoracleの訳語として使われている）。

よって、「偽預言者」というのは、嘘の予言をする者のことではなく、「神がこう言っている」とか「神の言葉を聴いた」などと、勝手に神の代弁者のように振る舞う者のことを指している。「オリーブ山の預言」は、世の終わりの特徴として、この種の嘘つきが「大勢現れ」て「多くの人を惑わす」と、警鐘を鳴らしているのである。そして、この現象こそ、現代人がまさに目撃中の光景に他ならない。

日本ではあまり見かけないが、海外では宗教番組とテレビ宣教師が少なくない。とりわけ多いのがアメリカである。メディアのおかげで、カリスマ性があれば一教会の一牧師であっても〝スター宣教師〟になれるのが実情だ。彼らは己の主義主張や思想を人々に植え付け、それが正当であると思わせるために、まさに「神がこう言っている」というセリフを常套句《じょうとう》にし、神の権威を利用している。しかも、メディアのアンプ効果により、この種のエセ神託が演説会場にいる人々だけでなく、何千万人もの視聴者に伝達されているのが現実だ。

その結果、アメリカでは数十年ほど前から彼らが巨大な票田となり、頑なにイスラエルを支持したり、中絶反対と進化論否定をエキセントリックに推し進めたりするなど、現実の政治に影響を与えるまでになっている。

また、非キリスト教圏の日本においても、オウム真理教などのカルト団体や一部の新宗教から、ニセ仏陀やニセ覚者のごときが出現しているが、これなども〝偽預言者〟の範疇に含めてもいいかもしれない。彼らもまた「天の声」を聞いたなどと吹聴する。

つまり、過去のどの時代にも見られなかったほど、次から次へと偽預言者が現れ、大勢の人々を惑わしているのが、われわれが今生きている時代の現実なのである。

さて、最後の「不法がはびこるので、多くの人の愛が冷える」という一節だが、これなどは説明すら不要だろう。次の使徒パウロの言葉が「オリーブ山の預言」をうまく補完している。

「終わりの時には困難な時期が来ることを悟りなさい。そのとき、人々は自分自身を愛し、金銭を愛し、ほらを吹き、高慢になり、神をあざけり、両親に従わず、恩を知らず、神を畏れなくなります。また、情けを知らず、和解せず、中傷し、節度がなく、残忍になり、善を好まず、人を裏切り、軽率になり、思い上がり、神よりも快楽を愛し、信心を装いながら、その実、信心の力を否定するようになります。」(テモテへの手紙二3・1〜5)

まさしく、私自身にも当てはまる内容だと、白状せざるをえない。しかし逆に、自分には当てはまらないと自信を持って断言できる人が、いったいどれほどいるだろうか。

現代社会では、私も含めて、自分と家族のことにしか関心がない「ミーイズム人間」が増えている。それは見方を変えれば、他者に対する愛や思いやりが「冷え」ている状況でもある。短い一節だが、これほど現代人の心の貧しさを鋭く突いた言葉はない。

なぜ終末の時期を特定することが難しいのか？

様々な時代を差し置いて、現代こそが「世の終わり」の入り口に差し掛かったと見なせる理由として、もう一つの証拠を提示しよう。それが20ページで紹介した次の一節だ。

「戦争の騒ぎや戦争のうわさを聞くだろうが、慌てないように気をつけなさい。そういうことは起こるに決まっているが、まだ世の終わりではない。民は民に、国は国に敵対して立ち上がり、方々に飢饉や地震が起こる。」

おそらく、少し鋭い人なら、次のような突っ込みを入れてくるに違いない。

「戦争？　飢餓？　地震？　そんなことはいつの時代にも散々起こってきたことだ。それどころか、戦争と飢餓に限れば、今よりも第二次大戦中のほうがはるかに酷かった。その史実からすると、当時のほうがよほど『世の終わり』に近いと言えるではないか」

「仮にイエスが何らかの超能力で未来を幻視したとしても、なぜそれが二千年後の現代をピタリと指していると言えるのか？　彼が脳裏で〝視た〟のは、今よりも過去の光景かもしれないし、あるいは千年後の遠い未来の光景かもしれないじゃないか」

ごもっともである。たしかに、少し視野を広げるだけで、いつの時代でも「国は国に敵対して」いたし、飢餓や地震も起こっていたことが分かる。だから「どの時代にも当てはまってしまうズルイ表現」と思えなくもない。ゆえに当然の疑問と言えよう。

この「時間感覚の欠如」は、真の未来透視に常につきまとう問題と称しても過言ではない。だから、あるビジョンがあったとしても、それが「いつ」の出来事なのかを正確に判断するのは極めて難しい。実際、クリスチャンの知識層も、これまで幾度となく終末の時期を錯誤してきた。しかも、これはある意味、イエスと、彼に先行するバプテスマのヨハネ、そして彼らの伝記を記録した（とされる）弟子たちのせい、とも言えるのだ。

二人は「悔い改めよ。天の国は近づいた」と説いて回った。彼らの時間感覚ではそれが何千年後だろうが「近い」のだろうが、人々が「終末の日がすぐにでも訪れる」と錯覚したのも無理はない。それゆえ、中世以前から、熱心なクリスチャンほど、この紛らわしい説法の犠牲になってきた。「エホバの証人」も、その時期を1975年と信じ、喧伝するという失敗をやらかしている。同じように、「オリーブ山の預言」が現代から近未来を指しているに違いないと断言する私が、その死屍累々《ししるいるい》の一つに連ならない保証はない。

イエス予言が「現代」を指している根拠

だが、注意深く読み込めば、ある「ヒント」の存在に気づくはずだ。

イエスの予言では「産みの苦しみの始まり」として、まず「戦争・飢餓・地震」などが頻発し、それからしばらく後に、この世界の「終わり」が来るとしている。ということは、ここでいう「戦争」が「人類にとって最後の戦争」を意味していることは明らかだ。

つまり、**戦争は戦争でも、それは「最終戦争」を指しているのである。そして「最終戦争」といえば「次の世界大戦」以外に考えられない。**

かつてアインシュタインは、ナチスドイツが世界に先駆けて原爆を所有することへの恐怖心から、フランクリン・D・ルーズベルト大統領宛に原爆開発を薦める手紙を送った。その後、広島・長崎の惨状を知った彼は、その嘆願を「私の人生における大きなミス」だと後悔して、次のハリー・トルーマン大統領に向けた手紙の中でこう記した。

"I know not with what weapons World War III will be fought, but World War IV will be fought with sticks and stones."
（私は第三次世界大戦がどんな武器によって戦われるか知りませんが、しかし第四次世界大戦なら棒と石で戦われることは知っています）

天才アインシュタインがいみじくも喝破したように、もし「最終戦争」があるとしたら、それは次の世界大戦のことなのだ。それ以降は「石器人の争い」になるだろう。

第二次大戦末期、核兵器を所有していたのはアメリカだけで、弾道ミサイルを所有していたのはナチスドイツだけだった。ところが、現代では、核兵器保有国は十か国を超えると推定されている。国連安保理常任理事国以外にも、インド・パキスタン・イスラエル・北朝鮮が保有し、南アフリカとイランが疑われている。日本のようにすぐに保有に届く国もある。しかも、これらの国は同時に中距離以上の弾道ミサイル保有国でもある。

どだい、常任理事の五大国が核保有を自分たちだけの特権に据え置き、他の主権国家に対して所有を禁じること自体、論理破綻なのだ。また、世界大戦になれば、現実には同盟関係を通して核ミサイルがさらにばら撒かれる事態になるのは目に見えている。

しかも、核兵器自体の威力も第二次大戦当時とは比較にならない。たとえば、旧ソ連の開発した水爆「ツァーリ・ボンバ」の威力は50メガトン。これは約16キロトンと言われる広島型原爆の三千倍以上だ。むろん、同じ大量破壊兵器に分類される化学兵器や生物兵器も、禁止条約の裏で格段に進歩を遂げ、致死性・破壊性も増しているに違いない。

それゆえ、次なる大戦が「ラスト・ラージ・ウォー（大規模最終戦争）」となり、その「後」がない、という想像には、十分頷くことができよう。だから、イエスが予言の中で述べた「戦争」が「第三次世界大戦」を意味するものでなければ辻褄が合わないのだ。

しかも、驚くべきことに、2016年現在、それはすでに始まっている可能性すらあるのだ。14年9月、ローマ法王フランシスコは、ミサの中で、数万人の巡礼者たちに向けて**「世界はすでに第三次世界大戦の状態にある」**という認識を示した。そして15年11月、パリで同時多発テロが起きると、法王は改めて同様の見解を述べた。日常と戦争が完全に区別されている西洋や日本では、人々は「戦争には必ず明確な始まりと終わりの日時がある」という固定観念に支配されているが、そろそろこれは捨て去るべきだ。

2016年現在、すでに中東は絶え間ない内戦状態にあり、到る所でおぞましい大量虐殺・集団処刑・テロ・奴隷化政策などが実行されている。仮にいま中東で起こっていることが拡大してそのまま第三次世界大戦に繋がっていくとすれば、いったい何年の何月何日に始まったのか、誰が説明できるだろうか？　もしかすると、ローマ法王は、新たな大戦が漠然と進行しているという現実に最初に気づいた人物の一人かもしれない。

以上の二つの根拠から、人類社会は、イエスが「オリーブ山の預言」で警告した時代へと、いよいよ突入した、と考えられるのである。

「世界の初めから今までになく今後も決してないほどの大きな苦難」

ただし、現代はまだ「入り口」に差し掛かった段階にすぎないようだ。「オリーブ山の預言」の大半は、われわれがこれから経験するであろう「近未来」についての内容と思われる。

イエスの言葉を続けよう。

「預言者ダニエルの言った憎むべき破壊者が、聖なる場所に立つのを見たら――読者は悟れ――、そのとき、ユダヤにいる人々は山に逃げなさい。屋上にいる者は、家にある物を取り出そうとして下に降りてはならない。畑にいる者は、上着を取りに帰ってはならない。それらの日には、身重の女と乳飲み子を持つ女は不幸だ。逃げるのが冬や安息日にならないように、祈りなさい。そのときには、世界の初めから今までになく、今後も決してないほどの大きな苦難が来るからである。神がその期間を縮めてくださらなければ、だれ一人救われない。しかし、神は選ばれた人たちのために、その期間を縮めてくださるであろう。そのとき、『見よ、ここにメシアがいる』『いや、ここだ』と言う者がいても、信じてはならない。偽メシアや偽預言者が現れて、大きなしるしや不思議な業を行い、できれば、選ばれた人たちをも惑わそうとするからである。」（マタイ24・15～24）（傍線筆者）

“For then there will be great tribulation, such as has not been from the beginning of the world until now, no, and never will be.”
（そのときには、世界の初めから今までになく、今後も決してないほどの大きな苦難が来るからである。）

とりわけ、この一節が凄まじい。これを「大艱難」（great tribulation）という。

興味深いことに、虚心に読むと、この「大艱難」は徐々に来るのではなく、ある日、突然にやって来るらしい。なにしろ、「畑にいる者は上着を取りに帰るな」と警告しているくらいだ。一般には「数年間」を表すという説が多いが、私は何らかの瞬間的な大破局という印象を受けた（当然その後に苦難が何年か続くだろうが）。しかも、戦争・飢饉・地震が先行して挙げられていることから、それらとも異なる「何か」だと考えられる。

予言はローマ帝国によるエルサレム陥落の描写か?

さて、この「預言者ダニエルの言った憎むべき破壊者」とは、いったい何だろうか。

イエスの時代から遡ること約6世紀、ユダ王国は新バビロニアによって滅ぼされ、王族・貴族は都へと連行された（バビロン捕囚）。ネブカドネザル王は侍従長に命じて、その中から4人の優れたユダヤの少年を選抜し、宮廷に仕えさせた。その一人がダニエルである。やがて彼は王の夢を解読することで信頼を得て、預言者として頭角を現すようになる。

それから40年以上もの歳月が流れると、新バビロニアは、今度はアケメネス朝ペルシアに滅ぼされてしまう。ペルシアのキュロス王は、神の啓示を受けて、捕虜のユダヤ人の祖国帰還を認めた。ちょうど、その少し後のエピソードである。

60代になった預言者ダニエルは、まだ祖国へは帰らず、質素な食事をしながら三週間にわたって祈りを捧げていた。すると、チグリスの河岸に立つ彼の前に、突如として麻の衣を着た「人」が現れた。ダニエルは彼の様子を、「体は宝石のようで、顔は稲妻のよう、目は松明《たいまつ》の炎のようで、腕と足は磨かれた青銅のよう、話す声は大群衆の声のよう」と描写している。実は、彼は「天使」だった。そして、「お前の民に将来起こるであろうことを知らせるために来た」と言い、ダニエルに「終わりの時」に関する預言を授けた。

その時、強大な「北の王」が攻めてきて、「砦すなわち聖所を汚し、日ごとの供え物を廃止し、憎むべき荒廃をもたらすものを立てる」という（ダニエル書11・31）。

イエスの「預言者ダニエルの言った憎むべき破壊者が、聖なる場所に立つのを見たら」という言葉は、ここに掛かっている。

ちなみに、一般的には、ダニエル自身は「ユダヤ戦争」（66〜74年）を告げたのではないかという説が有力だ。つまり、「北の王」は「ローマ帝国」を指しているわけだ。

西暦70年、ローマ軍はエルサレムを攻め落とした。その際、「聖所」（第二神殿）を汚すどころか、徹底的に破壊し、祭司も殺して、金銀財宝を奪いつくした。その凄惨な様子は、戦争に参加した1世紀のユダヤ人（のちにローマ人となる）歴史家フラウィウス・ヨセフスが『ユダヤ戦記』で記録している。当時、ローマ兵は神殿内のすべての建物に火をかけ、神殿の中庭に軍旗を持ち込んだ。そしてローマ軍のための犠牲を捧げた。

おそらく、「憎むべき荒廃をもたらすもの」とは、このことではないか。

ところで、仮にダニエル預言のいう「終わり」が、人類の終わりではなく、あくまで「ユダヤ国家の終わり」を指しているとしよう。このユダヤ戦争は、イエスの死後、数十年後の出来事である。とすると、イエスの「オリーブ山の預言」で言われる「世の終わり」もまた、ダニエルと同じように、もしかすると「ユダヤ戦争によるユダヤ国家の終わり」を指している可能性はないだろうか。ローマ軍が攻めてくるから人々は山に逃げろと忠告したのではないか――そういう疑問も湧いてくる。事実、これは有力な説の一つである。

空前絶後の地球異変とその直前のサイン

ところが、次に続く文章を読むと、そんな疑問など吹っ飛んでしまう。そして、誰もが「これはやはり人類の終末についての予言なのだ」と確信するはずである。

「その苦難の日々の後、たちまち、
太陽は暗くなり、
月は光を放たず、
星が空から落ち、
天体は揺り動かされる。
そのとき、人の子の徴が天に現れる。そして、そのとき、地上のすべての民族は悲しみ、人の子が大いなる力と栄光を帯びて天の雲に乗って来るのを見る。人の子は、大きなラッパの音を合図にその天使たちを遣わす。天使たちは、天の果てから果てまで、彼によって選ばれた人たちを四方から呼び集める。」(マタイ24・29〜31)

この情景は、もはや空前絶後の地球レベルの異変を描写していると言えよう。

ところで、「人の子」(the Son of man)とは、一般に神が預言者を指す際の表現である。旧約のエゼキエルやダニエルも神から「人の子」と呼びかけられている。むろん、ここでは「預言者イエス」のことを指している。

そのイエスが「大いなる力と栄光を帯び」つつ「天の雲に乗って来る」という。この出来事を指して、イエスの再臨(the advent または the Second Coming)と呼ぶ。

このように、地球的な異変があり、イエスの再臨があると、「オリーブ山の預言」は主張する。ユダヤ戦争ではこのような情景はなかった。だから、やはりこれは終末の予言なのだ。

つまり、ややこしい話だが、**同じ「終わり」でも、ダニエル予言は主に一世紀の「ユダヤ戦争」を指しており、イエス予言は「世界の終末」を指しているようなのだ。**

だとするなら、イエス予言でいう「憎むべき破壊者」が「聖なる場所に立つ」のは、現代のわれわれにとって〝未来の出来事〟ということになる。

この「憎むべき破壊者」については、別の書にも記述がある。

「第百四十五年、キスレウの月の十五日には、王は祭壇の上に『憎むべき破壊者』を建てた。」（マカバイ一1・54）

「マカバイ記」によると、これは「主の祭壇上にしつらえた異教の祭壇」を指している。

マカバイ戦争（紀元前167～165年）とは、セレウコス朝シリアに対するユダヤ人の反乱とそれに続く戦争のことを指している。ユダヤ側の主要な指導者がユダ・マカバイであり、ユダヤ側の視点で描いたものが旧約聖書外典の「マカバイ記」だ（Wikipedia「Maccabean Revolt」より）。同書では、反乱の鎮圧のためエルサレムに攻め込んだアンティオコス4世・エピファネスを「悪の元凶」とまで記している。エピファネス王の軍は、聖所（エルサレム第二神殿）に押し入り、金の祭壇、燭台とその付属品一切、金銀財宝などを強奪していった。その上、ゼウス神殿に変え、ユダヤ人にゼウスへの奉納を強いたのだ。

どうやら、未来において、これと似た出来事が繰り返されるらしい。つまり、イスラエルが異教の外国の侵略を受け、エルサレム旧市街が占領されるということだ。そして、（その前に「第三神殿」が再建されているか否かはともかく）神殿跡地に「憎むべき破壊者」が置かれる。それは「外国の軍旗」または「異教の祭壇」である可能性が高い。

これは未来に中東戦争が勃発することを意味するが、必ずしもイスラエル全体が敗北する事態を意味しない。なぜなら、エルサレム旧市街は同国領の東の端、ウエストバンク内に突き出た格好のため、戦争になれば真っ先に侵略される位置にあるからだ。イスラエル自身、旧市街の入手は、１９６７年の第三次中東戦争まで待たねばならなかった。ここが再奪還されるということは、緒戦におけるイスラエル側の不利を示唆する。ただし、旧約の「ゼカリア書」などからすると、同国は反撃に転じて、最終的には勝利するようだ。

そして、このような事態が訪れたら、「世界の初めから今までになく、今後も決してないほどの大きな苦難」がわれわれ人類に降りかかると、イエスは予言しているのである。

それはノアの洪水以来の超カタストロフィ

イエスの「オリーブ山の預言」を続けよう。

「その日、その時は、だれも知らない。天使たちも子も知らない。ただ、父だけがご存じである。人の子が来るのは、ノアの時と同じだからである。洪水になる前は、ノアが箱舟に入るその日まで、人々は食べたり飲んだり、めとったり嫁いだりしていた。そして、洪水が襲って来て一人残らずさらうまで、何も気づかなかった。人の子が来る場合も、このようである。」（マ

タイ24・36～39)

この「大艱難」が「ノアの洪水」と関連付けられているのは興味深い。余談だが、このノアのエピソードについては、紀元前15世紀くらいに記された旧約聖書の「創世記」よりもさらに千年以上も古いとされる「ギルガメシュ叙事詩」に元ネタらしき話が登場する。矢島文夫氏訳『ギルガメシュ叙事詩』の「第十一の書版」には、神々が洪水を起こし、生き物の種子を保存するための箱舟の製作を命じる場面などが描かれているのだ。

そのノアの時代は、どのような状況だったのだろうか。「創世記」はこう伝える。

「主は、地上に人の悪が増し、常に悪いことばかりを心に思い計っているのを御覧になって、地上に人を造ったことを後悔し、心を痛められた。主は言われた。『私は人を創造したが、これを地上からぬぐい去ろう。人だけでなく、家畜も這うものも空の鳥も。わたしはこれらを造ったことを後悔する。』しかし、ノアは主の好意を得た。」(創世記6・5～8)

「この地は神の前に堕落し、不法に満ちていた。神は地を御覧になった。見よ、それは堕落し、すべて肉なる者はこの地で堕落の道を歩んでいた。神はノアに言われた。『すべて肉なるものを終わらせる時がわたしの前に来ている。彼らのゆえに不法が地に満ちている。見よ、わたしは地もろとも彼らを滅ぼす』」(創世記6・11〜13)

かくして神は、ノアに対して「箱舟」の詳しい設計を示し、製作を命じる。

要するに「ノアの時と同じ」というのは、このような状況を指しているのだろう。そういえば、前述のように、使徒パウロもまた「終わりの時の人々」について、「自分自身を愛し、金銭を愛し、ほらを吹き、高慢になり、神をあざけり、両親に従わず、恩を知らず、神を畏れなくなり……中傷し、節度がなく、残忍になり、善を好まず、人を裏切り、軽率になり、思い上がり、神よりも快楽を愛し……」と、散々にこき下ろしている。

果たして、今の人類社会がこの酷い状況に相当するだろうか。それほどまでに、われわれは堕落し、反道徳的だろうか。今の社会は悪と不法に満ちているのだろうか。

おそらく、答えはイエスでもあり、ノーでもある。というのも、個人としては、節度を守り、親切で、善良たらんとする人々が決して少なくないからだ。だから、「私自身や家族、私の友人たちは、そんなことはない」と否定する人がいてくれても結構だ。

ただし、個人の総体としての社会、または文明のシステムとしては、どうだろうか。

仮に個人としては道徳的であっても、ひたすら地球を食い潰していく社会や文明の一員である事実には変わりない。すでに2010年の段階で、WWF（世界自然保護基金）は、人類は再生可能な範囲を大きく逸脱して天然資源を乱費しており、今の生活水準を続けるなら2030年には地球が2個あっても足りないと警鐘を鳴らしている。

難しいのは、問題が個人のレベルを超えていることであり、それでいながら個々が決然として行動しない限り、問題のほうも何一つ改善しない点だ。例えるなら、文明社会にいる人間は誰もが「悪の内側」にいる。収奪される自然側から見れば、私やあなたも共犯者なのだ。だから、他の人々や組織、企業等を一方的に指弾するだけでは解決しない。

われわれの社会や文明は、あたかもタイタニック号で催されていた金持ちたちのパーティーのようだ。つまり、氷山に衝突する前の「乱痴気騒ぎ」というわけである。

そして審判の日——すべての人々が選別される

さて、ここから、日本人的にはちょっと引きたくなるような展開になっていく。

「そのとき、畑に二人の男がいれば、一人は連れて行かれ、もう一人は残される。二人の女が臼をひいていれば、一人は連れて行かれ、もう一人は残される。だから、目を覚ましていなさ

い。いつの日、自分の主が帰って来られるのか、あなたがたには分からないからである。」（マタイ24・40〜42）

予言は、とにかく人の子（イエス）は「思いがけない時」にやって来るのだ、と繰り返し強調している。**突然、破滅が来て、イエスが再臨して、人々の選別が始まるのだ。**

「人の子は、栄光に輝いて天使たちを皆従えて来るとき、その栄光の座に着く。そして、すべての国の民がその前に集められると、羊飼いが羊と山羊を分けるように、彼らをより分け、羊を右に、山羊を左に置く。」（マタイ25・31〜33）

この、人間をより分けるという発想や表現には正直、抵抗を覚える。ここが人間は究極的・根源的には同じであると考えるヒンドゥー・仏教・神道との違いだろう。

その基準は、言うならば「他者に対していかに良くしたか」であるようだ。イエスの「隣人を自分のように愛しなさい」（マルコ12・31）という教えは有名だ。

王（イエス）は右側により分けた人たちに対して、次のように宣言する。

「さあ、わたしの父に祝福された人たち、天地創造の時からお前たちのために用意されている国を受け継ぎなさい。お前たちは、わたしが飢えていたときに食べさせ、のどが渇いていたときに飲ませ、旅をしていたときに宿を貸し、裸のときに着せ、病気のときに見舞い、牢にいたときに訪ねてくれたからだ。」（マタイ25・34〜36）

これに対して、人々はいつ自分がそうしたのかと、不思議がって問いかける。

「そこで、王は答える。『はっきり言っておく。わたしの兄弟であるこの最も小さい者の一人にしたのは、わたしにしてくれたことなのである。』」（マタイ25・40）

この「最も小さい者」に類似する表現は、同じマタイ書で既出している。

「はっきり言っておく。わたしの弟子だという理由で、この小さな者の一人に、冷たい水一杯でも飲ませてくれる人は、必ずその報いを受ける。」（マタイ10・42）

弟子たちが「天の国でいちばん偉いのは誰でしょうか」と尋ねると、イエスは子供を呼び寄せて、「自分を低くして、この子供のようになる人」と答えている。そして、「わたしを信じるこれらの小さな者の一人をつまずかせる者は、大きな石臼を首に懸けられて、深い海に沈められる方がましである。」と続けている（マタイ18・1〜6）。

つまり、「小さい者」とは端的に「弟子・信者」を指しているため、自ずと「最も小さい者」の意味も明らかだ。そういう人が「天の国でいちばん偉い」とイエスは言う。

ただし、このような説明だと、「要するにクリスチャンか、または彼によくした人だけが選別されるのか」という話になる。まあ、事実、聖書はそう言っているわけだが、ここは後世の教会権力による歪曲の可能性（50ページ参照）も考慮し、福祉的・反宗教差別的な観点からも、もっと一般的に「他者」とりわけ「か弱い人」とでも解釈しておいたほうが無難だろう。つまり、子供や老人、貧しい人、虐げられている人、社会的弱者などのことである。

さて、王（イエス）は、次に左側により分けた人にも宣言する。

「呪われた者ども、わたしから離れ去り、悪魔とその手下のために用意してある永遠の火に入れ。お前たちは、わたしが飢えていたときに食べさせず、のどが渇いていたときに飲ませず、旅をしていたときに宿を貸さず、裸のときに着せず、病気のとき、牢にいたときに、訪ねてくれなかったからだ。」（マタイ25・41〜43）

人々はまたしても、いつ自分がそうしたのかと質問をする。王もまた答える。

「『はっきり言っておく。この最も小さい者の一人にしなかったのは、わたしにしてくれなかったことなのである。』こうして、この者どもは永遠の罰を受け、正しい人たちは永遠の命にあずかるのである。」（マタイ25・45〜46）

このようにして、単純にいえば、（かつて死んだ人も含めて）すべての人々が悪人と善人とにより分けられ、それぞれ永遠の道を歩むと言っているのだ。

この選別の時を「審判の日」（the day of Judgement）、「最後の審判」（Doomsday または last Judgement）、「終末の日」（Doomsday）などと呼ぶ。

「イエスはこれらの言葉をすべて語り終えると、弟子たちに言われた。『あなたがたも知っているとおり、二日後は過越祭である。人の子は、十字架につけられるために引き渡される。』」（マタイ26・1〜2）

むろん、磔にされたのはイエス自身であることから、この「人の子」が彼を意味していることは明白だ。また、イエスは最後に自身の運命をも予言し、的中してみせたわけで、これが終末予言の信憑性を高める効果をもたらしている。

彼はこれだけのことを、処刑される寸前に一挙に弟子たちに語った。

以上が「イエスの大予言」である。

予言解読のために必要な資質とは?

いかがだろうか。凄まじいばかりの予言と言わざるをえないではないか。

以上を指して“End of Days”“END TIMES”“End of The World”などと呼ぶ。しかも、**その時代がとうとう来てしまったと考える人々が欧米社会で急増している。**

ローマ法王フランシスコが「すでに第三次大戦は始まっている」と明言したことも、潜在的な恐怖心を掻き立てるのに一役買ったようだ。なぜなら、法王の言葉を聞いて20億のキリスト教徒が真っ先に思い浮かべるものの一つが、聖書の予言だからである。

元来、キリスト教は非常に明確な終末のイメージを有している。冒頭の「マタイ書」ではイエス自らが予言を語り、最後の「黙示録」もまた予言で締めくくられている。つまり、**寄席《よせ》に例えるなら、新約聖書は「ハナもトリも予言」で占められているのだ。**

仮に影響力が小さければ、それほど関心を払わなくてもいいかもしれない。そうではないから問題なのだ。とりわけ、米国では国民の五人に一人はキリスト教右派や根本主義者と言われている。そして、同国は依然として国際社会の中心に位置している。

だいたい、一番多い名前からして〝ジョン〟だ。これは「ヨハネ」の英語読みである。その他、マークとか、ダニエルとか、マイケルなど、聖書からとったものが多い。逆に日本人のメジャーな名前の中で仏教関係からとったものがどれほどあるだろうか。

アメリカだけではない。なんだかんだといって、現代世界を今も動かしているのは「キリスト教圏」とも言える欧米先進国である。それゆえ、信じるか否かは別として、日本人がキリスト教的な世界観や終末のイメージに知悉《ちしつ》しておいても、決して損ではない。

もっとも、単に「知っておくか」という受身の姿勢ではなく、もう一歩進めて、こちらから積極的に動いて、いっそのこと〝解読〟してしまったらどうだろうか。

と言うと、「キリスト教と無縁の日本人がそんな大それたことを」と思う人もいるだろうが、私はむしろ「だからこそ」と語気を強めたいのである。なぜなら、一読してお分かりの通り、イエスの言葉はあまりに宗教的偏見にまみれている。というより、後世の宗教権力によって歪曲されたというのが本当のところだろう。だから、予言を真に解読するには、その種の不純物を見抜く客観的な視点がどうしても必要だ。ところが、盲目的に信仰している人たちはリライトが入っている事態すら想像できないし、またしたくないのである。

たとえば、「最後の審判」パートを読んだとき、大多数の日本人は違和感を覚えるのではないだろうか。要するに、善人は永遠に「天国」へと行けるが、悪人は永遠に「地獄」へ落ちるぞ、という話である。いくらなんでも幼稚で、酷すぎる。

詳細は後述するが、私はイエスがこんな戯言《ざれごと》を述べたとは信じていない。おそらく、もともとあったイエスの言葉が、後に教勢拡大のために捻じ曲げられたのではないだろうか。

もちろん、この「最後の審判」のパートだけでなく、イエスの予言そのものが単なる宗教的な迷信であり、ナンセンスの塊ではないかと、一蹴する人もいよう。また、イエスの奇跡だって後世のでっち上げではないかと疑う人もいよう。その判断は尊重したい。聖書にあるから、イエスの言葉だから、という理由で、鵜呑みにすべきではない。

ただし、疑いの域を超えて軽侮《けいぶ》や嘲笑に走る人は、もはやこの本を閉じるべきである。この本の趣旨はイエスの真意を理解することだ。そのためには、別に聖書の字面を額面通りに受け取るクリスチャンである必要はないが、一方で最低限、イエスという人物を尊敬し、その教えに共感し、聖書という人類の遺産に敬意を払える人でなければならない。

僭越ながら、これに関しては、はっきり釘を刺しておきたい。だいたい、イエスを身近に感じることができない人が、どうして彼とその言葉を理解することができようか。

これはまた、不可解な予言を謎解きする上での、もう一つの資質と言えよう。

イエスの予言（マタイ書24：1～26：2）	
①	戦争の騒ぎや戦争の噂を聞く。民は民に、国は国に敵対して立ち上がる。
	方々に飢饉や地震が起きる。
	あなた方は苦しみを受け、殺される。私の名（イエス・キリスト）のために憎まれる。
②	憎むべき破壊者が聖なる場所に立つ。
	大艱難（great tribulation）が到来する。
	偽メシアや偽預言者が現れ、大きな徴や不思議な業を行う。選ばれた人たちをも惑わす。
	太陽は暗くなり、月は光を放たず、星は空から落ち、天体は揺り動かされる。
	人の子（イエス）の徴が天に現れる。
③	人の子（イエス）が大いなる力と栄光を帯びて天の雲に乗って来る（＝イエスの再臨）。
	すべての国の民がイエスの前に集められて“裁き”を受ける。「永遠の罰」か「永遠の命」かにより分けられる（＝最後の審判）。

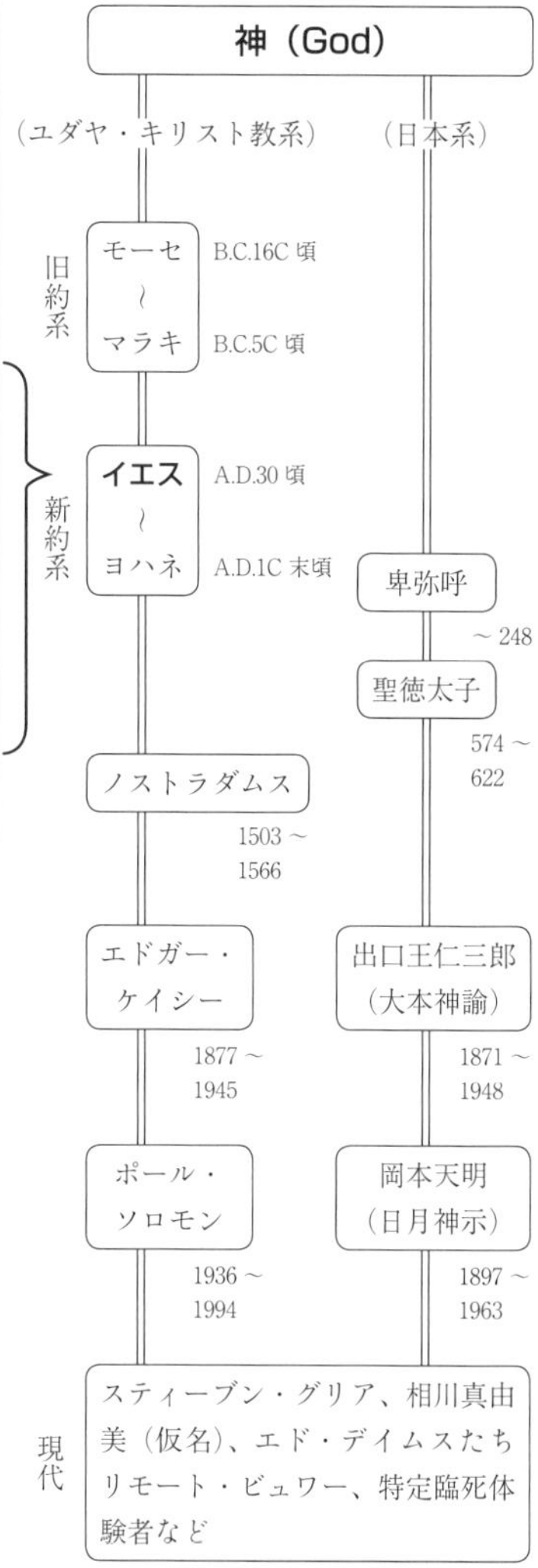

©Takaaki Yamada

図2　預言者の系譜と要としてのイエス予言

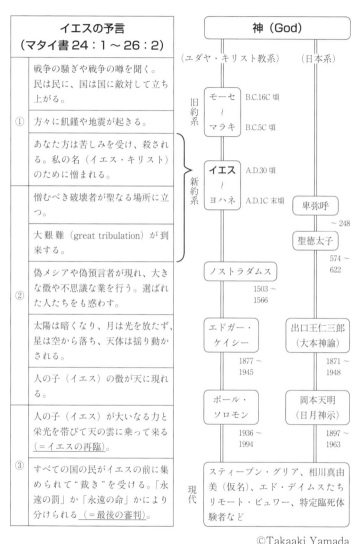

つまり、信仰から心理的に距離を置いて、第三者視点で冷静に考察できるという以外にも、倫理的・道徳的に彼の偉大さを理解しうる共感性も不可欠ということである。宗教に対してバランスを保てる人ならば、この二つの資質を両立させることができるはずだ。

むろん、私個人がそれに値するか否かは、本書を通して読者が判断するところである。

さて、以上の点に注意を払えるなら、聖書を読み込み、推理を働かせることで、予言の真価を損なっている迷信的要素を取り除き、もともとの純粋さを復元することもできよう。

そして、イエスの真意と予言の全容が明らかになったとき、われわれは必ずや人類のサバイバルにとってヒントとなるような有益な情報を引き出すことができるに違いない。

果たして、イエスが「幻視」した光景とは何なのか。空前絶後の超カタストロフィ「大艱難」(great tribulation)とは何なのか。「神がその期間を縮めてくださらなければ、だれ一人救われない」というが、助かる道はないのか。それはいつ起きるのか。

また、イエスは本当に「再臨」するのか。彼と共にやって来る〝天使〟とはいったい何者なのか。その時期はいつなのか。「最後の審判」とは本当は何なのか。キリスト教の言うように、われわれは皆、永遠の天国か、永遠の地獄かに分類されてしまうのか……。

疑問は尽きないが、これらについて逐一、解明していきたいと思う。

もっとも、拙速は禁物である。イエスもまたこう言っている。

「戦争の騒ぎや戦争のうわさを聞くだろうが、慌てないように気をつけなさい。そういうことは起こるに決まっているが、まだ世の終わりではない。民は民に、国は国に敵対して立ち上がり、方々に飢饉や地震が起こる。しかし、これらはすべて産みの苦しみの始まりである。」(マタイ24・6〜8)(傍線筆者)

まず「世の終わるとき」の徴として、戦争・飢餓・地震などがあちこちで起きるというのだ。これらを飛び越して、いきなりクライマックスの正体に迫るのもいいが、やはりまずはその「始まり」とやらから見ていこうではないか。この作業にはまた、時代が本当にイエス予言の前段階に突入したのか否かを、より詳しく見極め、確認する目的もある。

折しも、中東とヨーロッパの情勢が急速に悪化しつつある。聖書の世界観でいえば、中東から地中海にかけてはイエスとその弟子たちが活躍した地域であり、人類の歴史と文明の中心地である。しかも、この地域の「未来」については、イエス予言の他にも、その系譜に連なる幾多の予言がある。本命はあくまでイエスだが、一方で、預言者は決して彼一人ではないのだ。それらも大いに援用しながら、まずはこれから中東とヨーロッパがどうなっていくのか、どんな未来が待ち受けているのか、探っていこうではないか。

第1章のまとめ

○イエスは処刑される数日前に史上空前の予言を残していた。
○イエスの「オリーブ山の預言」はまさに「現代」または「近未来」に当てはまる。
○イエスの幻視によると、終わりの時、世界の初めから今までになく今後も決してないほどの大きな苦難が人類に襲い掛かる。これを「大艱難」という。
○「大艱難」は徐々にではなく、ある日、突然にやって来る。
○イエスのいう「預言者ダニエルの言った憎むべき破壊者」とは、エルサレムの「神殿の丘」に設置される「外国の軍旗」または「異教の祭壇」である可能性が高い。
○現代の堕落した社会状況はノアの洪水が起きる直前と酷似している。
○予言では、イエスが再臨し、人々の選別が行われる。選ばれた人々は天の国（神の国）に行ける。これを「最後の審判」という（＊あるいは審判行為も含めて「再臨」という）。
○迷信的要素を取り除き、イエスの真意と予言の全容を明らかにできるなら、人類のサバイバルにとって有益な情報を引き出すことができる。

第2章

戦慄の近未来シナリオ！
中東戦争とヨーロッパの崩壊、そして世界大戦へ！

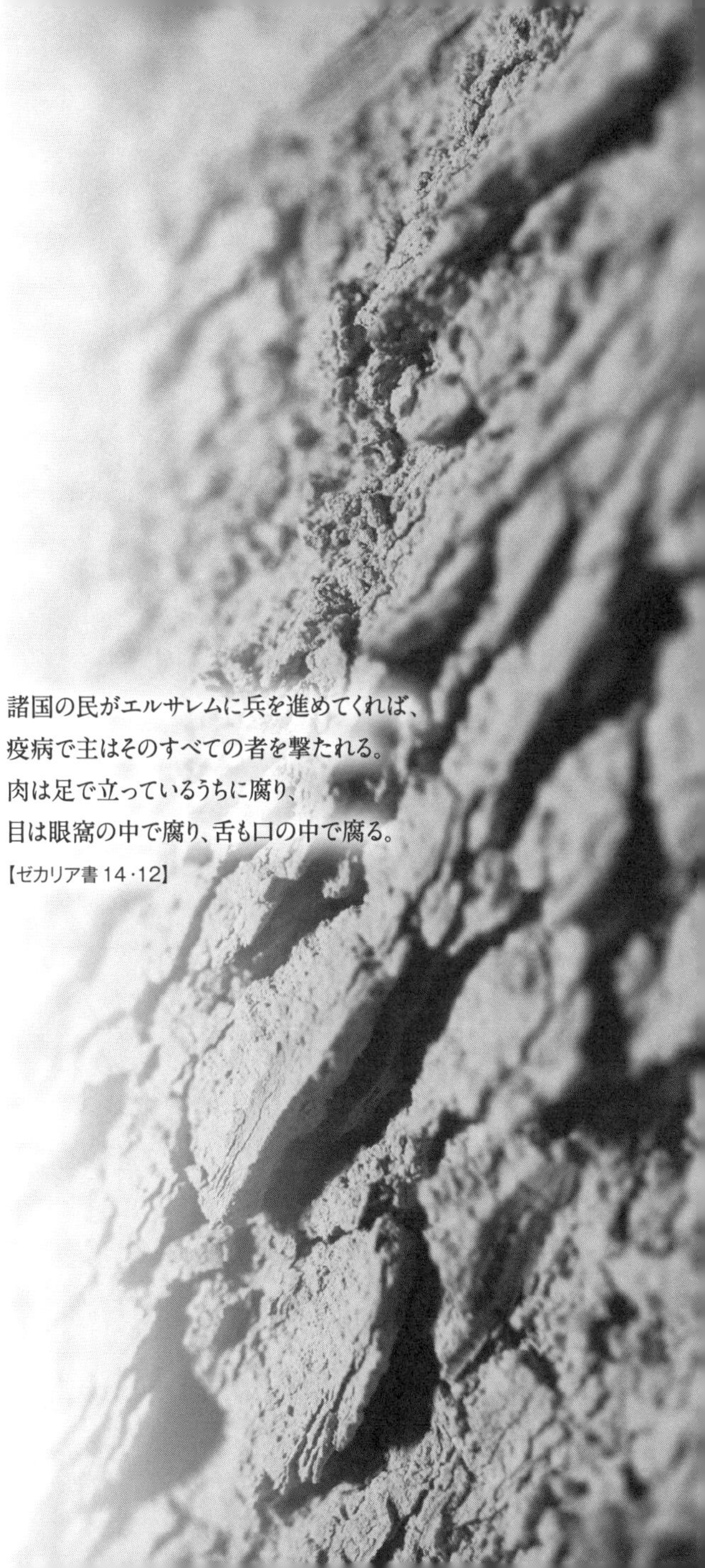

諸国の民がエルサレムに兵を進めてくれば、
疫病で主はそのすべての者を撃たれる。
肉は足で立っているうちに腐り、
目は眼窩の中で腐り、舌も口の中で腐る。

【ゼカリア書 14・12】

ついにローマ征服を掲げる軍団が現れた

2014年6月、最高指導者アブ・バクル・アル・バグダディをカリフ（ムハンマドの後継者）とする「イスラム国」の樹立が一方的に宣言された。スンニ派過激派組織として、未だにどの国からも正式に承認されていないが、とりあえず仮称としてIS（Islamic State）と呼ぶことにする。ISは現在、組織員は20万以上とも言われ、イラクとシリアの相当な範囲を支配下に置いている。15年6月には北アフリカのリビア中部シルトまで制圧した。そして、ラッカを〝首都〟と定め、支配下の住民から税金を徴収し、警察や裁判所まで運営している。このように、実態はもはや限りなく一国家に近くなっている。

彼らは数ある過激派の中でも、とりわけ残酷なことで悪名高い。捕虜を集団で処刑し、その様子を世界に向けて公開する。非イスラム教徒の女性を奴隷にし、戦利品にしたり、売買の対象にしたりしている。しかも、それを聖典クルアーンが認めているなどと正当化している。ここまで異常なことを平然とやる無法者集団もかつて存在しなかった。

いったい彼らの目的は何だろうか？　彼らは広大な領土を持つ〝イスラム帝国の復活〟を公式目標に掲げている。しかも、キリスト教と欧米世界を極めて敵視し、将来はスペイン・ポル

（上）ISが将来の領土として掲げる地域／（右）イスラム国の機関紙『ダビク』14年10月発刊号

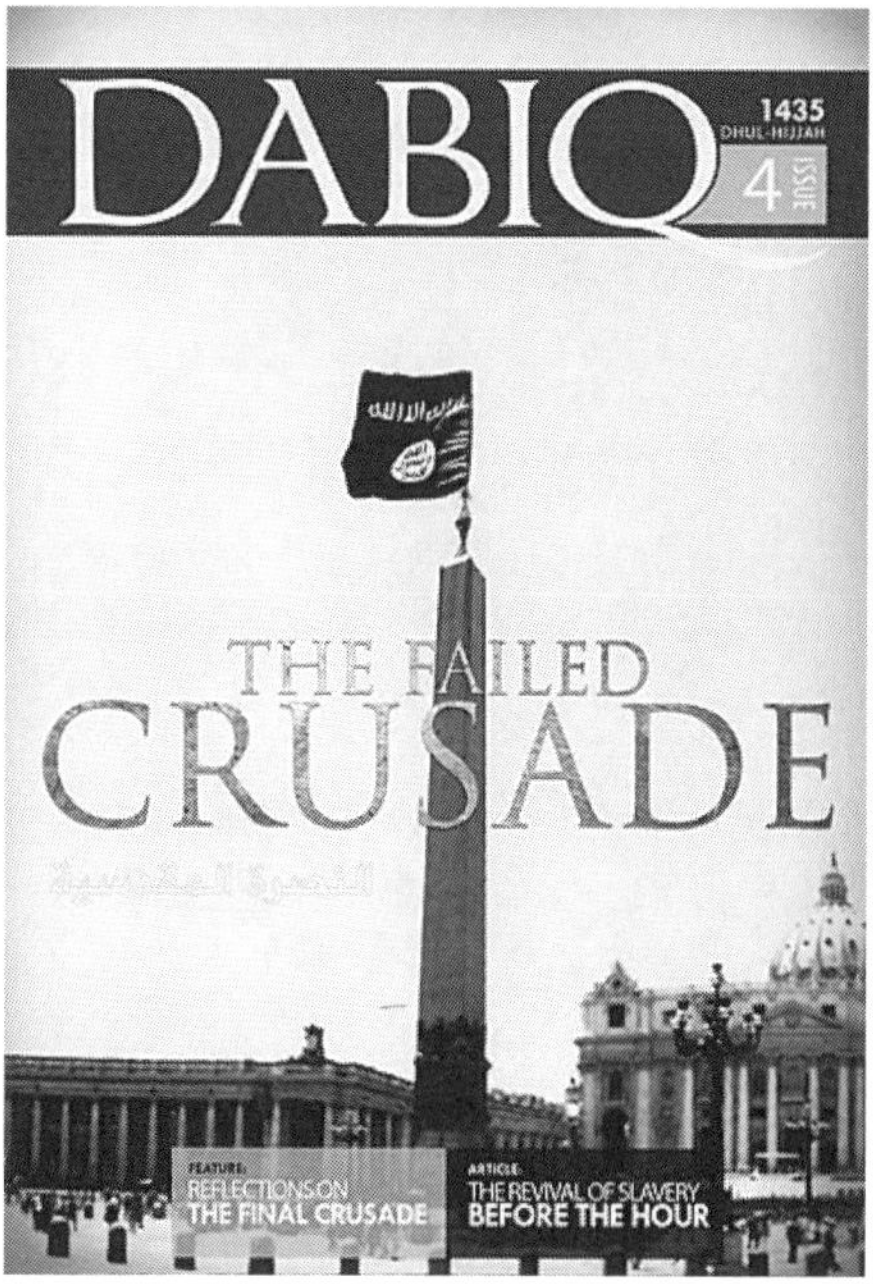

トガル領を〝回復〟した上、「ローマを征服する」とまで宣言している。

14年8月、ISは中東での殺戮《さつりく》に飽きたらず、**ローマ法王フランシスコを殺すとまで声明を出した。**ヴァチカンは震撼した。翌月、ローマ法王は信者に向けて、主に中東での紛争や殺戮を指して、「世界はすでに第三次世界大戦の状態にある」と呼びかけた。15年11月にパリで同時多発テロが起きると、法王は改めて同様の見解を発表した。

どうやら、ISの声明は単なる脅しではないらしい。彼らが14年10月に発刊した機関紙「ダビク」の表紙（前ページ）をよく見てほしい。タイトルは「十字軍の失敗」だ。これは欧米との戦いを強く意識している。場所はサン・ピエトロ大聖堂の正面にある広場だ。中心にあるオベリスクには本来、十字架が立つが、代わって黒い旗がひるがえる。この表紙は、カトリックの総本山たるヴァチカンを必ず征服するぞという、決意表明とも受け取れる。

急速に現実味を帯びてきたイエスのある予言

仮にISと彼らに共鳴するテロ組織がローマへの侵攻を果たしたら、どれほどの惨劇が起きるだろうか。彼らはシリアやイラクの占領地で日常的に行っている残虐な処刑・虐殺・奴隷化などの非人道的行為を、そっくりそのままローマでも繰り返すだろう。

つまり、**われわれは、捕らえられたカトリックの神父やキリスト教徒、一般市民たちが家畜のように殺戮されていくおぞましい光景を目の当たりにすることになるのだ。**

私はイエス予言のある一節を思い出して、ぞっとした。

「そのとき、あなたがたは苦しみを受け、殺される。また、わたしの名のために、あなたがたはあらゆる民に憎まれる。そのとき、多くの人がつまずき、互いに裏切り、憎み合うようになる。」（マタイ24・9〜10）（傍線筆者）

この「あなたがた」とは、弟子たちであり、信徒のことだ。

すると、この言葉は、世の終わる少し前に、キリスト教徒に対する大規模な迫害や虐殺が起きることを暗示しているのではないか。

率直に言って、私はほんの数年前まで、この一節に対して極めて懐疑的だった。「今の時代に、こんな特定宗教に対する大規模な迫害など、起こるはずがない」と考えていた。

ところが、わずか数年の間に、中東情勢を中心にしてガラリと世界が変わった。ここへ来てこの一節が急速に現実味を帯び始めたため、私自身が驚く羽目になっている。

しかも、殺人者たちは口先だけでなく、実際に「すぐそこまで」来ているのだ。

15年1月、ISは湯川遥菜《はるな》さんと後藤健二さんを残酷に処刑した上、正式に日本まで敵対国のリストに入れた。日本の報道はしばらくこの事件一色だったのに対し、欧米の関心はすぐに別の「ある事件」に移った。それがキリスト教徒に対する集団殺害事件である。

翌2月、ISは21名のコプト教徒（キリスト教の一派）をリビアの海岸で斬首し、その様子をネット上で公開した。**「次はローマに向けて進撃する」という内容のメッセージを添えて。**

実は、その場所は首都トリポリ近くの地中海沿岸だった。イタリア半島はその真向かいである。周知の通り、カダフィが殺害された後のリビアは、ひどい内戦状態にある。その混乱に乗じて、ISおよび忠誠を誓うシンパが同国で勢力を拡大している。

つまり、ローマ征服を掲げる軍団が今やイタリア半島の対岸にまで来ているのだ。

もっとも、イタリアとその周辺のヨーロッパ諸国は、依然として強力な軍隊を有している。しかも、NATOという軍事同盟もある。果たして、スモールアーム（小兵器）主体のISが、空軍や戦車部隊を有する近代国家の防衛体制を突破することができるのだろうか。

結論から言えば、十分にありえるというのが私の考えだ。

第一に、そもそも真正面からぶつかる必要はない。この際、第二次大戦型の戦争の常識は捨てるべきだ。軍服を着た者同士、また正規軍同士の戦いとは状況が異なる。仮に彼らがローマ占領を目指すなら、すでに〝市民〟として街中に潜伏することも可能なのだ。

第二に、そもそも敵がＩＳだけとは限らない。今では類似の過激派組織がたくさん存在している。だから「ＩＳ連合軍」の形をとるかもしれない。また、仮に多国籍軍によってＩＳが滅ぼされたとしても、別の組織がその遺志を受け継ぐこともありえる。

つまり、歴史的に見たＩＳの役割は〝単なるトリガー〟かもしれないのである。ちょうど中世の十字軍遠征を逆さまにした状況を想像するといい。ＩＳの戦いが西洋とイスラムの「宗教間・文明間戦争」のきっかけとなり、ＩＳ亡き後も他のイスラム組織やイスラム国家が続々と欧州遠征に加わっていく可能性も考えておくべきだ。

小賢しい秘密工作は西側世界にブローバックする

ところで、「ＩＳは米ＣＩＡ・英ＭＩ６・イスラエルのモサドなどの西側諜報機関によって作られたものだから、そこまで行き着くことはないよ」という楽観的な見方もある。

だが、仮にそうだとしても、「サイクロン作戦」という悪しき前例がある。

１９７９年、ソ連軍はアフガニスタンを侵略した。これに対してイスラム系のゲリラ組織が激しく抵抗する。そこで当時、アメリカはゲリラ側を支援した。ＣＩＡは彼らに軍事訓練を施し、大量の武器と資金を手渡した。その甲斐あって、ゲリラ側は長期間の抵抗を続けることができた。その際に大量に供給されたスティンガー・ミサイルは、ソ連軍にとって手ごわい存在になったという。シルベスター・スタローンの映画『ランボー3　怒りのアフガン』(88年)は、ハリウッドがそのプロパガンダ面を担って制作したと推測することもできる。

だが、問題はソ連が崩壊した後だ。CIAとしては当然、支援の必要がなくなった。その後、欧米の石油資本はカスピ海の油田を抑えにかかった。そして、アフガニスタンを通って一挙にアラビア海へとパイプラインを敷設《ふせつ》——イランを迂回するルートだ——しようとした。ところが、かつてのイスラム戦士は、今度は「敵」に回ったのである。

このような反動結果は、国際情勢でしばしば銃のブローバック(発射ガスの吹き戻しまたはそれを利用した薬莢《やっきょう》の装填機構)にもなぞらえられる。911直後に強引にアフガン空爆が行われたのも、彼らの駆逐が理由の一つにあったとも言われる。

これと同じことが現在のISにも当てはまる。仮に欧米諜報機関とIS上層部が陰で連携していても、その関係が将来にわたって永続する保証は何もない。なにしろ、組織の中下層は本気で西洋を憎み、イスラム教の厳格な教えに基づいた帝国の樹立を熱望している。戦闘集団の常として、組織の新陳代謝も早い。中下層の者は、武勲を立てたり上層部が死亡したりすることで、どんどん出世していく。組織のメンバーは戦争により急速に入れ替わっていくのだ。しかも、**彼らは「市民への徴税」と「石油ビジネス」という二大自主財源を有している。この「資金面での自立」こそ、組織の独立性を保障する最大の要素だ。**

14年10月24日付の「リア・ノーボスチ」によると、ソチで開催された国際討論会「バルダイクラブ」の席上、プーチン大統領は要約すると次のような発言をした。

「かつて、欧米のパートナーたちは（アフガン戦争で）ソ連と戦ったイスラム過激派たちのスポンサーだった。そのような欧米による過激派への活動が現在のタリバンやアルカイダを誕生させた。彼らは現在、傭兵たちに資金を供給するという、同じ過ちを繰り返している。結果、中近東におけるテロの連鎖は止まらないのだ」

以上のプーチン大統領の指摘には、筆者も賛同せざるをえない。

仮に、本当は西側諜報機関がＩＳの造物主だとしても、当初の思惑とは裏腹に、さらなるモンスターへと成長して、いずれは手に余る可能性が十分にある。つまり、サイクロン作戦の二の舞である。そして、コントロール不能になるどころか、最終的には強大なブローバックとなって西側諸国に跳ね返ってくる可能性すらあるのではないか。

２０１６年現在、西側の一部の国とＩＳは公式に戦争状態にあるが、おそらく空爆だけでは彼らを根絶することは不可能と言われている。なぜなら、彼らは支配下にある町と一体化しているからだ。住民を盾に取っていると言い換えることもできる。すでに現状は、西側が空爆しても、一般市民の犠牲者たちが西側に対する憎悪に駆られ、ＩＳなどのテロ組織に加入するという、悪循環に陥っている。よって、最終的には、大規模な地上軍の侵攻による制圧か、または都市と住民を丸ごと殲滅《せんめつ》することを目的とした東京大空襲型の空爆でないと、ＩＳを潰滅《かいめつ》することは事実上、不可能になっている。

状況は常に変化している。だから「現在」という「点」だけを見てタカをくくっていると、手痛いしっぺ返しを食らうだろう。「流れ」として見ることが重要なのだ。

すでに欧州内部に侵入を果たしているイスラム勢力

現在、ヨーロッパで歴史的とも言える巨大な変化が起きている。その主たる原因こそ移民または難民の急増であり、彼らの子孫の占める比率の増加である。

現在、五千万を超えるイスラム系移民とその子孫が在欧している。ここに新たな移民または難民が続々と加わりつつある。２０１５年９月以降、大量のシリア難民が一斉にヨーロッパに向かったことで、改めてこの問題が注目を浴びている。国連難民高等弁務官事務所（UNHCR）

によると、その移民または難民のうち、約半数がシリア難民だという。

彼らは主に三つのルートをたどる。第一に、トルコからバルカン半島に入るルート。第二に、海上からイタリア半島へ上陸するルート。第三に、ジブラルタル海峡を渡ってスペインへ上陸するルート。これらのルートは軍事行動にも応用できることは言うまでもない。

最大の目的地は比較的受け入れに寛容なドイツだ。同国のメディアが伝えるところによると、2015年度中にドイツに流入した移民または難民は100万人に達したという。

さて、こういった状況がヨーロッパの将来に暗い影を落としている。

よく懸念されているのは、長期的な——といってもせいぜい数十年だが——人口構成の問題である。移民または難民が毎年やって来る上、もともといるヨーロッパ人よりも彼らのほうがたくさん子孫を作る。だから両者の比率が逆転するのは時間の問題だというわけだ。

事実、イスラム国家や団体の指導者の中には、**自分たちはそうやって戦うことなくヨーロッパを占領してイスラム国家へと作り変えてやるのだ**という意味のことを公言する者もいる。たとえば、アルジェリアの元大統領ブーメディエン、リビアの独裁者カダフィ、最近ではエジプトの宗教指導者アル・ハッサンなどが極めて露骨に主張している。

むろん、彼らが完全にヨーロッパ人に同化すれば懸念はなくなるのだが、まさにこの点が彼らの問題であり、出身地の言語や宗教、習慣を頑なに守り続ける者が少なくない。根本的には、イスラム教徒は事実上改宗できないという宗教の問題が大きい。だから、ヨーロッパでは、イスラム教徒が増えていく一方となる。そのことがまた現地の市民との間に軋轢《あつれき》を生み、社会の中に差別や「見えない壁」を生むという悪循環を作ってしまう。

しかし、15年11月のパリの同時多発テロが示したように、もはや問題はそういう〝悠長な〟次元ではなくなりつつある。数十年のスパンではなく、もはやここ数年が焦眉《しょうび》の急と化している。大きな理由はＩＳやその他のイスラム系過激派組織の動向である。

彼らは〝来たる戦争〟に備えて、すでに二つの手段を講じてきた。

一つは〝敵〟であるヨーロッパ社会の中にシンパを増やすことだ。彼らはこれまで極めて地道にこの作戦に取り組んできたと言える。

ＥＵ各国は建前では平等を謳《うた》うが、現実には移民への差別が存在する。傷ついた移民二世の中には西欧社会に深く失望し、己のアイデンティティをイスラムに求める者も出てくる。そんな彼らをリクルートするのがイスラム系テロ組織や政治組織だ。取り込まれた若者たちは、ますます欧米に敵意を持つようになる。中には危険な思想を植え付けられ、中東の〝ジハード〟に志願する者まで現れてくる。その種の帰国者にはさすがに警察の監視が付くようだが、一度殺戮の味を覚えた者たちが社会復帰するのは困難だ。その種の移民二世たちがＥＵ各国で確実に増えつつある。在欧のイスラム系テロ組織や政治組織は、彼らを吸収することで急激に勢力を増した。そして、**互いに地下でネットワークを形成し、〝来たる戦争〟に備えて情報・資金・武器などをやり取りしている。**むろん、中東の組織や国家とも繋がりを持っている。

もう一つは、直接〝伏兵〟を送り込むことだ。

2015年9月の英国紙「Sunday Express」などが報じたところによると、**欧州へと流れ込んだシリア難民の中に四千人ものIS戦士が紛れ込んでおり、イギリスをテロの一つの標的にしているという。**もっとも、この作戦は以前から行われていたらしい。というのも、EU当局からすると、難民の数があまりに膨大であり、しかも身元もよく分からず、何よりも〝人権問題〟があるから、偽装難民の摘出が非常に困難なのだ。だから、テロ組織側はその盲点を突いて、かなり以前から工作員やゲリラを難民に紛れ込ませてきたのである。

前述のように、そういった最大の入り口の一つがイタリア半島だ。だから、ISがローマの征服を掲げたのは、ハッタリや誇大妄想ではなく、彼らなりの自信の表れなのだ。

全ヨーロッパVS全イスラムに発展する危険性

以上の二つの方法により、すでに大量のイスラム戦士がヨーロッパの街々に雌伏《しふく》していると考えられる。ある者は潜伏しているが、ある者は普通の市民生活を送っている。

それゆえ、彼らは第二次大戦型の戦争をやる必要などないのだ。NATO軍とまともに戦える力がない以上、当然、軍事作戦は彼らの「強み」を生かしたものとなるはずだ。

そこで「Xデー」を想定してみよう。決起するのはISかもしれないし、その後継組織かもしれないし、あるいはまったく別のイスラム組織になるかもしれない。いずれにしても「彼ら」は、まず警察や軍隊の注意を引き付けるため、陽動作戦として都市部で巨大な暴動を起こすだろう。そして当局の目が逸れた隙を突いて、政府機関や軍事基地、交通インフラなどに対する同時多発テロを決行する。これでその国は空前の大混乱に陥るだろう。

それから本命の作戦を決行する。まず「獅子身中の虫」として雌伏していた兵士たちが一斉に内戦に立ち上がる。彼らはその国の占領に本格的に乗り出すわけだが、**その際に切り札となるのが大量の「人質」だ。**奴隷制度を復活させるくらいだから、彼らには西洋の戦争法規もクソもない。**必ずや西側の人道主義を逆手にとって、大量の市民（それも子供や女性）を人質にし、軍隊が容易に手出しできない作戦に打って出るだろう。**

その一方で、中東の各地域から、高速艇や偽装難民船を使って、本隊が出撃する。初動のテロでレーダーや滑走路を破壊し、軍港に機雷を敷設しておけば、海上からの侵攻作戦の成功率も高くなる。彼らは小部隊であちこちに上陸して、敵軍を翻弄しようとするだろう。ゲリラ戦に持ち込むことで、西側の戦力を分散させることができる。

だが、たとえばイタリア相手なら、彼らの本命はあくまでローマだ。「内」と「外」から攻撃を仕掛ける巧みな作戦により、彼らは想像以上に容易《たやす》くローマを占領してしまうかもしれない。そして大量の人質の存在が彼らの安全を保障し、また占領を長期化させる。

ところで、彼らの本当の狙いが「全欧VS全イスラム」の巨大な戦争を引き起こすことだとしたらどうだろうか。それは決して絵空事ではない。仮に何十万というイスラム系移民の若者が銃をとって立ち上がり、内部から〝ジハード〟に呼応する動きを見せたら、いくら寛容なヨーロッパ人でも「酷い裏切り」と見なすだろう。そこへ毎日のようにキリスト教の聖職者や信徒が処刑・虐殺される光景を見せ付けられれば、ヨーロッパ人とて黙っていない。敵兵だけでなく、五千万を超えるイスラム系移民に襲い掛かるだろう。最低でも収容所に閉じ込めようとする。むろん、それに対して益々ムスリム側も反撃する。

すると、「同胞を救え」をスローガンに、中東の各国も続々と参戦するかもしれない。**こうなると、もはや欧州内戦ではなく、両文明間ないし宗教間の大戦争である。**

欧米人はすっかり忘れているが、イスラム教徒たちには、これまで自分たちが西洋から酷い目に遭わされてきたという被害者意識がある。彼らは長年にわたってその負の想念を潜在意識下に抑圧してきた。彼らが集合的無意識に溜め込んできた怨念は、いつかは抑圧の頚木《くびき》から放たれ、巨大な怒りの噴火となって爆発するだろう。それがクリスチャンに対する復讐の大虐殺という形をとれば、憎しみが憎しみを呼ぶ展開になり、両者の間で史上最悪の殺戮劇が繰り広げられることになる。そして、酷い後悔と罪悪感に苛《さいな》まれた後で、実は救いの道が自分たちの足元（イエスの言葉）にあったことに人々は気づくのである。

スタートラインにすら立っていなかった1998年以前の日本のノストラダムス研究

さて、実はこれらの恐るべき未来は、イエスだけでなく様々な人物によって予言されている。やはり、この本らしく、国際情勢の分析に基づくだけでなく、「予言面」からもアプローチしていきたい。真っ先に紹介したいのが、あのノストラダムスである。

一般にノストラダムスの詩といえば、どうとでも解釈できる曖昧なものが多い。これはキリスト教が絶大な権力を握っていた当時のヨーロッパの時代背景を考えると、やむをえない面もある。ところが、興味深いことに、このフランスの大予言者は、**ヨーロッパ世界がイスラム勢力に蹂躙《じゅうりん》され、大虐殺が行われる未来については、比較的率直に記していたのである。**これはやはり、彼にとって愛するヨーロッパの運命が最大の関心事であり、異教徒に滅ぼされる未来が耐え難かったからだと思われる。

というわけで、以下にその予言詩を見ていこう。

ところで、ノストラダムスの予言詩といえば、原文が16世紀の難解なフランス語によって短くまとめられたものであるため、翻訳と解読の問題が常に付きまとう。

当たり前の話だが、日本人が解読に挑戦しようと思えば、当時のフランス語と地理・歴史に知悉している人か、もしくは最低限そのような人が翻訳した「できるだけ正確な日本語訳」に依拠しなければならない。しかし、残念ながら、そういう人材を著しく欠いていたのが従来の日本のノストラダムス研究の状況だったと言えよう。

とくに日本に出回っていた翻訳は、極めて不正確だったようだ。英語に翻訳されたものをさらに日本語に翻訳し直すという、ナンセンスなことも平気で行われていた。

つまり、日本におけるノストラダムス研究は「解読以前の問題」を抱えていたのである。そういう意味で、いったい今までに何百冊の研究書が出版されたか知らないが、おそらくその99％は、世界的にいえばスタートラインにすら立っていなかったというのが現実だと思われる（もっとも、私もその〝死体の山〟に連ならないという保証はない。念のため）。

ところが、ようやく近年になって、その状況に根本的な変化が訪れた。それは研究家の山津《やまつ》寿丸《すまる》氏の登場である。山津氏はリュミエール・リヨン第2大学（L'Université Lumière Lyon 2）の博士課程（歴史学専攻）を経た方であり、東京大学大学院博士課程で所定単位を取得、満期退学された。そして、寛大にも、ご自身のサイトの「ノストラダムスの大事典」や

「ノストラダムス雑記帳」などで、誰もが長年待ち望んでいた「正確な訳」を無償で公開されている。このように、真にフランス語と彼の国の歴史や文学に通じた博士号水準の日本人が現れ、世界レベルの研究成果がネットで普通に閲覧できるようになったのは、まことにありがたいことである。私は山津氏に連絡し、氏の学問的な成果に依拠させていただくことについて了解を得た。この場を借りて、改めてお礼を申し上げたい。

ついでなので、それ以前の研究成果を挙げられた先達たちにも触れておきたい。

私は第一に故・志水一夫氏を挙げる。ノストラダムス研究にまともなリサーチとファクトを持ち込んだ初期の一人である。ましてやネットのない時代だったので、ある情報を得るまでに大変な労力と年月を要されたようだ。志水氏は、当たったと目されている予言でさえ、よくよく調べてみると根拠が怪しい点を指摘した。惜しくも亡くなられたが、予言のほかUFOや超能力の問題でも、今なお志水氏の本は入門書である。ただし、フランス語のプロではなく、必ずしも現地に精通されているわけではない点も、要付記だ。

第二に、その成果を踏まえてさらに発展させ、世にあふれるノストラダムス本を一網打尽にしたのが山本弘氏の『トンデモ・ノストラダムス本の世界』（洋泉社）である。

第三に、仏語圏の文献と現地取材から、一歴史的人物としてのノストラダムスを学問的に描写したのが竹下節子氏の『ノストラダムスの生涯』（朝日新聞社）である。

山本氏や竹下氏の本が出たのは1998年なので、それ以前にフランス語を知らずに安易に〝解読〟してしまった方々は、まことにお気の毒と言わざるをえない。
山津寿丸氏は、いわばそれらの系譜にあって、トリを飾る研究家と言えよう。
ノストラダムスの予言に踏み込む人は、以上が必読であることを理解してほしい。

ノストラダムスはISの宣言内容に等しいことを予言していた！

では、前置きはこれぐらいにして、さっそくそれらの詩を見ていこう。

その男はハンニバルの地獄の神々を
生き返らせるであろうところの、人類に恐れられる者である。
かつて存在したどれよりも大きい戦慄とより悪しきかまどが
バベルによってローマ人たちへとやってくるだろう。
（百詩篇集　第2巻30番　山津寿丸氏訳）

アラブの君主に、―火星、太陽、金星、獅子宮―

教会の支配は海から敗れるだろう。
ペルシアの方へと、まさにほぼ百万。
ビュザンティオンとエジプトに真の蛇が侵攻するだろう。
（百詩篇集　第５巻25番　山津寿丸氏訳）

アラビアのフェリックス地方（＊）から（＊アラビア半島南端）
ムハンマドの信仰をもつ強者が生まれるだろう。
スペインを悩ませ、グレナダを征服する。
さらにはリグーリア（＊）の民へと。（＊イタリアの州。州都はジェノヴァ）
（百詩篇集　第５巻55番　山津寿丸氏訳／注は筆者）

フェズ（＊）の王国がヨーロッパの諸王国へと到達するだろう。（＊モロッコの都市）
彼らの都市に火、そして刃が断ち切るだろう。
アジアの貴人が海と陸とで大軍を。
それで紺青の者たちが十字架を死へと追いやるだろう。
（百詩篇集　第６巻80番　山津寿丸氏訳／注は筆者）

私は涙する。ニース、モナコ、ピサ、ジェノヴァ、
サヴォーナ、シエーナ、カプア、モデナ、マルタ、
新年の贈り物として上方に血と剣、
火、地震、水、不吉にして望まれざるもの。

（百詩篇集　第10巻60番　山津寿丸氏訳）

おお、荒れ果てたローマよ、滅亡が近づいている、
汝の壁にだけでなく、血や実質についても。
文字による無骨さが非常に恐ろしい矢傷を生み出すだろう。
尖った鉄器が全員を柄まで貫くだろう。

（百詩篇集　第10巻65番　山津寿丸氏訳）

どうだろうか？　ほとんど一綴りの詩として読めてしまう。そして意味を噛み締めるなら、背筋が凍るはずだ。ノストラダムスは時の国家権力や教会に言いがかりをつけられないようにするためか、かなり分かりにくく記すこともあるが、ここに挙げたものはダイレクトに意味が

理解できるものばかりだ。しかも、彼には珍しく、感情すら露《あらわ》にしている。

私のクドクドとした解説など、かえってこの予言詩の味わいを損なうものでしかないが、それでもよく分からない人のために、一応の説明はしておきたい。

まず予言当時の時代背景――ノストラダムスが初の予言集を出版した1555年頃の地中海情勢――からだ。当時はスレイマン一世（1520～1566）の時代で、オスマン帝国の全盛期である。1571年のレパントの海戦までは、地中海の制海権はオスマン海軍が握っていたと言われている。ただし、キリスト教徒の国土回復運動（レコンキスタ）そのものは終わっていた。中世以来イスラムに支配されていたスペインだが、しぶとい反抗により、1492年にはグラナダ王朝を滅ぼし、イスラム教徒を海の向こうへと追放していた。その追われた人々が逃げ込んだ先がフェズである。ただし、フェズ王朝は短命で、1472年に建国されたが、1550年頃には滅んでいる。全体としてみれば、イスラム世界に対してキリスト教世界が勢いを取り戻しつつあった時代だとも言える。

これらの予備知識があると、「フェズの王国がヨーロッパの諸王国へと到達する」という詩の恐ろしさも分かってくる。これは予言集の出版当時とは、およそ真逆の状況だ。

つまり、**未来にイスラム勢力がジブラルタル海峡を渡ってヨーロッパへと攻め込む「逆レコンキスタ」を表していると考えれば、意味が通ってしまうのである。**

しかも、「スペインを悩ませ、グレナダを征服する」のは、フェリックス地方（今のイエメンあたり）から生まれるムスリムだとまで言い切っている。

２０１６年現在、親英米のサウジアラビアがイエメンの内戦に介入し、各地で虐殺を行っている。そしてイエメンにはどんどんＩＳが入り込んでいる。将来、この地域からＩＳやその他のイスラム系組織のリーダーが生まれてもおかしくはない。そのような人物が反西洋の指導者に上り詰め、「十字架を死へと追いやる」と、予言詩は訴えているのだ。

その他にも、たとえば「ハンニバル」はローマ領内を荒らし回ったカルタゴの名将として有名だ。**「教会の支配は海から敗れるだろう」は、海上からイスラム軍の揚陸のあることを示唆している。**ローマは非常に海に近いので、軍事作戦としてはこのほうが合理的である。しかも、ノストラダムスはその他のイタリア各都市の名も挙げて「涙」している。

要するに、**ノストラダムスは、イタリアとスペインがイスラム軍に征服されること、ローマ（教会）が彼らに滅ぼされることなどを、極めて率直に記しているのだ。**

また、「ビュザンティオンとエジプトに真の蛇が侵攻する」とあるように、トルコとエジプトも彼らに征服されるらしい。この二つの国もまた、ＩＳの征服予定地である。

総じて、ＩＳの宣言内容に等しいことを、ノストラダムスは予言しているのである。

進撃のイスラム――占領されるヨーロッパを〝視た〟予言者たち

これらの予言は、ノストラダムスが決してインチキではないことを改めて確信させてくれる。皮肉なことだが、彼の予言の真価が認識されるのはヨーロッパ滅亡後かもしれない。

さて、次に取り上げたいのは二人の人物だ。

一人はマイナーな一アメリカ人だ。ビッグネームではないが、ただ臨死体験によって未来を見た人物ということで、私は傾聴に値すると考えている。

以下、1994年刊行の『未来からの生還』(同朋舎出版)から抜粋する。

1975年、当時25歳のダニオン・ブリンクリーは電話中に雷に打たれ、魂が肉体から抜け出るという臨死体験をする。しかも、「あの世」で「光の存在」から未来の出来事を見せられる。彼は翌年、医師のレイモンド・ムーディー博士と出会う。博士の証言によると、その時、ブリンクリーは時期も含めてソ連崩壊や湾岸戦争を予言してみせたという。

当時のことをムーディー博士は同書の中で次のように述懐している。

「私は彼の予言をまともに取り合わなかった。(略)事故のせいで彼の脳のどこかが狂ってしまったのだろうと考えていたのだ。（略）なにしろ雷に打たれたんだ、誰だってどこか少しくらいはおかしくなるに決まっていると同情しながら。だが後に、それこそ雷に打たれたような気がしたのはこの私だった。彼が予言した出来事が実際に起こり始めたのだ！」

ブリンクリーによると、「光の存在」から次々と未来のビジョンを見せられた。そして最後の十三番目のビジョンこそ、第三次世界大戦に関するものだったという。

「第三次世界大戦の場面が、目の前に現れた。私は砂漠から森林まで、何百という地域を一瞬にしてめぐった。そして、世界中に争いと大混乱が渦巻いているさまを目にした。どうやら、この最後の戦争、いわばハルマゲドンは、恐怖のために引き起こされるらしい。中でも、もっとも不可思議なビジョンは、黒いローブとベールをまとった女性の軍隊が、ヨーロッパの街を行進しているというものだ。」（傍線は筆者）

これが、**イスラム軍がヨーロッパを占領している光景**でなくて何だろうか。しかも、これはイスラム圏の中でも、極めて原理主義的な国（または組織）の軍隊のようだ。

もっとも、お告げをした「光の存在」は、１９９４年から１９９６年までが「この戦争が勃発するかどうかを決定付ける重要な時期」であり、このまま進めば２００４年までには「世界はいまあなたが知っているものとは違ったものになっている」と述べている。

このことから、時期は外れて内容は当たっているというパターンか、あるいは、もしかしてわれわれは無事に「分岐点」を乗り越えたのかもしれない。

もう一人はスイス人のＵＦＯコンタクティであるビリー・マイヤーだ。あくまで「参考」として彼の「ヘノク予言」（＊）を取り上げる。なぜ「参考」なのかというと、この予言は１９８７年２月28日に行われたコンタクトにあると彼は主張しているが、サイトで公開したのは２００２年以降らしいからだ。ゆえに慎重を要する。読者も参考程度に留めておいてほしい。

（＊ The Henoch Prophecies : http://www.theyfly.com/prophecies/prophecies.htm）

まずは、ＮＹの同時多発テロ前である２００１年７月に刊行された彼の『宇宙の深遠より——地球外知的生命プレアデスとのコンタクト』（徳間書店）から紐解いてみよう。この本には「１９９５年以降何が起こるか」と題して、以下の予言が語られている。

「アメリカ合衆国からの全世界を侮辱するような一撃も予期されている。同じようにイスラム教原理主義もますます頻繁に話題を提供し、全世界の注目を浴びる。反乱、革命、戦争その他様々な騒乱が増え、なかでもイスラム教原理主義はその際、悲壮な役割を果たすことになる」

彼とそのシンパは、この曖昧な表現を指して「911を予言したもの」としているが、私には明言しかねる。ただし、イスラム原理主義に関する部分はかなり的中している。

ところが、同時多発テロ以降に公開されたと思われる「ヘノク予言」によると、やけに具体的な内容へと一変している。たとえば「WTC」という固有名詞までが登場する。

全文はご自身で「ヘノク予言」のリンク先を確認してほしいが、この予言が本当に1987年に行われたものだとしたら凄いという前提で、以下、ほんの一部をかいつまんでみたい。


「法王がローマからいなくなったら、これらの予言が成就し始めるだろう。ヨーロッパ全土は、邪悪な力によって恐るべき罰を受け、犠牲者へと転落するだろう。キリスト教は崩壊し、教会と修道院は廃墟と灰の中で終わるだろう」

「狂信的イスラムがヨーロッパの国々に対して立ち上がり、すべてが揺さぶられ震えるだろう。西洋のすべてが破壊されるだろう――イギリスは征服され、もっとも惨めな水準にまで投げ落とされるだろう。イスラムの狂信者と戦士は長い間、その力を保持するだろう」

「アメリカ合衆国は完全に破壊されるだろう」

「テロリストによるWTC、つまりワールド・トレイド・センターの破壊はほんの始まりにすぎない」

「ロシアは休むことなくスカンジナビアを攻撃するだろう。そして、ヨーロッパ全土が巻き込まれるだろう」

このように、マイヤーの予言は、ヨーロッパとキリスト教がイスラムとロシアから攻撃を受けること、またアメリカも破壊を免れないこと等を訴えている。アメリカに関してはテロだけでなく、超自然災害と内戦なども含めた複合的な理由で滅ぶとしている。

どうだろうか？　仮にこの予言が２００２年以降に公開されたものだとしても、現状を鑑みれば、一概に笑い飛ばせないものがある。もっとも、81年のコンタクト記録では、マイヤーは共産主義国家ソ連が全欧を征服すると〝予言〟しており、イスラムの「イ」の字も登場しないことから、彼の場合、予言内容がたびたび変わるのも事実である。

第三次世界大戦の発火点を名指ししたノーベル平和賞候補の預言者

このように、少なからぬ人物が類似の予言をしている。だから、ＩＳがローマ征服を宣言したことを、世界はもっと深刻に受け止めるべきではないだろうか。

それにしても、これだけの争いがヨーロッパとイスラムの間で生じながら、その他の世界は無事でいられるのだろうか。とくに中東地域はどうなのか。当然、無事ですむはずがない。そもそも中東戦争が勃発し、そこからさらに第三次世界大戦へと発展していく可能性は、昔から予測されてきた。むろん、これらの出来事に関する予言も多い。

中でも私が着目しているのが、故・ポール・ソロモン（1994年没）の予言だ。

彼は「バージニアの眠れる予言者」と呼ばれたかのエドガー・ケイシーと同じようにトランス状態においてリーディング能力を発揮したアメリカの牧師兼霊能力者である。しかも、キリスト教の既成概念を超えて輪廻転生を肯定し、太古のアトランティスや未来の世界についても語っていることから、ますますケイシーと酷似している。また、現実の奉仕活動を主宰した点も特徴で、93年にはタイで奴隷状態にある子供たちの解放に尽力した功績によりノーベル平和賞にまで推薦されている。それゆえ、掃いて捨てるほどいる自称予言者や霊能者とは一線を画す人物と言えよう。

実は、そのソロモンは1991年に来日し、三宅裕司氏が司会を務める「EXテレビ」という日本テレビの深夜番組に出演していた（厳密には稀に中京テレビと共同の「EXテレビナゴヤ」のケースがあり、この回はそれに該当する）。しかも、生放送中にリーディングにチャレンジするという趣向で、タイトルはズバリ「初公開！　チャネリング大予言」。この生リーデイングは結果的に成功したようで、現時点ではユーチューブ動画（＊）で視聴することができる。本稿はこのテレビプログラムや、サイトの「The Paul Solomon Source Readings」「Wikipedia Paul Solomon」等を参考にさせてもらった。

（＊「ポール・ソロモン氏のチャネリング予言－1　1991年」、同「予言－2」、同「予言－3」、https://www.youtube.com/watch?v=D40niKbLWxI ほか）

さて、25年経った今、改めて当時の番組を振り返ってみると、大変興味深い。時期は外れているものの、内容的にはかなり当たっているという印象だからだ。

冒頭、ソロモン（の身体を借りている何らかの実体）は、ノストラダムスの1999年人類滅亡説について尋ねられると、「ノストラダムスがそのように言ったということになっているが、まったく誤解されている」と一蹴する。この説は「百詩篇集　第10巻72番」に由来するが、実際、詩にも滅亡云々といった内容は一切記されていない。ノストラダムスがこの詩で本当に伝えたかったこととは何か。私も解読に挑戦しているが、それは後述しよう。

その他にも、ソロモンは様々なリーディングをしているが、すべて紹介する余裕はないので、ここでは第三次世界大戦に関する予言を主にピックアップしてみたい。

彼によると、イスラム教徒たちは世界的な銀行・経済システムからシャットアウト——つまり経済繁栄の恩恵から疎外——されている事態に対して不満を募らせており、それゆえ「残りの世界に対して立ち上がる」というのだ。ただし、彼はこれが90年代のうちに起きると言った。だから、時期は完全に外している。ただ、**未来透視には「時間感覚の欠落」という問題が常について回る。それゆえ、時期を特定することは元来難しい。**

その点を考慮して、何はともあれ予言の「内容面」に注目してみよう。すると、明らかに単なる絵空事で片付けられないものがある。なぜなら、われわれは今まさにイスラムの人々のやり場のない怒りが爆発している様を目撃しているからだ。

とりわけ、それはＩＳの急速な勃興という形で現れている。彼らは、米英はもとより、キリスト教世界そのものに対して宣戦布告した。同じく、チェチェンを抑圧するロシアと、東トルキスタンを抑圧する中国にも宣戦布告した。あまり知られていないが、パキスタンと敵対するインドにも宣戦布告している。彼らは日本までも「敵」に含めた。

つまり、戦慄すべきことに、**不満を持ったイスラム教徒が「残りの世界に対して立ち上がる」というソロモンの予言は「ほぼ的中した」と評せざるをえないのである。**

ちなみに、同リーディング中、ソ連の将来について尋ねられると、彼は「現在はリフォーム中だが（ソ連は91年12月に崩壊）、将来は重要なパワーを持つ国になる。それも軍事力ではなく、豊かな資源に基づいて」と予言しており、**これもほぼ的中**と言えよう。

その彼が、実は第三次世界大戦の〝発火ポイント〟を具体的に指摘しているのだ。

彼は次のように予言した。**「テンプル・マウント」(Temple Mount) で何らかの〝悲劇〟が起こり、それをキッカケとしてイスラムの人々が決起し、日本も含めて世界中の国々が戦争に巻き込まれるだろう、と。**正直、私はこれを聞いた瞬間、ぞっとした。通訳者は「寺院のある山」などと誤訳し――しかも同席の栗本慎一郎氏も気づかない――、番組の最後になってソロモンに促されて「イスラエルのエルサレムのことです」と訂正したが、このテンプル・マウントとは要するに「神殿の丘」(エルサレム旧市街) のことだからだ。

第三神殿建設とソロモンの予言した日本から現れる救世主

ソロモンは、ここで何らかの「悲劇」が起こり、イスラム教徒がいわば「暴発」して「世界大戦」へと繋がっていくと、リーディングしたのである、25年も前に。

実はここ(神殿の丘)に「第三神殿」を建てる計画が以前から持ち上がっている。

なぜ「第三」なのか。かつて栄華を極めたソロモン王がこの場所に壮麗な神殿を建設した。それはBC6世紀に新バビロニアによって破壊されるが、その後、帰国したユダヤ人たちにより再建される。その第二神殿はヘロデ王時代に黄金をふんだんに用いた造りへと改装されるが、西暦70年、ローマ帝国によって再び破壊される。以後、ユダヤ民族は離散を余儀なくされた。

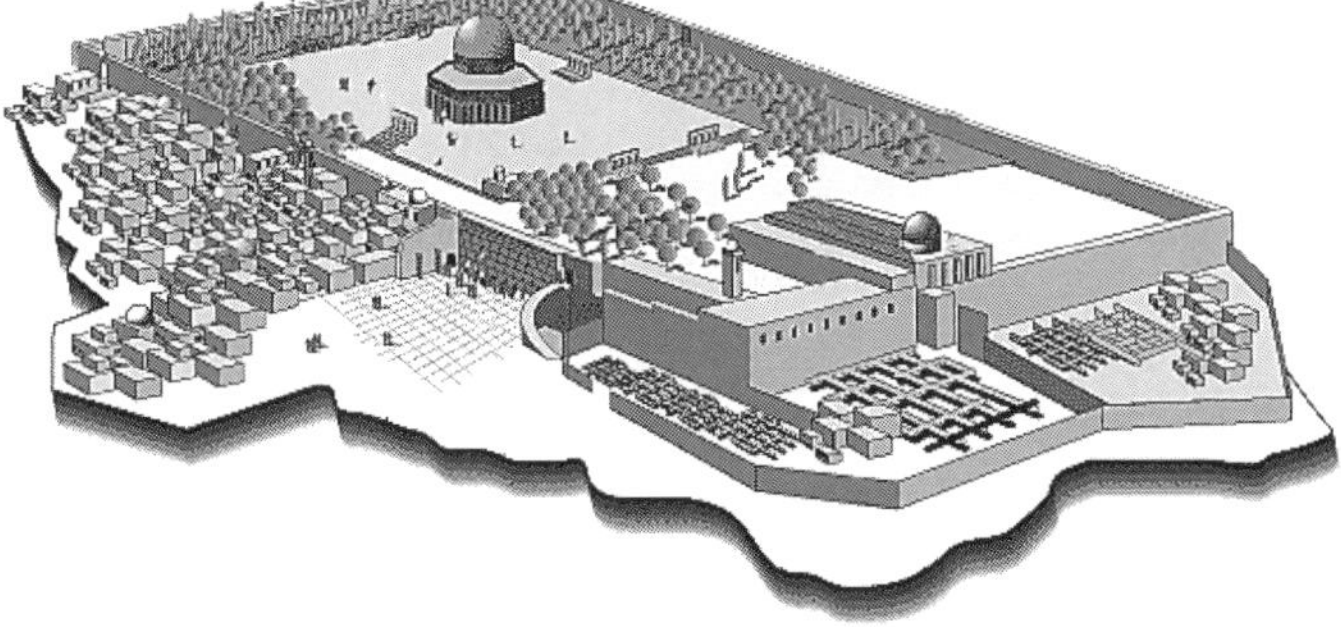

エルサレムの「神殿の丘」

だから、仮に現代に神殿を甦らせるとなると「第三」となるのだ。

だが、図をご覧になれば分かるように、現在は敷地のど真ん中辺りに「岩のドーム」というモスクが鎮座している。ここからムハンマドが天に昇ったとされるため、イスラム教徒にとっても大聖地なのだ。だが、神殿を建てるためには「岩のドーム」を撤去するしかない。日本人の感覚でいえば、たとえるなら、在日米軍がブルドーザーで皇居や御所を更地にするようなものだろう。いや、イスラム教徒にしてみればそれ以上の暴挙に違いない。

ただし、近年の研究成果によると、至聖所と聖所を擁する神殿建物と、生贄を捧げるための祭壇それ自体は、敷地の北側にかなり寄っていたため、復元してもモスクには被らないという説が有力だ。しかし、だからといって現状のまま神殿を復元すると、今度は「神域」（日本にたとえるなら神社の囲いの中）の中に異教のモスクがある格好になり、しかも神殿建物と隣り合わせになるので、かえって違和感が際立つことは避けられない。

おそらく、正統派のユダヤ教徒にしてみれば、とても耐えられないだろう。

これまでも旧市街では何度も衝突が起こっているが、仮に神殿再建のために「岩のドーム」に手をつけたら〝衝突〟ではすまない。全イスラム教徒およびイスラム国家が「ジハード」を掲げてイスラエルに宣戦布告するだろう。つまり、中東戦争の再発である。

驚くべきことだが、**イスラエル国内には本当にそんな恐るべき計画を立て、設計図まで完成させている政治集団がいる。**たとえば、極右政党の「ユダヤ人の家」は神殿再建を公約に掲げ、パレスチナ国家を否定する。「ユダヤ人の家」は現在、ネタニヤフ首相の「リクード」と連立を組んでいる。仮に政権が変わっても極右傾向は続くだろう。だから、**イスラエルが国策として「第三神殿建設」を始める可能性も十分にありえるのだ。**

このように、ソロモンの予言は、91年の予言当時の視聴者にはピンと来なかったかもしれないが、それから四半世紀後の現代人からすると、驚くほど現状に合致している面がある。だから「テンプル・マウントの悲劇」も、絵空事で片付けられないものがある。

さて、付け足しになってしまうが、ソロモンによると、宗教戦争が活発化する一方で、それを克服しようとする動きもまた起きるらしい。実は、彼とエドガー・ケイシーの大きな違いは、日本に対する視線にある。よく知られているように、ケイシーは「日本の大半が海没する」など予言した。ソロモンはある機会ではそれを肯定し、別の機会では否定する一方、日本での公開リーディングでは、なんと日本から世界的な指導者が現れて「愛の法則」と「すべては一つ」という教えを説き、宗教間の争いをしずめるとまで予言したのだ。

トランス状態のソロモンは、「日本から現れることになっている世界的リーダーとは誰か？」という質問に対して、次のように答えた。

"…we have said that a light come from Japan, and will help in the enlightenment of the world"

（…私たちは日本から光が来ると言いました。そして、世界の啓蒙を助けるだろうと）

ソロモン氏は「ヒントだけならよい」として、その人物は、今（１９９１年）はまだ若い男性で、日本の北部におり、準備ができていない。彼には「青木先生」という武術を教える師がいる。その青木氏自身、武術だけでなく、ある種の哲学を説いているという。

正直に言うと、私個人は「日本が世界の救世主になる」とか「日本から救世主が現れる」といった主張には懐疑的だ。しかも、外国人が言う分には勝手だが、日本人が口にする場合はよほどの確証がない限り、自重する必要がある。また、外国人の言葉を紹介する場合でも、確かに本人がそう言ったという証拠が必要だ。

恥ずべき例が、「日本が世界の盟主となる」という趣旨の〝アインシュタインの予言〟なる捏造である。こういうのは日本人の耳には心地よく響くため、いわば〝屈しやすい願望〟だ。だが、愛国心というより、精神的自慰行為に近い。個人的にはこの種の風潮が一部の超常現象界に散見されることに辟易している。ソロモンの予言した日本人指導者の説く教えが「愛の法則」と「すべては一つ」であることを忘れてはならない。

ちなみに、それを差し引いても、この予言が興味深いことは確かだ。実は、死海文書では終末に現れるメシアを「二人」としている。それが「イスラエルのメシア」と「アロンのメシア」である。この文書を残したエッセネ派のクムラン宗団には、一説によるとイエスも所属していたという。このアロンとは、モーセの兄のことだ。アロンとその子らのレビ族は、神により祭司職に任ぜられた。ソロモン王の死後、イスラエルは南北に分かれ、BC722年には北王国がアッシリアにより滅ぼされる。この時の住民が「失われた支族」になるわけだが、実際には部族ごとに完全に南北に分かれていたわけではなく、両方に居住しているケースも少なくなかったという。それを考えると、「アロンのメシア」が「失われた支族」の子孫筋に当たる非ユダヤ人であってもおかしくはないことになる。

よって、もし日本が本当に「失われた支族」の向かった先の一つなら、メシアの一人が日本人であっても何も不思議ではないということだ。

イラン核合意は大失敗——イスラエルの先制攻撃リスクが高まった

むろん、中東戦争の火種は「ＩＳ問題（シリア・イラクの内戦）」と「エルサレム第三神殿建設問題」だけではない。もっと根深い、伝統的な国家間の対立がある。

それがイスラエルとイランの対立である。そして、15年7月、「イラン核協議の合意」により、それがさらに火種として勢いを増したと観測されている。

これについて簡単に経緯を説明しよう。イランの極秘の核兵器開発が暴露されたのが２００２年頃であり、以来、核武装させまいとする欧米・イスラエル側と対立が生じた。当時のブッシュ政権はイランを「悪の枢軸《すうじく》」と名指しし、経済制裁を始めた。一方のイラン側も激しく反発し、一時はタカ派のアフマディネジャド大統領が対決姿勢を強めた。

この両者の緊迫した駆け引きが、えんえん十年以上にもわたって続いていた。

ところが、13年8月に対話路線を掲げるロウハニ政権が発足すると、両者の歩み寄りが始まる。長期間の交渉決裂を嫌気した欧米側も、イランの核開発自体を認めないとする従来姿勢を柔軟に改めた。こうして、イラン側が厳しい監視や査察を受け入れることを条件として、欧米側が経済制裁を順次撤廃し、核の平和利用（一定レベルのウラン濃縮）を認めるとする合意が両者の間で成立したのである。欧米にしてみれば、このままイランを追い込んでパキスタンのような核保有国にしてしまうよりも、国際社会の監視をつけて簡単に核保有できないようにしたほうがマシという思惑である。

当然ながら、国際社会はこの合意を歓迎している。以前は「イランがウランを濃縮する行為自体が許せない」という話だったが、その権利が正式に認められ、制裁も撤廃されることで、イラン側も歓迎している。唯一、「歴史的な過ち」として猛反発しているのがイスラエルだ。彼らはイランが核開発能力を持つこと自体に反対している。また、イランと宗派・民族上の対立があるサウジアラビアも、今回の合意に危機感を募らせている。

今後、この合意は米上下両院の承認を待つが、イランの核兵器疑惑が払拭されないと考えるイスラエルとそのロビーは、承認阻止に向けて議会工作を始めている。米議会でもとくに共和党員が反対しており、完全合意の成立にはまだ予断を許さない段階だ。

さて、私個人の考えを言えば、今回の合意は失敗だと思う。おそらく、国際社会の思惑とは裏腹に、将来、中東戦争へと発展するリスクが高まったのではないか。

この合意によってイランが核保有を放棄するという御伽噺《おとぎばなし》を信じるほど、イスラエルはナイーブではない。モサドはイラン人核科学者たちを暗殺し続け、イラン情報部と地下で壮絶な死闘を繰り広げてきた。だいたい、穏健派のロウハニ大統領に代わったというが、真に全権を掌握しているのは最高指導者ハメネイである。彼こそがイランの核開発の陰の推進者であり、ロウハニは操り人形にすぎないと言われる。だからイスラエルは「ハメネイは絶対に核兵器開発を諦めない」と確信している。そして、たぶんそれは正しい。

イランは極秘裏に核開発を進めてきた前科があるし、極東に悪しき前例もある。北朝鮮は核放棄を約束して国際社会から援助を貰いながら、地下で核開発を続けた。結局、世界を騙した挙句、核弾頭とＩＣＢＭの準保有国になってしまった。イランも、とりあえず経済制裁だけは終わらせて、あとは極秘の核兵器開発を進めるつもりではないか。こんな連中の〝善意〟を信じて何度も騙される国際社会のほうが馬鹿と言わざるをえない。

かつてアフマディネジャドは「イスラエルを抹殺する」と公言していた。イスラエルには「第二のホロコーストだけは何が何でも防ぐ」という絶対的な国是がある。滅ぶときは、自国の核ミサイルを発射し尽くして、敵国をすべて道連れにするつもりである。

しかも、ユダヤ人たちには、これまでの歴史的経験から、国が滅んでも民族は滅ばないとの確信がある。このイスラエルの「覚悟」を分かっていない人が多い。しかも、現ネタニヤフ政権はゴリゴリのユダヤ民族主義者集団だ。イスラエルはホロコーストに繋がるいかなるリスクも事前に除去する。１９８１年にはイラクの建設中の原子炉を空爆し、完璧に破壊した。イランに対しても、単独での先制攻撃も辞さないと警告してきた。

イスラエルを甘く見てはいけない。イラン核合意が完全に成立し、政治交渉が終結することは、国際社会の期待とはまったく逆に、おそらく「戦争の確定」を意味する。

だが、イスラエルは秘密裏にバンカーバスター（地中貫通爆弾）を持つとはいえ、大深度・多重防壁のイランの核関連施設を完全に破壊することは難しい。それができれば、もっと前にイランと開戦していたかもしれない。そこで単独ではなく、なんとかアメリカや西側諸国を巻き込もうと画策するだろう。しかも、最近、パレスチナ側がイスラエルの戦争犯罪問題を国際司法裁判所に提訴すると言い始めた。この件に関しては、アラブ諸国だけでなく、ヨーロッパのリベラル派も極めて厳しい視線を向けている。

つまり、現在、極右のネタニヤフ政権は、二重の意味で追い詰められているのだ。

ただし、イスラエルがイランを攻撃するとしても、おそらく2017年までは待つはずだ。その頃、アメリカで新大統領が誕生するが、おそらく「戦争政権」となる。

そして、ある日、突然「イスラエル空軍がバンカーバスターでイランの複数の原爆開発拠点を攻撃した」というニュースが世界中を駆け巡るわけだ。

中東戦国時代とネオイスラム帝国誕生の可能性

　このように、ただでさえ軍事的緊張が高まるのに、中東専門家の放送大学教授・高橋和夫氏によると、イラン核合意により「中東全体への核拡散を招く可能性がある」という。

　イランが核を持てば、当然、ライバルのサウジアラビアも持ちたがる。彼らが莫大な資金を投じてパキスタンから購入する手立てもある。実は、その取引はすでに両国の間で密約として成立しているという説もある。すると、トルコやエジプトまで「おれも」となる。そもそもパキスタンが保有した時点で、いずれ中東諸国にも拡散する事態は懸念されていた。しかも、ISが彼らから核兵器を強奪してしまう可能性も考えられる。

　また、そのISが首都バクダッドを陥落させ、イラク全土を掌握する可能性も十分にありえる。彼らがシリアも陥落させ、内戦を終わらせれば、もはや「バビロニア帝国」の復活だ。彼らはそのエネルギーを次に「外征」へと振り向けるだろう。中東のパワーバランスは一挙に崩れる。隣国サウジアラビアとレバノンは、真っ先に標的になるはずだ。

　実は、サウジアラビアは別名「石油の出る北朝鮮」とも言われ、およそ世界最悪レベルの人権無視国家だ。世界のメディアからバッシングされてきたイランやリビアのほうがよほど〝民主的〟なのが実情だと言われる。王族が贅沢に耽《ふけ》る一方、ひどく貧しい市民層が存在する。極端な格差社会のため、市民の不満が鬱積《うっせき》している。そのため国家体制がどうやら限界に来ているようだ。いずれサウド家独裁に対する反政府革命運動となって、爆発する事態も考えられる。そんな状態だから、外部からの侵略に対して極めて脆弱だ。

２０１５年、ＩＳに対する有志連合の空爆において、サウジアラビアは湾岸諸国サイドをリードし、さらに隣国イエメンの内戦にも介入し始めた。金持ち国らしく、最新のアメリカ製軍用機で民間施設を空爆し、何千人もの同じアラブ人を虐殺した。今までは札ビラを切るだけだったが、近年になってサウジは自ら軍事作戦を主導するようになった。だが、愚かにも同じアラブ民衆に対して戦争犯罪を行ったことにより、この独裁国家の命脈も尽きたと言える。とくに欧米側についたという評判は、イスラム世界では致命的である。

いずれＩＳがサウジアラビアに侵入して、戦いを始めるだろう。あるいは、他の過激派組織や、自生的なゲリラ組織かもしれない。今の中東の混乱状況を考えると、近隣諸国が侵略を開始しても不思議ではない。いずれにしても、サウジ側の将兵には真の愛国心がない。贅沢三昧の王族に対して、心から忠誠を誓い、守ろうとする兵士などいない。だから、**民衆によるゲリラ闘争でも始まれば、サウジの現体制は急速に崩壊していくに違いない。**

現在、内戦はイエメンだけではない。周知の通り、「アラブの春」以降、リビアとエジプト国内も混乱を極め、今では二派以上に分裂して内戦中だ。リビアはカダフィが無残に殺され、エジプトでは選挙で選ばれたモルシ大統領が引きずり降ろされて、対立勢力によって死刑判決が下された。アルジェリアもテロ組織が活発で、政情が不安定だ。

つまり、中東から北アフリカにかけて、イスラム世界は「総崩れ」の様相を呈している。安定しているのは、ドバイやカタールなどの一部の湾岸の小国くらいである。

いったい、この凄まじいケイオス（混沌）状態は何なのか。おそらく、大きな視点でいえば、欧米が大戦後秩序として勝手に作った枠組みが崩壊し始め、新たな秩序へと移行する過渡期へと突入したのだろう。日本の戦国時代になぞらえれば分かり易い。織田信長は対立する大名や宗教勢力を片っ端から虐殺して天下を統一していった。イスラム世界にも似たようなリーダーが現れて、各地を進撃し、秩序を再編し、宗教を核とする統一を一挙に成し遂げても不思議ではない。つまり、今の人工的な国境線と領域が崩れた後に、中東から北アフリカにまたがる大帝国が誕生するわけだ。いわば「ネオイスラム帝国」である。

〝中東最終戦争〟へのロシア介入はなぜ欧米では織り込みずみなのか

このように２０１６年現在、中東では三つも火種が存在する上、世界最大の石油供給国であるサウジアラビアが戦乱に巻き込まれる危険性も出てきた。また、域内で核兵器が拡散するリスクも高く、しかもイスラム世界全体が総崩れの様相を呈してきた。

これらは「かつてない大きな戦争」の予兆とは考えられないだろうか。

しかも、この中東大乱に宿命的に関わってくるのが米ロの両大国である。端的にいえば、イスラエルのバックにいるのがアメリカであり、イランのバックにいるのがロシアだ。だから、イスラエルとイランの戦争は、米ロの代理戦争となる。あえて付け足すなら、その両者の成り行きを中国がじっと見守っている構図だろうか。

北米はシェールガス・オイルの資源量が豊富なため、今では中東からの石油の安定供給は死活問題ではない。ところが、政治と宗教の観点から、アメリカは全面的にイスラエル側に立つ可能性が高い。アメリカにはキリスト教の右派や原理主義者などが六千万人以上もいる。ほとんど国民の五人に一人だ。強力なユダヤロビーだけでなく、彼らもまたイスラエルの支援者である。なぜなら、彼らにとってイスラエルとは「神の側」だからだ。

むろん、**最後に現れる救世主は、ユダヤ教徒にとっては「自分たちの救世主」だが、キリスト教徒にとってはイエスとなる。**つまり、ラストだけは異なるが、**そこに至るまではイスラエルと利害が一致するのが、この右派・原理主義者の集団**なのである。

彼らの現実政治への影響力は凄まじい。仮に残りの米国民が関わりを拒否したとしても、ならばと、彼らはメディアを使って「イスラエルを助けろ」と喧伝するだろう。

対して、ロシア側にはそういった宗教的動機はないが、一方で民族的な怨念がある。**実は、ロシア保守本流とユダヤ勢力には、一般には知られざる千年に及ぶ抗争の歴史がある。**

ここ百年間を見ても、両者の対立は凄まじい。KGB出身のプーチンは、かつてユダヤ勢力が主導したロシア革命によってロマノフ朝が滅ぼされ、ロシア人が「ソビエト人」へと人格改造され、その民族性が滅ぼされかかった歴史をよく知っている。**ソ連崩壊後は七大新興財閥がどこからか資金を得てロシア経済を支配したが、そのうち六者がユダヤ系だった。プーチンは大統領就任後、これらの財閥を叩き潰し、ロシア経済の主導権を取り戻したのである。**真のロシア民族主義者は、イスラエルを敵だと考えている。

プーチン大統領がイランを厚遇し、ロシア製の最新ミサイルや軍用機を供与するのも、地政学的理由の他に、敵の敵は味方という理由もある。その他にも、シリア（アサド政権）、ヒズボラなどと連携し、反イスラエル連合を形成している。ロシアはまたエジプトとも仲がよい。ナセルやサダト時代のエジプトは、基本的にソ連寄りの国だった。

そして、重要なことは〝中東最終戦争〟にロシアが介入してくることは、欧米ではもう織り込まれているということだ。なぜなら「聖書にそう予言されているから」である。

これは私が言っているのではない。冷戦を仕切ったレーガン大統領などは、「ソ連のやつらは必ず中東に侵略する。なぜなら聖書にそう書いてある」とか、「これから起きることは聖書にすべて書かれている」などと公言していた。超大国のリーダーがこれである。キリスト教右派・原理主義者にとっては、もはや「常識」の範疇になっているのだ。

エゼキエル書に記された最終戦争の預言

彼らの終末観の元になっているのが、主に「マタイ書」「エゼキエル書」「ヨハネの黙示録」である。より詳しくいえば、「イザヤ書」「ダニエル書」「ヨエル書」「ミカ書」「ゼカリア書」「マラキ書」「エズラ記」なども入るが、枝葉まで精査するとキリがないので、とりあえず前三つがメインでいい。そして、この中でも、とりわけ終末期におけるロシアの中東侵略を予言しているると解釈されているのが「エゼキエル書」（の38章と39章）である。

この見方は伝道師ハル・リンゼイやテレビ伝道により70年代から米国内で急速に広まった。

今から約２６００年前、バビロン捕囚時代の話である。エゼキエルの前に、翼と車輪を持ち、光を放つ「神」が現れた。それは現代人からすると奇妙なほど機械的だ。車輪が自動的に回転したり、その軸が上下したりする様を指して、エゼキエルは「霊」の作用であると記している。コクピットを思わせる部分は「サファイアのように見える王座の形をしたもの」であり、周囲に光を放つライトは「火のよう」「虹のよう」と描写している。この〝神〟が何モノかはよく議論になるが、主の栄光の姿を見て取ったエゼキエルは、その場でひれ伏した。これは今でいうカーゴ・カルト（貨物機信仰）だと言う人もいる。

いずれにせよ、以来、その神はしばしば現れ、預言者エゼキエルに語りかけるようになる。時には未来へと誘われ、彼は再建された神殿を幻視し、詳しく寸法まで測る離れ業までやってのける。彼はそれらを事細かに書きとめた。その中には「終わりの日」に起きる出来事も含まれていた。その「主の言葉」の要所を記そう（以下、傍線筆者）。

「人の子よ、マゴグの地のゴグ、すなわちメシェクとトバルの総首長に対して顔を向け、彼に預言して、言いなさい。主なる神はこう言われる。メシェクとトバルの総首長ゴグよ、わたしはお前に立ち向かう。わたしはお前を立ち帰らせ、お前の顎に鉤をかけて、お前とその全軍、馬と騎兵を連れ出す。彼らは皆完全に武装した大集団で、大盾と小盾を持ち、皆剣を持っている。ペルシア、クシュ、プトが彼らと共におり、皆、盾を持ち、兜をかぶっている。ゴメルとそのすべての軍隊、北の果てのベト・トガルマとそのすべての軍隊、それに多くの国民がお前と共にいる。」（エゼキエル38・1～6）

まず、焦点の「ゴグ」だが、正確な意味はよく分かっていない。ショーグンとか、カリフのような一種の敬称かもしれない。あとは人名である。「創世記」の10章によると、大洪水後のノアの息子ヤフェトの子孫として、ゴメル、マゴク、メディア、ヤワン、トバル、メシェク、ティラスの名が、さらにゴメルの子孫としてトガルマの名が記されている。彼らは「海沿いの国々」に住んでいったという。そして彼らの名前が地名化していったようだ。

一方で、同じくノアの息子ハムの子孫は、今のイラクから北アフリカ一帯へと散らばっていった。彼らは当然、イスラエルやエジプト沿岸地方にも住み着いた。すると、ヤフェトの子孫が向かった「海沿い」は、明らかにここではない。いったい彼らはどこの「海沿い」に向かったのか。ノアの箱舟がトルコの東端にあるアララト山に漂着したことを思い出されたい。ここはほとんどアルメニアに近い。この地点からほど近い「海沿い」となると、明らかに黒海やカスピ海の沿岸である。ここは、昔は大洋と信じられていた。

だから**「メシェクとトバルの総首長ゴグ」とは、ロシアの統治者と思われる。**メシェクのことを「モスクワ」の古名と考える人もいる。私は個人的に「ゴグ」には「モンゴル」の響きを感じている。強引だが、ロシアのツァーリはローマ帝国皇帝であると同時にモンゴル帝国の大ハンでもある。そして、今のロシア大統領はツァーリに等しい。

さて、そのロシアが、ペルシア（イラン）、クシュ（エチオピアまたスーダン）、プト（リビアまたソマリヤ）などの弟分を率いるらしい。そこにゴメルとその子孫の国々も加わるようだ。

これも諸説あるが、小アジアから中央アジア南部にかけてと見なす研究者が多い。

要は**「ロシアを盟主とする連合軍」**と解釈するのが、もっとも妥当と思われる。

エゼキエル書が描写する恐るべき核戦争の様相

そのロシア連合軍がイスラエルを襲うと、「エゼキエル書」は予言しているようだ。

「多くの日の後、お前は呼び出され、また、多くの年を経た後、一つの国を襲う。それは長く荒れ廃れていたイスラエルの山々で、そこには、剣の恐れから解放され、多くの民の中から集められた民がいる。彼らは多くの民の中から連れ出されて、今は皆、安らかに暮らしている。お前は嵐のように上って来て、地を覆う雲のように襲いかかる。」（同38・8〜9）

これはバビロン捕囚から帰還後に再建されたユダヤ属国がローマ帝国軍に侵略される預言と思えなくもない。しかし、捕囚の期間は70年ほどで、「多くの日・多くの年」と強調するほど長くはない。決定的なのは「多くの民の中から集められた」という言葉で、これは捕囚後のユダヤよりも、約百か国から集結した現代イスラエルにこそ当てはまる。

「お前は北の果ての自分の所から、多くの民を伴って来る。彼らは皆、馬に乗っている大集団、大軍団だ。お前はわが民イスラエルに向かって、地を覆う雲のように上って来る。そのことは、終わりの日に起こる。わたしはお前を、わたしの地に連れて来る。」（同38・15〜16）

これは総首長ゴグが「北の果て」を根城にし、多くの民族を動員できる権勢を有している様を表している。そして「北の果て」には、いずれにせよロシアしかない。彼らによるイスラエル侵略が起きるのは「終わりの日」と明記されている。

「ゴグがイスラエルの地を襲う日、まさにその日に、と主なる神は言われる。わたしの憤りは激しく燃え上がる。わたしは熱情と怒りの火をもって語る。必ずその日に、イスラエルの地には大地震が起こる。海の魚、空の鳥、野の獣、地の上を這うすべてのもの、および地上のすべての人間は、わたしの前に震える。山々は裂け、崖は崩れ、すべての城壁は地に倒れる。（略）わたしは疫病と流血によって彼を裁く。わたしは彼とその軍勢、また、彼と共にいる多くの民の上に、大雨と雹と火と硫黄を注ぐ。わたしは自らの偉大さと聖《せい》とを多くの国々の前に示す。

そのとき、彼らはわたしが主であることを知るようになる。」（同38・18～23）

このように、神自らがロシア連合軍を滅ぼすという。今風に解釈してみよう。その日に「大地震」が起こるというが、都合よく天災が重なるのだろうか。気化爆弾や核爆弾の使用によっても地震が起こる。「疫病と流血」は生物兵器かもしれない。侵略軍の上に注がれるという「大雨と雹《ひょう》」はともかく「火と硫黄《いおう》」は、明らかに爆弾・ナパーム弾の類いに違いない。ちなみに、一世紀近く後のゼカリアも、次のように同様の預言を残している。

「わたしは諸国の民をことごとく集め
エルサレムに戦いを挑ませる。
都は陥落し、家は略奪され
女たちは犯され、都の半ばは捕囚となって行く。
しかし、民の残りの者が
都から全く断たれることはない。
戦いの日が来て、戦わねばならぬとき
主は進み出て、これらの国々と戦われる。」（ゼカリア書14・2～3）

このような神の介入の結果、ゴグの率いる侵略軍には、次のような恐るべき運命が待ち構えている。まずゼカリア書のほうから引用し、エゼキエル書のほうへと続けよう。

「諸国の民がエルサレムに兵を進めてくれば
疫病で主はそのすべての者を撃たれる。
肉は足で立っているうちに腐り
目は眼窩の中で腐り、舌も口の中で腐る。」（ゼカリア書14・12）

「お前とそのすべての軍隊も、共にいる民も、イスラエルの山の上で倒れる。わたしはお前をあらゆる種類の猛禽と野の獣の餌食として与える。（略）わたしは、火をマゴグと海岸地方に安らかに住む者たちに送る。そのとき、彼らはわたしが主であることを知るようになる。（略）このことは到来し、実現する、と主なる神は言われる」（エゼキエル39・4～8）

この、兵士が立ったまま腐り果ててしまう様子は、ＢＣ兵器というより、中性子爆弾の被害を描写しているのではないか。どうやら予言に拠ると、**イスラエル軍は大量の小型戦術核を投**

入し、攻めて来る敵を片っ端から殺戮するようだ。ミサイルや砲弾に核を装填《そうてん》して、遠慮なく使用するらしい。しかも、「火をマゴグと海岸地方に安らかに住む者たちに送る」との記述から、**どうやらイスラエル軍は、ロシアや黒海・カスピ海沿岸の都市に対して、報復（核）攻撃を行うらしい。**イスラエルは数百発の核兵器を秘密裏に所有していると言われるが、この最終戦争で使い尽くしてしまう意図なのかもしれない。

キリスト教右派や原理主義者の中には、ロシア連合軍が将来必ずイスラエルに侵攻すると信じるのみならず、無理にでも実現させようとする動きすらある。なぜなら、それによって「その日、主は御足をもって、エルサレムの東にあるオリーブ山の上に立たれる」とか「主は地上をすべて治める王となられる」（どちらも「ゼカリア書」から）といった古《いにしえ》の預言が成就すると信じているからだ。逆にいえば、ハルマゲドンが来なければ神の降臨もないという論理である。この種の「ハルマゲドン待望思考」は日本人にとって想像を絶するものだが、欧米の政治家や軍人の中にも存在する事実は知っておく必要がある。

中国の世界制覇の野望と漁夫の利を狙う巧妙な戦略

さて、ここまで述べてきたところで、「覇権競争において米ロに並ぶプレイヤーであるはずの中国の存在はいったいどこへ行ったのか？」と訝《いぶか》る向きもあろう。

実はこの最後の土壇場に関わってくるのが中国だ。この国の立ち位置は独特なものがある。中国はアメリカの一極支配に対抗するため、すでに2005年の段階でロシアと手を組んでいる。そして、貿易や安全保障の分野でアメリカの忍耐ギリギリまで自国のエゴを押し通し、一党独裁の政治体制を堅持し、言論の自由を認めず、キリスト教徒を弾圧している。中国は長年、人権や民主主義、環境問題において国際社会の常識に反し続けており、明らかに西側の価値観とは相容れない国である。15年6月にドイツで開催されたG7サミットでは、「現在の国際秩序を武力で乱す側」に明確に分類され、ロシアと共に非難声明の対象になった。だから〝ロシアの準同盟国〟であり〝西側に対抗する国〟で間違いない。

ところが、ここが昔から中国の狡猾な点なのだが、彼らは右手で相手を殴りながら左手で握手をする矛盾した外交を公然と、かつ意図的にやる。これは己の真の意図を悟られないための撹乱戦術であり、同時に相手国の内部分裂を誘う策略でもある。その結果、人々は常に中国の正体を見誤ってきた。とりわけまんまと騙されてきたのが欧米のメディアや中国専門家だ。いったい中国とは何なのか、ここらではっきりさせようではないか。

結論から言うと、**中国は国際社会のコミュニティには真に属さない〝永遠の第三者〟である。**なぜなら、彼らにとって他者とは自分と対等な存在ではなく、従うべき子分にすぎないからだ。

すべての国が中国にひれ伏し、敬意を払うことが〝正しい秩序〟なのであり、〝独立国家のコミュニティ〟という概念自体が薄い。これは四千年にわたり染み付いた世界観であるため、外国人が中国の教育を支配でもしない限り、改善は期待できない。

18世紀の終わり頃、すでに産業革命を成し遂げて世界一の工業国になっていた大英帝国は、その工場から生み出される綿製品を中国に輸出すべく、外交官マカートニーを派遣した。しかし、中国側はイギリス国王の代理人たる外交官に跪くことを要求し、彼がそれを拒むと、礼儀を知らない野蛮人のレッテルを貼った。清の第六代皇帝・乾隆帝《けんりゅうてい》は次のように言い放った。

「わが中国は広大で何でもあり、イギリスから買うものなどない。われわれはお前たちが茶や生糸を欲するから、貿易してやっているだけだ。何か望みがあれば言え」

その約半世紀後、中国はアヘン戦争でイギリスに敗れた。以来150年間、中国人は自身の世界観に疑いを持っていたが、最近になって「中国が近いうちにアメリカを抜いて世界一の大国に躍り出る」といった予測が囁かれ始めると、再びかつての傲慢な帝王意識に目覚め始めた。彼らは「たまたまこの一世紀半が異常だっただけ」と思い始めている。

だから、彼ら的には元の〝正しい秩序〟に戻さなければならない。よって、**中国の国家目標は必然的に世界の支配者に（再び）納まることだ。そのためにはアメリカに取って代わらねばならない。**だが、それは無慈悲な専制支配を意味するものではなく、彼らなりに〝世界平和〟

を実現する方法なのだ。彼らが理想とするのは、他の国（属国）がボスを慕うならば、ボスもまた目下の国を慈しむといった関係性だ。そんなふうに「対等な独立国家のコミュニティ」から「中国を頂点とするヒエラルキー」へと国際社会を再編すれば、まるで天体の運行のように世界は安定を取り戻し、秩序正しく回り始めるだろうと漠然と信じている。だから、これは彼らなりに「人類のため」「正義のため」なのである。

しかも、中国はこの目標を実現するための長期的な戦略も有している。それもまた伝統的な世界観と同じく、伝統的な兵法に拠っている。中国は歴史的に国内が分裂し、複数の国に分かれた後、再び統一するという経験を何度も繰り返している。その経験から、彼らは世界の覇権レースにおいてどう振る舞うべきかを熟知している。基本は「戦わずして勝つこと」を上策とし、なるべく「夷《い》をもって夷を制する」ことを心がけることだ。

だいたい中国共産党には過去の成功体験もある。１９３０年代半ばの中国には、日本軍・国民党・共産党の三つの勢力が存在した。この状況は毛沢東の愛読書だった『三国志』で描かれた状況にピタリと符合する。ただし、日本軍がもっとも強大で、共産党はもっとも弱小な勢力だった。そこで毛の共産党は、陰から日本軍を挑発し、国民党と戦わせるよう仕向けた。一方で、自分たちは少ししか日本軍と戦わず、戦争中に力を蓄え、農村を中心にシンパを増やしていった。戦争が終わる頃には、国民党と日本軍は疲弊していたが、逆に共産党は国民党に並ぶ勢力にまで巨大化していた。戦後、彼らは降伏した日本軍の将兵や武器まで取り込んで、次に国民党に戦いを仕掛け、最終的に勝利を収めた。

そうやって全中国を手に入れた共産党が、世界を手に入れるためにどういう戦略をとろうとするか、想像に難くない。このような歴史を知るなら、終末に行われる覇権競争において中国がとるであろう軍事行動について、だいたい推測することができよう。

おそらく、彼らの基本戦略は「米ロ」もしくは「NATO VS ロシア連合」の争いを陰からじっと見守ることだ。現在、彼らがロシアと手を組んでいるのは、ナンバーワンのアメリカに対抗する必要からであって、別にロシアと心中するためではない。

もちろん、中国も何らかの形で戦争に関わる可能性は高い。南シナ海で米軍と衝突するかもしれないし、ロシアの準同盟国として対米戦の支援を行うかもしれない。

だが、中国共産党は世界制覇においても、やはり過去の成功体験に倣うに違いない。基本的には世界制覇のチャンスが到来するまで、目立たず、じっと雌伏するだろう。

「ヨハネの黙示録」は中国軍の〝中東大進撃〟を描写しているのか

中国の動きは、まさにこの章の最後を締めくくるにふさわしいものだ。

ヨーロッパとイスラムの戦い、イスラエルとイランの戦い、中東やその他の地域を舞台にした米ロの戦い……。終末の時、どの国も疲弊し、共倒れの様相を呈するに違いない。

「よし、今だ！」

まさにその時を狙って、中国の全軍が怒涛《どとう》のごとく動き出す。目的は世界制覇だが、やはり真っ先に襲い掛かるのは中東だ。なぜなら、中東のエネルギー資源を押さえずして真に世界の覇権を手にすることはできないからだ。だから、彼らは中東での成り行きをじっと見守り、時には戦争を煽り、あくまで漁夫の利を狙う（あるいはこれから中国は一時的に内部分裂期に突入し、意図せずして第三者として見守る形になるかもしれない）。

むろん、彼らは表向き「中東の秩序を回復する」とか、「どこかの国が救援を求めている」とか、「戦争の被災者や飢えた人々を救うため」といった大義名分を掲げるだろう。

実は、中国ほど中東の石油に依存している国はない。中国は現時点ですでに世界最大級の自動車保有国にして原油輸入国だが、2030年代には8割以上を輸入に頼らざるをえないと観測されている。それゆえ近年、中国は中央アジアと中東への関与を強めており、すでに地域のステークホルダー（利害関係者）の一員だ。中東を押さえることは、世界制覇の上で欠かせない条件である以上に、中国自身の生存にとっても必要なことなのである。

もっとも、中には「今の時代に地下資源を理由にした侵略などありえない」と一笑に付す人もいよう。だが、そういう人は中国が東シナ海と南シナ海で現に行ってきた行為をどう説明するのだろうか。中国がなぜ71年になって突然、尖閣諸島の領有権を主張し始めたかというと、国連の海底調査で油田・ガス田が存在する可能性が指摘されたからである。それまでは一切、領有権を主張した事実はないのだ。南沙諸島も同様だ。ここには莫大な石油・ガス資源が眠ると考えられている。それで近隣諸国との対話を無視して、「南シナ海は全部おれのものだ」と言い始め、とうとう複数の軍事基地まで建設して占領してしまった。

こういった「事実」や「現実」を直視するなら、米ロ共倒れの状態を見るや中国が「今こそ中東の石油資源を奪う好機」と狂喜しても不思議ではないと考えるほうが妥当だ。

むろん、これに対して、西側も最後の力を振り絞って中国軍と戦うだろう。ところで、予言では、この「ハルマゲドンに参戦する中国」は結構定番だ。とりわけ、未来の中国軍の侵略を暗示していると言われるのが「ヨハネの黙示録」の一節だ。

「第六の天使が、その鉢の中身を大きな川、ユーフラテスに注ぐと、川の水がかれて、日の出る方角から来る王たちの道ができた」（黙示録16・12）

ユーフラテスのあるイラク平原から「日の出」の方角というと、まずイラン（ペルシア）がくる。そして、アフガニスタン・パキスタンがきて、次に中国がくる。

ただ、聖書ならば、仮にペルシアを指す場合、名指ししただろう。わざわざ「日の出る方角から来る王たち」と称するのは、ペルシアのさらに東側だからと思われる。

唐の全盛期にカスピ海にまで勢力が及んだように、中国西部から中東までは意外と近い。しかも、今では中国の石油企業が中央アジアにまで進出しており、両地域間には道路や鉄道などが整備されている。中国からイランまでは約一千kmの直線距離であり、これは東京から稚内《わっかない》へ行く距離と違わない。中国と中東の距離は想像よりも近い。また、アフガニスタンとパキスタンでは国力的に中東に攻め込んで支配することは不可能だ。

以上のことから、**「日の出る方角から来る王たち」は中国軍である可能性が高い。しかも、「王たち」とあるので、韓国やパキスタンなどの親中国の国々を従えた連合軍かもしれない。**

その軍勢については、やはり昔から議論を呼んできた記述が聖書にある。

「黙示録」によると、第六の天使がラッパを吹くと、「ユーフラテスのほとりにつながれている四人の天使」が「人間の三分の一を殺すため」に解き放たれる。そして、

「その騎兵の数は二億、わたしはその数を聞いた」（黙示録9・16）

ヨハネは幻の中で見た騎兵の乗る〝馬〟について、頭は獅子のようで、口からは「火と煙と硫黄」を吐くと表現する。その災いで「人間の三分の一」が殺されるという。

まあ、この〝馬〟については、好意的に解釈すれば戦車や自走砲と呼べなくもない。だが、この2億人の軍勢というのは、いくらなんでもありえない。ヨハネの幻聴か、誇張された表現だろう。しかしながら、中国が永久植民を目的とするなら、その十分の一くらいの規模は考えられなくもない。なぜなら、機械化部隊に続き、石油・建設企業、役人、民間の技術者や労働者たち、彼らのための商人、さらにはその家族などが付き従えば、何十日かにわたる数千万人規模の「民族大移動」と化しても不思議ではないからだ。

さて、「黙示録」によると、第六の天使がそうやってユーフラテスの水を涸らした後、竜・獣・偽預言者の口から「汚れた霊」が出て、全世界の王たちを唆《そそのか》すらしい。

「汚れた霊どもは、ヘブライ語で『ハルマゲドン』と呼ばれる所に、王たちを集めた。第七の天使が、その鉢の中身を空中に注ぐと、神殿の玉座から大声が聞こえ、『事は成就した』と言った。そして、稲妻、さまざまな音、雷が起こり、また、大きな地震が起きた。それは、人間が地上に現れて以来、いまだかつてなかったほどの大地震であった」（黙示録16・16〜18）

ハルマゲドンはヘブライ語の「メギドの丘」に由来する。メギドは北イスラエルにある地名で、荒涼とした場所だ。古来、決戦の地となったため、人類の最終決戦を意味する象徴として用いられている可能性もある。「黙示録」のこの場面は、なんとなくイエス予言にある「大艱難」の到来およびその直前の状況に被ってこないだろうか。イエス予言では、エルサレムが外国軍に占領され、神殿跡地に「憎むべき破壊者」(外国の軍旗または異教の祭壇のことだろう)が置かれるとき、かつてなかった破局「大艱難」がやって来るとしている。

このように、新約聖書はハナもトリも恐ろしい予言に満ちている。それによると、やはり世界大戦は起きるらしい。2016年現在、世界大戦の「発火点」が「ウクライナ・中東・南シナ海」の三か所に存在している。しかも、中東に関しては一地域で複数の火種を抱える形になっている。**ただ、戦争で世界が終わるわけではない。本当の破局はその後にやって来る。しかも、ある日突然に……。**その謎はもう少し後で追究しよう。

さて、世界が悲惨な戦争に直面している時代に、ひとり日本だけは、以前と同じように平和と安全を享受していられるのだろうか。「関わらない」という政治的意志さえ強固にすれば、自分たちだけは常に狂気の暴風雨の圏外に位置していられ、高みの見物を決め込むことができるのだろうか。残念ながら、そんな「うまい話」はないようだ。

改めて原点たる「オリーブ山の預言」に立ち返ってみよう。

イエスは「産みの苦しみの始まり」として、「国は国に敵対して立ち上がり、方々に飢饉や地震が起こる」と予言した。だが、私がここで述べたのは、まだ戦争だけだ。

地震と飢餓についてはどうなのか。仮にこの災いも避けがたいとしたら、同じ時期に起きる「戦争」がちょうど「ラスト・ラージ・ウォー」と化すことが予想されるように、史上空前の惨劇となる可能性も考慮しておく必要がある。しかも、とりわけ「地震」に特化して言うならば、昔から世界最多の被災国として知られる国こそ日本だ。

どうやら、われわれも他人事ではいられないらしい。果たして、日本の運命はどうなるのか？　また、それが世界にどう連鎖し、どんな結果を生むのか。次章で見ていこう。

第2章のまとめ

○ISは本当にローマを征服する気だ。仮に西側諜報機関が造物主だとしても、いずれは手に余るようになる。

○ISなどの過激派と欧州内部に侵入した大量の反西洋イスラム勢力により、欧州内戦はおろか、全欧VS全イスラムの戦争に発展してもおかしくはない。

○ノストラダムスは欧州がイスラム軍に蹂躙される未来を明確に予言していた。

○ポール・ソロモンはエルサレムの「神殿の丘」で世界大戦のキッカケとなる悲劇が起きること、また日本から世界的な精神的指導者が現れることなどを予言した。

○イスラエルとイランの対立が益々激化し、中東全域に内戦が広がろうとしている。サウジアラビアも例外ではいられない。中東地域の本格再編が始まった。

○エゼキエル書はロシア連合軍の中東侵攻と核兵器の使用を予言している。

○最終的に中国軍が中東戦争に参戦する。「黙示録」にはそれを示唆する箇所がある。

第3章

日本の大震災が世界恐慌の引き金に!?
先進国の〝大崩壊時代〟が到来する!

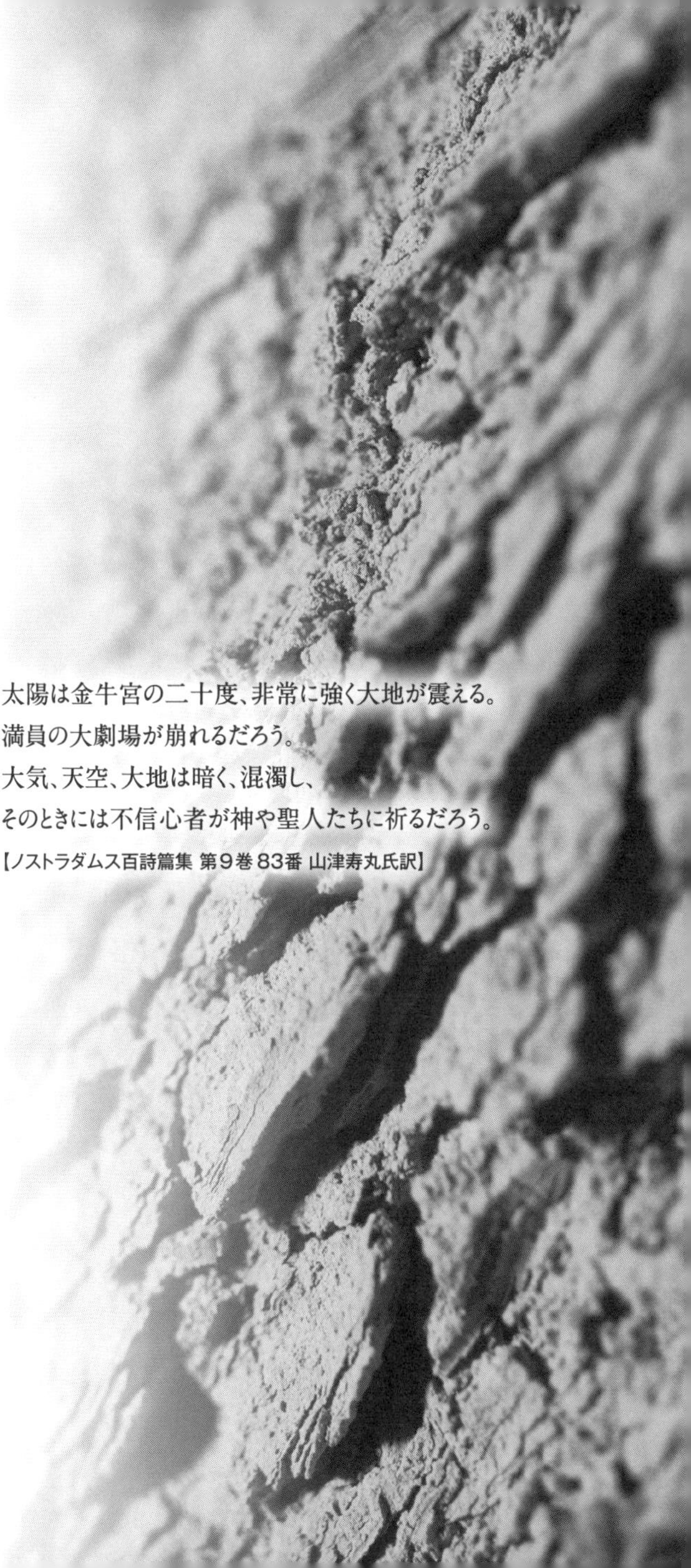

太陽は金牛宮の二十度、非常に強く大地が震える。
満員の大劇場が崩れるだろう。
大気、天空、大地は暗く、混濁し、
そのときには不信心者が神や聖人たちに祈るだろう。

【ノストラダムス百詩篇集 第9巻83番 山津寿丸氏訳】

東日本大震災はまだ「始まり」かもしれない

２０１１年3月11日、東北沖を震源とするＭ９の大地震が起こった。死者・行方不明者は約１万８５００人に上り、戦後日本における最悪の自然災害となった。

直後に福島第一原発事故へと連鎖したこともあり、この「東日本大震災」はまだ記憶に生々しい。あれから約5年。学界からは「しばらく安泰」どころか、むしろ研究の結果、逆に**日本が地震活動期に入った**というメッセージが頻繁に発せられている。

今日でも地震を予知することは困難だが、それでも前兆を把握する上で参考になる手法は存在する。たとえば、ＧＰＳを使った国土の隆起・沈降・歪み具合の測量、圧迫された岩盤から発せられる電磁波の観測、地下水の変化・蒸気の噴出・余震の増加などの地理的物理的な異常現象、各地の地層や文献の調査から浮き彫りになる過去の記録、等など。また、科学ではないが生物的・気象的な宏観《こうかん》異常現象なども一定の参考にはなる。

現在、そういった科学観測や過去の経験則から、少なからぬ研究者が大地震の再発と富士山の噴火を警告し始めている。中には**「過去の大パターン」が現代に繰り返されようとしているのではないか**という意見もある。とりわけ候補として挙がっているのが9世紀後半と18世紀前

約1100年前のパターン

864～6年	貞観大噴火		文献記録上最大
869年	貞観三陸地震	M8.3～8.6	大津波発生
878年	相模・武蔵地震	M7.4	相模湾・直下型？
887年	仁和地震	M8.0～8.5	東海・東南海連動

約300年前のパターン

1677年04月	延宝三陸地震	M8.0	大津波発生
1677年11月	延宝房総地震	M8.3	外房型
1703年11月	元禄関東地震	M8.2	相模湾・外房型
1707年10月	宝永地震	M8.7	東海・東南海・南海連動
1707年12月	宝永大噴火		最後の噴火

表1

後の状況である。以下、当時の諸災害を時系列に並べてみよう（表1）。

このように当時、比較的短い間に日本各地で大地震が連続し、また津波被害も発生している。富士山も噴火し、降灰災害も伴っている。はっきりした記録がないだけで、実際には各地でもっと多くの地震や噴火が発生していたことは容易に想像がつこう。

しかも、次のように、過去の事例をさらに詳しく調べてみると、「三陸沖」と「関東」の大地震が連動している事実がより鮮明になって浮かび上がってくる（表2）。

このように、**「三陸沖」と「関東」の大地震は、どちらか片方が起きれば、しばら**

くしてもう片方も起きるという関係にあるようだ。これは地質学的には、同じ太平洋プレートの影響を受けているが、関東は大陸側とフィリピン海のプレートとも接しているため、物理的な環境に差が生じるせいだ。ズレの期間は最短で約7か月、最長で約10年である。

1605年	慶長地震（＊）	M8.0
1611年	慶長三陸地震	M8.1
1615年	慶長江戸地震	M6.5

＊房総沖・東海・南海・東南海

1894年	明治東京地震	M7.0
1896年	明治三陸地震	M8.2～8.5

1923年	関東大震災	M7.9
1933年	昭和三陸地震	M8.2～8.5
1944年	昭和東南海地震	M7.9

表2

この原稿を書いている現在、すでに「3・11」から5年弱が経過している。

以上のことから、次の二つのことが言えるのではないかと思う。

一つは、**関東大震災が近いうちに必ず起きる**ということ。

もう一つは、「過去の大パターン」の再来とすれば、東日本大震災は「連続大災害」の「ほんの始まり」にすぎない可能性がある、ということだ。

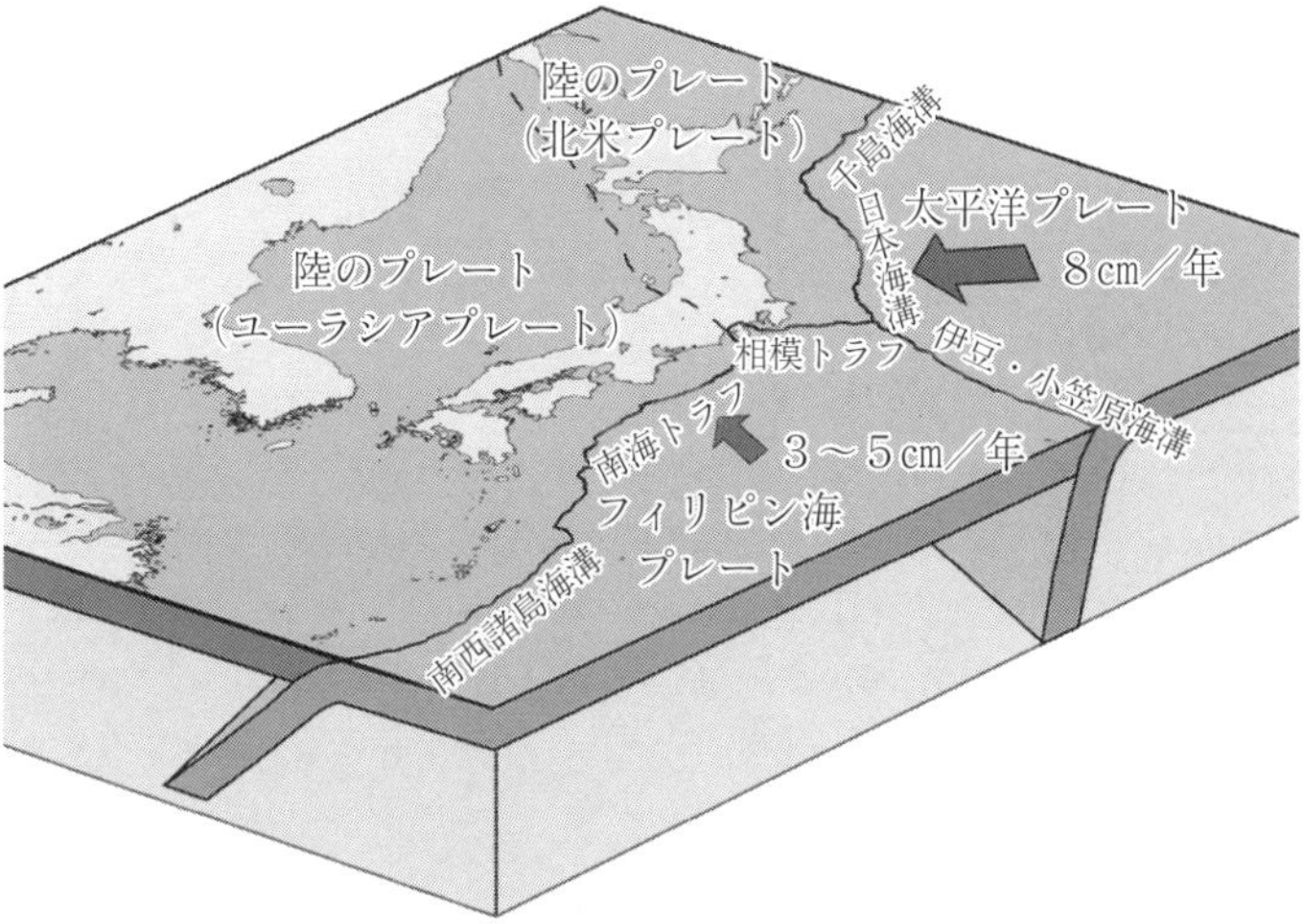

出典・「国土交通省・気象庁サイト」(http://www.data.jma.go.jp/svd/eqev/data/jishin/about_eq.html)

「関東大震災」と「南海トラフ地震」の凄まじい被害想定

では、その「連続大災害」とは具体的にどのようなものだろうか。

真っ先に名前が挙がるのが「関東大震災」と「南海トラフ地震」である。近々発生のリスクがある点については、他ならぬ政府もそう認識している。

まずは関東大震災からだ。

首都圏の地下は複数のプレートが重なり合う世界有数の地震の巣であるため、震源域も複数ある。たとえば、太平洋プレートのズレ残りの解消は「外房型」となる。また、相模トラフ・駿河トラフ・大陸側プレートが接する特異点がちょうど伊豆半島付近にあり、ここを震源とするものを「大正型」（小田原型・相模湾型）と呼ぶ。経験則から70〜80年周期とも言われるが、現時点ですでに90年以上が経過している。両者が連動する場合はより巨大な「元禄型」（1703年）となる。その他にも「直下型」「内陸型」となる断層帯が首都圏各地に存在している。よって、次の関東大震災は、比較的短期間に複数回も起きる可能性もあり、同時化した場合には、その分だけ規模が巨大化すると思われる。

13年12月、国の有識者会議が被害想定を発表した。

それによると、M7クラスの場合、震源として19ものケースが想定されるが、中でも最悪となる「都心南部直下地震」の場合、全壊・焼失棟数が約61万、死者が約2万3000人、経済被害が約95兆円に上るという。揺れよりも火災による被害のほうが二倍ほど大きく、死者の約半数も火災によるものと推定している。

ただ、これはあくまで「M7」クラスの場合だ。相模トラフを震源として「外房連動型」となった場合、M8クラスの可能性が高い。だが、政府はその周期を「約2300年」と考え、今後30年内に起きる確率を0〜2％と推定して、被害想定を出さなかった。

ところが、この発表の後、産業技術総合研究所の地震研究チームが、「外房連動型」のM8クラスの地震が「房総半島南東沖で繰り返し起きていた可能性」を突き止めた。

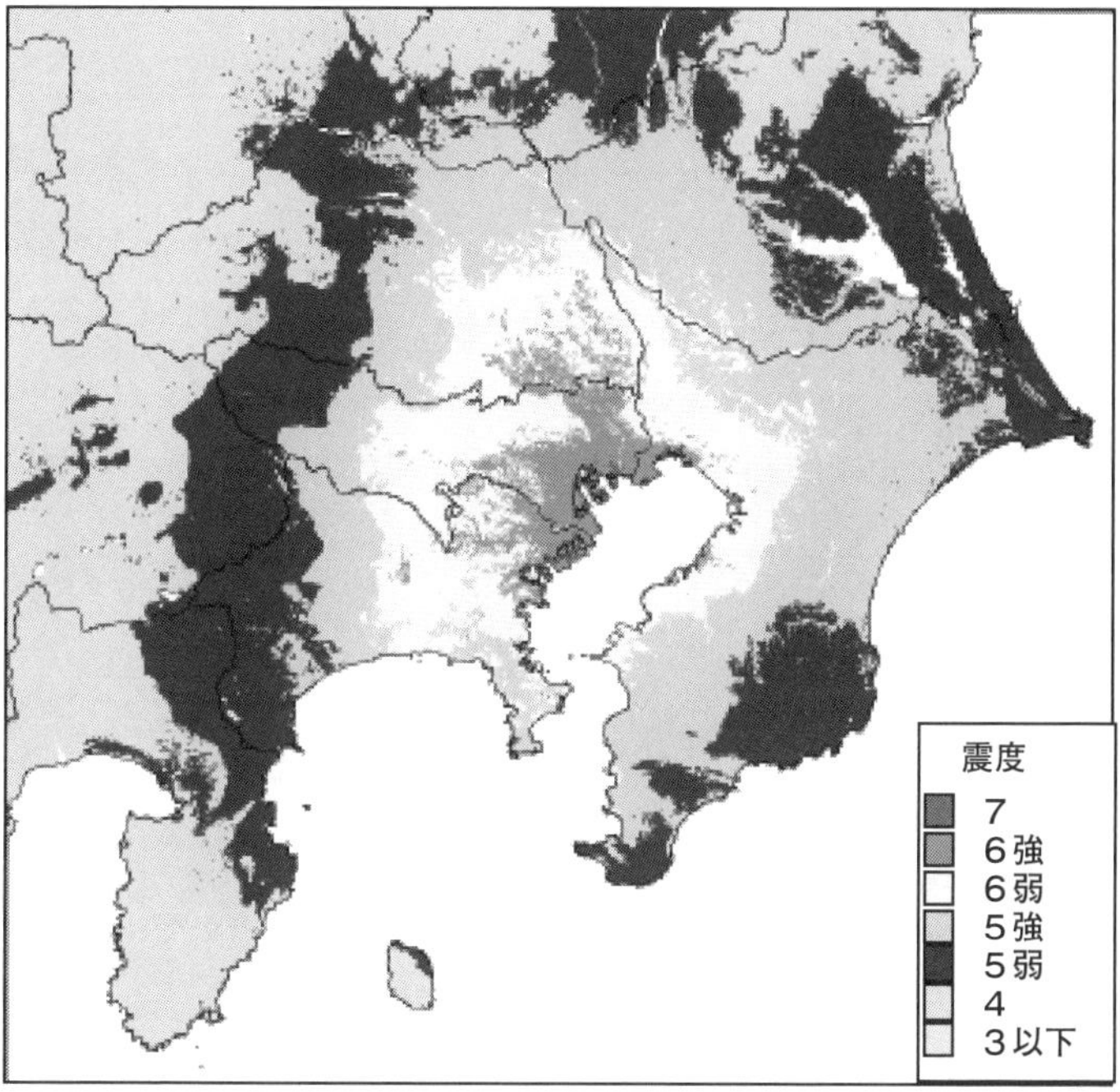

都心南部直下地震（プレート内）の震度分布（出典・「内閣府・首都直下地震対策検討ワーキンググループ報告書」）

つまり、これまで「大正型」と「外房型」の連動タイプが1703年の「元禄関東地震」だったため、あと二千年は大丈夫だと思われていたが、この発生周期そのものが疑わしいわけだ。とすると、政府の最終報告が間違いで、**次に来る関東大震災がM8クラスとなる可能性も十分ありえる。**なぜなら、言ったように、東日本大震災の際に太平洋プレートがズレ残っており、また70～80年周期ともいう「大正型」から90年以上が経過しているからだ。両者が連動してM8クラスと化す可能性は、当然想定せねばならない。

次は「南海トラフ地震」である。

駿河トラフ（静岡県沖から駿河湾にかけての南海トラフ）を震源とする東海地震は、過去政府がもっとも警鐘を鳴らしてきた、いわば〝お墨付き〟である。しかも現在、紀伊半島沖・四国沖・日向灘《ひゅうが》に至るまで強いエネルギーの蓄積があると考えられている。つまり、東海地震をキッカケとして南海トラフの西端までが連動する可能性がある。そうなれば東海・東南海・南海・日向灘連動の超巨大地震となる。日向灘を抜きにしても、東日本大震災に匹敵するM9クラスになるとも言われている。

政府の被害想定は二段階に分けて発表された。

まずは12年8月。国の有識者会議は、同震源域で「M9・1」という最悪水準の巨大地震を想定した。その結果、死者は約32万3000人、負傷者は約62万人強、全壊・焼失棟数が238万6000と推計された。とりわけ津波による被害がもの凄い。**20m以上の津波が7県と東京都島嶼《とうしょ》部に押し寄せ、約23万人が死亡。**高さについては一部で30mを超すとした。ただし、適切な避難・対策次第では最大5分の1に減らせるとしている。

次に13年3月、有識者会議は、経済的な損害額が最大220兆3000億円（東日本大震災

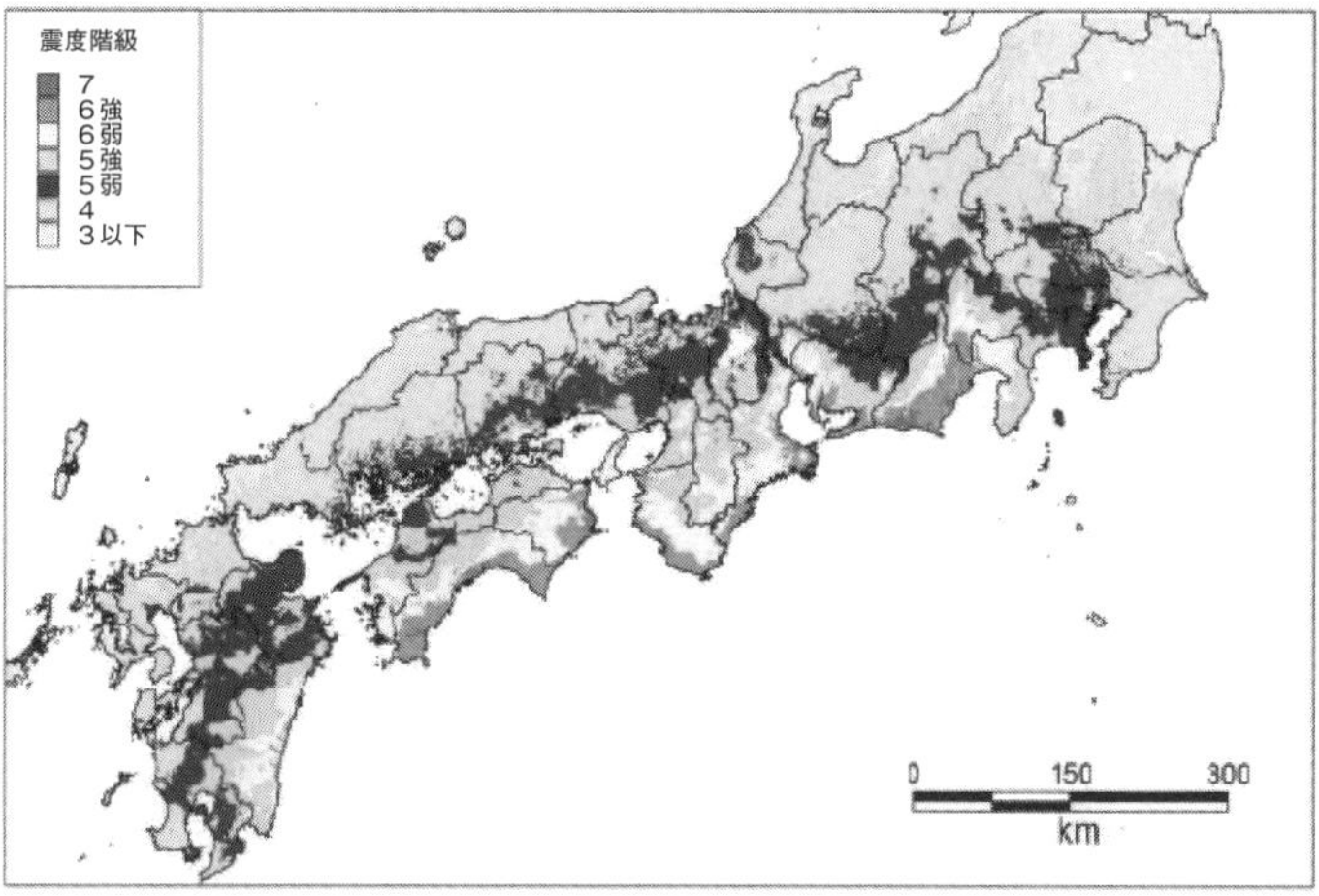

基本ケースの震度分布（出典・「内閣府・南海トラフ巨大地震対策検討ワーキンググループ第一次報告」）

の十倍に相当）に上り、避難者は１週間後には９５０万人に達すると発表した。一方で、今から防災対策を進めることで１１８兆円に減らすこともできるとしている。

この二つの地震をあわせれば、ゆうに３００兆円を超える被害額となる。別個に発生しても凄まじいが、仮に両者が連動して１６０５年の「慶長地震」の再来となる「平成関東南海トラフ大震災」と化した場合、内外に与える衝撃は計り知れない。

平成の「連続大災害」に警戒せよ

さて、「関東大震災」と「南海トラフ地震」以外にも、あくまで〝予想〟にすぎないが、以下のような災害も考えられる。しかも、過去のパターンと同じく、比較的短期間のうちに連続して起きるかもしれない。これは地球史的なスケールでは、ほぼ「同時多発」に近い。

〈富士山の噴火〉

前回の噴火は約三百年前。1707年の「宝永地震」(東海・東南海・南海連動)の49日後に噴火した。その直前には強めの余震が何十回も発生したという。富士山と箱根山は、まさに相模トラフ・駿河トラフ・大陸側プレートが接する特異点にある。よって、これらのトラフを震源とする大地震が発生した場合、マグマの状態に影響を与えるのは必至だ。前の二つが起これば、富士山の噴火を誘発した9世紀後半と18世紀前後のパターンが再現される可能性がある。東京・神奈川への降灰はもとより、火口の場所次第では太平洋側の富士市に溶岩が流れ、鉄道と道路の動脈が遮断されるケースもありえる。

〈箱根山の噴火〉

しかも、現在、富士山からわずか25kmしか離れていない箱根山も危険な兆候を見せ始めた。15年4月から火山性の群発地震が始まり、5月には大涌谷《おおわくだに》付近が立ち入り禁止になった。「直ちに噴火することはない」と気象庁は発表したが、富士山とは同じ火山帯に属しており、しかも隣り合わせである。東日本火山帯では過去数十年間に浅間山、伊豆大島、三原山、三宅島などが次々と噴火しており、富士山と箱根山だけは免れると考えるほうが不自然だ。「双子の噴火」になれば首都機能がさらに打撃を被ることは必至だ。

〈北海道南西沖地震〉

南西というのは、十勝・釧路・根室のことだ。この沖に東日本大震災を引き起こしたのと同じ太平洋プレートがある。外房が南側のズレ残りなら、千島海溝は北側のズレ残りと言われ、いずれ蓄積した矛盾の解消は避けられない。この地域に関しては、GPSを使った地震予知(全国各地に設置された電子基準点の動きを測量することで地殻の異常変動を察知する手法)の権威である村井俊治東大名誉教授も「要警戒エリア」としている。

〈東北沖地震〉

15年2月、筑波大学研究チームが驚くべき調査結果を発表した。東北沖のプレート境界部分に蓄積したエネルギーは先の大震災によっていったん放出したが、現在それが震災前と同レベルに戻ったという。この復元の速さは研究者にも予想外だったらしい。これは巨大余震の可能性を示唆している。当然、前回と同規模の津波の発生もありうる。他方、村井俊治教授は、東北の背骨たる奥羽山脈を境に日本海側が異常に沈降し、逆に太平洋側が隆起している事実を観測し、東北の〝内陸型〟地震にも注意を促している。

〈琵琶湖大地震〉

これに関しては、数年前からFM電波の観測を専門とする串田嘉男《くしだよしお》氏が警戒を呼びかけている。串田氏は彗星・小惑星の発見において実績のある方だが、地震予知に関しては疑問視する向きもある。ただし、普段地震の少ない同地域において近年小規模な地震が相次いでおり、他ならぬ地元の人が驚いているのも事実だ。興味深いのは、串田氏の想定する震源域が１５８６年の天正大地震とほぼ一致することだ。この地震は１６０５年の慶長地震や１６１１年の慶長三陸地震と同じ変動期に属するとの見方がある。むしろ、近畿地方の内陸部が４３０年にもわたりほぼ安泰だったことのほうが奇跡なのかもしれない。

むろん、ここに挙げた地域以外でも、地震や火山の噴火、津波などが発生する可能性は十分に考えられる。過去に実例がある以上は、日本海側や中国地方での発生も決して〝意外〟ではない。個々が危機意識をもって防災対策と備蓄強化に励むことが何より大事だ。予測・予言を嘲笑するのはそれからでも遅くはない。

妖少女が予知夢で見た壮絶な日本の近未来

さて、やや唐突かもしれないが、ここで再び「超自然」の領域へと移動したい。

実は、「関東大震災」や「南海トラフ地震」といえば、私には前々から気になっていた情報がある。例の、五島勉氏の『ノストラダムスの大予言』シリーズのことだ。

1999年が過ぎた後でも私がこのシリーズの中でずっと引っかかっていた箇所が二つある。一つは、1998年刊行の『最終解答編』に登場する、例の「恐怖の大王」に関する五島氏の新解釈だ。これは本書の終盤とも関わってくるので、後述したい。

そして、もう一つが、1987年刊行の『大予言スペシャル・日本編』に登場する仮名・相川真由美さんという、当時16歳の高校生のエピソードである。

ここで取り上げたいのが後者だ。簡単に説明しよう。

当時、五島氏は相川さんから「人間が見てはならないものを見てしまいました」という手紙を受け取る。そこで興味本位からホテルのロビーで彼女と会い、話を聞いてみることにした。

ところが、いざ話し始めてみると、五島氏のほうが腰を抜かしてしまう。

この少女は未来の光景をありありと見ることができる能力者だったのである。

どうやら、彼女は明け方のベッドで覚醒と睡眠の境界状態にある時に鮮明な予知夢を見ることがあるらしい。「夜霧のむこうにけぶる高層ビル街」を指して、切り出した。

「(略) あたし、そういう都心だか都心の近くの様子を、一〇分くらいベッドの中でぽかんと見てました。そしたら突然、あたしが見てたそこらじゅうの地面とか道路、ベリベリって裂けて、あちこちドドドって地面の中へ落っこちてェ」

「え?　え?」

「高層ビルもマンションも、全部じゃないけど、まん中へんからガラガラって崩れて、細いノッポビルとかは全部崩れたり、途中から折れて、そこらへんのガソリンタンクとかいっぺんに爆発してェ。人も車も、火がついて燃えだして。その上にノッポビルとか壁とかガラスとか、ゴーッて洪水みたいに落ちて。あと地下街とかもバーンて爆発したり埋まったりして、地獄みたいになっちゃったんです。あたしの見てたところは全部……」

五島氏は、ごく普通の女子高生から、このような戦慄の予知夢が「あっけらかんと飛び出した」そのアンバランスさに鳥肌を立てつつも、**いつか起きる東京大地震の白昼夢ではないか**と推測する。すると、相川さんは、東京だけでなく、なんと他にも「大地震でひどい目に遭う」

ところを「三つか四つ見ました」と答える。そして、その場所を尋ねる五島氏に対して、正確な場所はよく分からないとしつつも、予知夢の話を続けた。

「(略)やっぱりビルとかマンションとかいっぱいあるところです。新幹線やすごい道路通ってて、なんかお城みたいな……でっかい工場とかタンクも見えたけど、それが大部分……」

「崩れるの?」

「いいえ。ぺしゃんこにはなりません。ちゃんと立ってるのもありました。でも、いくつものノッポビルが、ガラガラって三階から上ぐらい崩れて、低層ビルみたいになって、やっぱりあちこち爆発して燃えて、おおぜい折り重なって死んじゃった。そういうの何カ所も、パッパッてひらめいて見えました。東京のを見たのと違う日の朝に。あと、橋や高速道路ズタズタになって、港とか住宅街とか新車集めて置いとくとことか、みんな粗大ゴミの山みたいになって……」

(東海だ! 悪くすると千葉から名古屋へんまでの太平洋ベルト全体だ)

五島氏はここで地震学者の石橋克彦理学博士の論文を思い出す。そして、相川さんが見た予知夢は「東京+東海ベルトが巨大地震のダブルパンチで連続破滅する」点で石橋氏の論文と合致すると考え、彼女が「脳の中の特異な力か素質」で「前もってイメージ化してしまったらしい」のではないかと考え、戦慄する。

以上、同書の2章「東京の妖少女とノストラダムス」から引用させていただいた。

このエピソードにはまだ続きがあるのだが、少しばかり後に回そう。

避けられない日本の財政破綻とハイパーインフレ

では、このような大災害に見舞われた場合、日本の経済や社会はどうなってしまうのだろうか。私は専門家ではないが、それでも常識的なことなら想像がつくつもりだ。

当然、日本社会の受ける打撃は計り知れない。だが、それではあまりに漠然としているため、もう少し具体的に悪影響をシミュレートしてみよう。

日本円・東証株・国債などが一斉に叩き売られることは、ほぼ間違いないだろう。そして長期金利の上昇は、政府を財政非常事態へと追いやるはずだ。

２０１５年時点で、日本の普通国債残高は約８００兆円にも上る。政府は毎年30〜40兆円もの新規国債を発行することで、なんとか財政を維持している。国家予算のほとんど4割弱が借金によって賄われている。しかも、その予算の約四分の一は「国債費」（利払い費・償還費）

に消えているのだ。つまり、借金で借金を穴埋めしている状態である。

この財政矛盾を辛うじて生かし続けてきたのが、豊富な個人金融資産であり、財務省と主要銀行の馴れ合いであり、そして何よりも金利1%という幸運だった。

だが、その金利1%でも、毎年の利払いが約10兆円にも達する。仮に5%に跳ね上がったら50兆円になる。税収がすべて国債の利払いだけに消える計算になってしまう。

日本の財政は以上のような危ういバランスの上に成り立っている。先送りを繰り返すうちに、矛盾がどんどん膨らんでしまったのだ。真の問題はその「累積矛盾」である。

大震災が発生した場合、市場はもはや日本がこの累積矛盾に耐えられないと見なすと思われる。つまり、日本国債を見限る。その時、**微妙なバランスの上に成立していた国債循環システムが一挙に崩壊に向かうだろう。国債の暴落は当然、「長期金利の急上昇」へと繋がる。そして、財政はそれに絶対耐えられない。**かくして「破綻」が決定するのだ。

つまり、「大震災→トリプル安→財政非常事態」のコースは避けられない。

では、そうなったとき、政府はどう対応するのだろうか。誰かが国債を買ってくれないと、予算が組めない。しかし、誰も買ってくれない——そこで「日銀引き受け」という禁じ手をやるほかない。つまり、日銀法違反の、超法規的措置である。「日銀法」などというものを気にする庶民は誰もいないから、為政者が「これ以外に方法はない、反対する者は対案を出せ」と叫べば、そのまま通ってしまう。つまり、財源は印刷機になる。

むろん、極端な増税も行われる。ストック（資産）に対しても課税されるだろう。

よって、一千兆円強という現在の日本の借金は、最終的に一部が増税、大半がインフレという形に化けて、国民に襲来するものと予想される。だからその時、あなたがスーパーマーケットやコンビニの店頭で、「このところ物価が上昇して生活が苦しい」と実感することがあれば、それは貨幣の減価という形で実は税金を支払わされていると理解したほうがいい。そうやってインフレが進行し、庶民ほど耐久生活を強いられることになるだろう。

経済学者の池田信夫氏によると、国際会計基準では３００％でもハイパーインフレと呼ぶそうだ。すると、日本がハイパーインフレになる可能性は十分に考えられる。

結局、累積した矛盾はいつか清算を強いられる。次の大震災はそのトリガーとなる。

中東有事が重なれば石油危機が再来する

しかも、前述したように、非常にタイミングの悪いことに、これから中東情勢が急激に悪化していくと思われる。すると、世界的な石油危機が再来する可能性が高い。

周知の通り、２０１４年の後半から突如として原油価格が急落し始めた。これはサウジアラビアが中心となって意図的に原油市場の需給バランスを崩した結果だ。1バレル100ドルを超えていた価格は、年末には40ドル代にまで下落した。その結果、3・11以降、発電燃料の高騰に苦しんでいた日本は、円安傾向にあっても、一息ついている状態だ。

この政治的な操作によってもっとも打撃を受けているのがロシアとイランとベネズエラ、そして北米のシェールガス・オイル企業とその投資家たちだ。報道を見ると、すっかり忘れられているようだが、**実はこれは80年代半ばにも使われた手口なのだ。**当時、アメリカと中東のOPEC（石油輸出国機構）はこの方法でソ連とイランを標的にしたのである。この原油安政策がボディーブローのように効き、実質、ソ連経済は破綻に追い込まれていった。

だが、**このトリックはそう何年も続けられないだろう。**最大の理由は中東情勢の急速な悪化だ。そもそも、13年9月の時点で中東戦争になってもおかしくはなかった。当時、化学兵器使用問題を口実として、米欧はシリアと開戦する予定だった。プーチン大統領が横やりを入れて、うまく阻止したにすぎない。それから3年が過ぎた現在、中東情勢はさらに混迷の度を深めつつある。前章で見てきたように、ISが急激に勃興し、シリアとイラクを荒らし回っている。エジプト、リビア、イエメンにも内戦の火が及んでいる。

2016年現在、サウジアラビアの周辺はすべて戦火に包まれている状態だ。

果たして、このまま、この世界最大の原油生産国だけ無事ですむのだろうか。言ったように、私はサウジアラビアにも内戦が飛び火するのは時間の問題だと考えている。

その時、原油価格はどうなるだろうか。おそらく「元に戻る」だけではすまない。さらに上昇して、1バレル200ドルを目指す展開になっても不思議ではない。

すると、いったい日本はどうなるのか。**大震災が起これば、石油生産設備と物流が被災する。それに加えて、財政非常事態に陥れば、円安・インフレなどの要因からもエネルギー価格が急騰すると予測される。ここに「原油それ自体の値上がり」が加わるのだ。**

現在、エネルギー輸入費は年間20兆円程度だが、これが40兆や50兆円になっても不思議ではない。日本の貿易収支は大赤字になる。当然、所得収支の黒字でもカバーしきれないので、日本の経常収支は完全にマイナスだ。もしかすると、ガソリンは税抜きでもリッター数百円くらいになるのではないか。しかも、石油コストはすべての物価にかかってくるので、事は燃料代の急騰に留まらない。つまり、原油の元値（ドル価格）の暴騰は、エネルギーの大半を輸入に頼る日本にとって諸悪の根源ともなるのだ。

おそらく、日本経済は重症化し、庶民の暮らしも極端に悪化する。その「痛み」によって初めて日本人は覚醒し、本気で脱石油・脱化石燃料に取り組むだろう。それもいいのだが、できれば石油供給に余裕のある今の内に自覚的に脱石油に舵を切りたいものだ。

実は、私個人は前々からこの事態を予測し、ネット上でＥＶ（電気自動車）の普及を訴えてきた。日本は約9千万kℓのガソリン・軽油需要を満たすために、毎年2億kℓ以上もの原油を輸入することを強いられている。自動車の電化こそが唯一にして本質的な対策である。

中東の戦争に否応なしに巻き込まれる日本

震災による直接的ダメージ、財政非常事態、そして中東有事……将来のエネルギーを取り巻く環境はまさに「三重苦」である。たぶん、読者の中には「こんなに不運が重なるはずがない！」と、お怒りになる人もいるだろう。だが、私は悪戯に恐怖を煽っているのではなく、本当にこの種の〝最悪の事態〟を想定しておくべきだと信じている。しかも、悪い時には悪い事が重なるもので、もっと嫌なことを言わねばならない。中東発の石油危機は〝次の危機〟へと連鎖していく可能性があるのだ。それが「戦争」である。

仮に中東有事になれば、コストが急騰するだけでなく、石油供給が一時遮断される可能性もある。まさに〝ハイパー石油危機〟の到来である。「中東が駄目なら、その分をよそで」と言いたいところだが、石油の増産には莫大な設備投資が必要なため、各国ともそう簡単にはいかないらしい。

日本は官民合わせて、だいたい200日分くらいの石油備蓄量を持つ。業務とは関係ない自動車利用を自粛するなど、節約モードでなんとか1年くらいはもつだろう。

だが、その先は？　分からない。すると「石油の一滴は血の一滴」の再現だ。どこかで聞いたスローガンである。その時、日本人は、平和国家にあっても、やはり石油は戦略物資であり、その安定確保は国家の生命線であり、安全保障問題なのだと気づく。つまり、自分たちが生きるためには、ある種、力ずくで石油を確保するのもやむなしと。

ある意味、**日本は太平洋戦争開戦前夜と似た状況に立たされる**わけである。

当時の日本の石油需要は、たかだか500万kℓ程度で、現在の約2億数千万kℓからすると比べ物にならない。それでもアメリカの禁輸政策により死活問題になった。とりわけ海軍は、このまま座して死すか、動けるうちに戦争に活路を求めるか、という選択を迫られた。ちょうど、ドイツの〝快進撃〟の最中で、英仏蘭の植民地支配が揺らいでいた。今なら植民地を横取りできるし、第一、放置しておいたらドイツに取られかねないという状況だった。

かくして、東條英機内閣は開戦（南方作戦）を決定した。石油の出るスマトラ・ボルネオ島は、当初は重要資源確保のため、帝国直轄領とする予定だった（のちに独立を与える方針に変更）。「大東亜共栄圏」は松岡洋右《ようすけ》の思いついたキャッチコピーだった。

このように、ある種の「状況」によって、当時の日本は戦争へと追い込まれていった。むろん、それを作り出したのは、日中戦争や南進政策などの戦略ミスであったり、ルーズベルトの思惑であったり、欧州で勃発した戦争の影響であったりする。だが、それらも、やはりそれ以前の状況に動かされた結果とも言える。つまり、ある意味、人間が天に操られている面は否めないのだ。だから状況をコントロールできる立場にない日本は、今回も己の意志に関わりなく、戦争へと追い立てられてしまう危険性が十分にある。

最近やたらと「自衛隊の掃海能力は世界一」と吹聴される機会を目にするが、おそらく最初は後方支援とか、ホルムズ海峡の掃海作業から始まるはずだ。しかし、機雷を撒いた国からすれば、それは敵対行為である。攻撃を受ける可能性は十分ある。また、湾岸諸国の油田・パイプライン・シーレーンの防衛において、西側兵士の死者が必ず出るだろう。当然、後方に〝隠れている〟日本に対して、西側国際社会の非難が巻き起こるはずだ。

「なんで日本だけ石油供給を守る戦いに参加しない?」と。「タイやフィリピンでさえも自国兵士を犠牲にしているのに、なぜお前らだけリスクを負わない?」と。

平和憲法を盾にする日本は、針のムシロに座らされ、袋叩きにされる。しかも、身勝手なことに、その憲法を押し付けた張本人のアメリカが率先して日本を非難し、仲間外れにしてくるかもしれない。大方、これが国際社会の現実ではないだろうか。

以上はあくまで仮定の話にすぎないが、**要するに石油に全面的に依存する限り、中東有事になれば、自分が望まない状況に追い込まれても不思議ではない、**ということだ。

ところで、前述のポール・ソロモン氏も、中東で始まる世界的な戦争に日本が巻き込まれると予言している。彼は何らかの日本の危機を〝視た〟らしく、大事なアドバイスを残してくれた。彼は戦後の日本が軍事力を使わずに政治と経済だけで大国になった事例を称え、それから強い調子で、次の戒めを残して、リーディングを終えたのだ。

“Do not, do not destroy that example!”（この例を決して、決して壊してはならない！）

未曾有の国難からついに秩序が崩壊!?　そしてクーデターが……!

日本の国家・社会は戦後70年以上にわたって内部矛盾を蓄積してきた。それはいつか限界を迎え、破裂する。あたかも自然の周期のごとく。奇しくも、そのメカニズムは地震そっくりだ。おそらく、これは時間の問題であり、どんな賢人名君でも最終的な破綻を遅らせるのがせいぜいに違いない。ゆえにその状況下で物理的な大震災が起きれば、それがトリガーとなり、次のような「制度的な大震災」を引き起こしても不思議ではない。

1．日本円・東証株・国債などが一斉に叩き売られる「トリプル暴落」が起きる。

2．長期金利が急上昇し、国債の談合システムが崩壊、政府は財政非常事態に陥る。

3．国債の日銀引き受けが始まり、円安とインフレが加速する。被災による供給力の停滞や輸入インフレの増大もあり、最終的にはハイパーインフレとなる。

4．政府は大増税と歳出削減を断行する。消費税増税はおろか、財産税もありえる。公務員給与と社会保障費は必ず削られる。後で「新円切り替え」「デノミ」もありえる。

5．連鎖倒産が始まり、失業率が急増する。ＧＤＰは縮小を始め、下手すれば恐慌。とくにエネルギーと食料の値上がりが激しくなる。国民は耐久生活を強いられる。

6．運悪く中東有事が重なれば、エネルギー危機が再来する。現在、約20兆円の年間エネルギー輸入費が数倍になる事態も考えられ、経常収支は大赤字になる。

7．望まなくとも、否応なしに中東での戦争に参加させられる可能性がある。

このように、複雑高度化した都市の大災害を契機として、これまで蓄積された内部矛盾が連鎖爆発し、一時はほとんど「経済ハルマゲドン」の様相を呈するかもしれない。

政府は付加価値自体を生まないので、結局、溜め込んだツケはすべて国民（個人・法人）に降りかかってくる。しかも、一番弱いところにしわ寄せがいくのである。

政府に対する債権者は、外国ではなく、国民自身である。だからこそ、われわれは政府から強制的にツケを回されるのである。過去にちゃんと実例まである。終戦直後、総力戦を行った日本政府は莫大な対内債務を抱えていた。1946年2月、政府は突如として「新円切り替え」と「預金封鎖」を実施した。これは莫大な旧円の預貯金もろとも政府債務を帳消しにする暴挙だった。「財産税」という名の「超累進課税」も実施された。これは文字通り個人の財産に対する課税で、実質富裕層を狙い撃ちにしたものだった。

これは言葉遊びに近いが、政府の財政運営が「破綻」したとしても、外債に依存していない以上は、定義上の「破産」自体は免れることもできる。極論すれば、中央銀行の独立性という建前を捨てれば、日本政府はどんな手でも打つことができる。だから、巷間で言われるように、日本が債務不履行（デフォルト）するかというと、見方が分かれる。だが、国民目線では、どちらにせよツケを回されるわけで、だから何だという話である。

要するに〝事実上の〟国家破産だが、問題はこれが平時ではなく〝震災後〟に訪れることだ。別個の不幸が重なって来るようなものだ。だから被害も相乗化するに違いない。

震災地域を除いて、終戦直後とは言わないが、一時期それを思わせるような状況になってもおかしくはない。各地に被災の爪跡、連鎖倒産、失業、インフレ、エネルギーと食料の窮乏……いかに〝おとなしい〟日本人とて限界がある。社会不安が増大し、治安も悪化する。デモ、略奪、暴動などが頻発し、一時社会が騒然とするかもしれない。

果たして、これだけのことが起こっても、政治が無事ですむだろうか。一つには人々の怒りの矛先が政府に向かうこともあるが、インフレから共産主義政権やナチズムが誕生したように、想像以上にエキセントリックな結果を生む可能性もある。つまり……。

8．政情不安になる。革命、クーデター等が起き、完全に従来の秩序が崩壊する。

こういう予測を付け足してもいいのではないか。

一時、左派政権の誕生もありえるが、短命に終わると思われる。なぜなら、公務員のリストラ・社会保障のカットは不可避であり、およそ改革の方向性が社会主義的理念とは正反対だからだ。それゆえ、最終的には軍人が決起するのではないか（ここで「自衛隊は軍隊ではない」といった〝神学論争〟をするつもりはない）。

なぜなら、政治が極度に混乱し、国内を収拾できなくなった場合、内乱や外国の介入を招く危険性があるからだ。政治が崩壊してしまった場合には、どこの国でも、最後の手段としてその国の軍人が決起し、秩序を回復しようとするものである。

さて、以上の予測をしたところで、どうも私は、ある「予知」が気にかかる。

ここで唐突だが、再び先の「妖少女」にご登場いただこう。

「軍事クーデター」と「外国で戦う日本軍」のビジョンを透視した妖少女

前述の「東京の妖少女とノストラダムス」の続きである。相川真由美さんは、五島氏に対して「予知夢」をこう続けた。


「あと、あたし、タンクがいっぱい集まって、すっごいことになるのも見ました」

「タンク？　大地震でやられる前の石油タンク？」

「いいえ、そういうタンクじゃなくて、戦車です。おっきな戦車が何十台も、広場みたいなところに集まって、ほかに兵隊さんの乗ったジープとかもいっぱい、東京の街を走っていくの」

「それは……東京が大地震でやられたあとに？」

「そうですね、あちこちで新しいビル建ってたから、あの地震の少しあとじゃないのかな。それとも前かな？　どっちかわかんないけど、ともかくそういうタンクとかジープ、新しい高速みたいな地下の道路から都心に出て……」

「出て？」

「そしてテレビ局とか官庁とか囲んじゃって、バーンって撃つんです。空からはヘリとかもいっぱい来て……」

（クーデターだ！）

五島氏は大地震の話以上に衝撃を受け、クーデターはいつ起こるのか、成功するのか鎮圧されるのか、せきこんで尋ねる。ところが、彼女は首を横に振った。その後は「違うもの」が見えるようになったと言う。再び五島氏が「どういうもの？」と尋ねる。

「やっぱりタンク。石油タンクとかじゃなくて、戦車のほうのタンク。……それのすごい大きいのが、長い大砲積んで、水の中とかも半分もぐって。あと、かっこいい軍艦とか飛行機とか、海のむこうからこっちまでずーっとひろがって、どこかへ攻めていく……」

「どこの軍隊だろう？」

「日の丸のマークつけてたから、日本の軍艦や飛行機です。いまの飛行機とだいぶ違う型みたいだったけど……」

彼女が予知夢で見たのは、翼が前のほうに反っている未来型の戦闘機だった。ちなみに、このタイプは１９９７年初飛行のロシアのスホーイ47として実現している。

五島氏は憲法がありながら、いったいどこへ攻めていくのかと訝る。そこで、北海道を占領されたので、それを取り返すために逆上陸する光景ではないかと考える。

「そうじゃないみたい。あたし見たのはもっと暑いとこみたいでした。そこの海岸へ、日本の軍隊、いろんな軍艦とかで攻めてって、いま言った変な型の飛行機、変な航空母艦からいっぱい飛び出して……」

「航空母艦？　そのころの日本、航空母艦まで持つようになってるの？」

「そうじゃないんですか。そう見えましたから。そしてその飛行機とか戦車、変なトラックみたいのに乗った兵隊さんたちも、広ーい荒れ地みたいなとこで戦うんです」

暑いところ、海岸、広い荒れ地……**私には「中東」（ホルムズ海峡？）のような気がしてならない。**そして少女が〝視た〟限り、この戦争は悲惨な結末を迎えるようだ。

「（略）結局その荒れ地みたいなとこへ、すっごいミサイル飛んできて、みんな全滅しちゃう」

「核ミサイルが!?」

「かもしれないけど。でもピカッとかそんなに光らないし、キノコ雲も見えなかったけど。でもそれ落ちたとたん、何千人もいっぺんに死んじゃう」

「焼かれて?」

「いいえ、アッという間に、みんなエイズの最後みたいになって」

「!」

「ドローッって溶けちゃう人も見えました。日本軍だけじゃないんです。そこで戦ってるいろんな国の軍隊、その近くの国の人、全部そうなるんです。」


どういうわけか、日本の軍隊も参戦し、結局は超兵器で殺されるようだ。

この奇妙な死の光景は、106ページでも引用した「ゼカリア書」を想起させる。同書(14・12)によると、エルサレムへ攻めてきた諸国の兵は、神によって疫病で撃たれ、「肉は足で立っているうちに腐り、目は眼窩の中で腐り、舌も口の中で腐る」壮絶な最期を迎える。

ところで、この少女もまた「世の終わり」を思わせる光景を幻視したらしい。

「そして、きっとそれのあとだと思うけど、それよりもっと気味の悪いもの、空から降ってきちゃう」

「どこに? 日本に?」

「さあ、どこかわかりません。でも、それ降ると、すっごく広い範囲、ゴーッって燃えて、おおぜいの人が死んで、海煮立って、吸う空気なくなって、……それから空、真っ暗になっちゃう。（略）ともかく最後はそうなっちゃうみたいなんです」

以上、五島勉氏著、1987年刊行の『大予言スペシャル・日本編』の2章「東京の妖少女とノストラダムス」から引用させていただいた。

いかがだろうか。この少女は、**軍事クーデターが起こり、それからどこか暑い地域に艦隊を派遣して戦闘を行う「未来の日本」を遠隔透視したのだ。**

おそらく、刊行当時はナンセンスな予知夢と読者から一蹴されたに違いない。だが、約30年後の今になってみると、異様なほどのリアリティをもって迫ってくる。なによりも気味悪いのは、この本で論じてきた予測と、ピタリと符合してしまう点だ。

中には「例によって五島勉の創作じゃないのか」と疑う人もいるだろう。だが、私はそうは思わない。実は、私は五島氏に事前に手紙を出した上、自宅に連絡を入れた。

五島氏は老いた声で「私はいつ死ぬかも分からないので一日一日が貴重だ」とおっしゃりつつも、私の不躾《ぶしつけ》な質問や主張に十分ほど付き合ってくれた。残念ながらプライバシーの問題もあるので、この相川真由美さんの連絡先を教えてもらうことはできなかったが、それでも短いやり取りの間に、彼女の実在を確信することはできた。

日本の大震災は「世界経済の心臓発作」を引き起こす

ところで、ノストラダムスの予言詩には「五月の大地震」に関するものが二つもあり、それが研究家たちの興味を引いている。それだけ人類史的な意味があるのだろう。

太陽は金牛宮の二十度、非常に強く大地が震える。
満員の大劇場が崩れるだろう。
大気、天空、大地は暗く、混濁し、
そのときには不信心者が神や聖人たちに祈るだろう。
（百詩篇集　第9巻83番　山津寿丸氏訳）

五月に非常に強い地震。
土星は磨羯宮に。木星、水星は金牛宮に、
金星も同じく。巨蟹宮は火星に。アノネーではその時に卵より大きな雹が降るだろう。

(百詩篇集　第10巻67番　山津寿丸氏訳)

冒頭の「太陽は金牛宮の二十度」とは、占星術的には5月を指すという。「満員の大劇場が崩れる」という一節は大惨事だが、ヒントも含んでいる。これは大都市の情景と考えられる。しかも、「不信心者」は〝異教徒〟を表しているとも取れる。これに「近未来に巨大地震が起きる可能性」を付け足すと、条件的にはかなり絞り込まれる。

私にはどうも、**日本の大震災を予言しているような気がしてならない**のである。ノストラダムスは欧米と中東以外の地域に関してはほとんど関心がなかった。だから、仮にこれが日本の災害を予知したものだとすると、欧米にも悪影響を及ぼすような、世界史的な出来事となる可能性が高い。たとえば、「世界恐慌のキッカケになる」という具合に。

その可能性は十分にある、というのが私の考えだ。

「関東大震災」と「南海トラフ地震」をあわせた被害額は推定300兆円以上。1605年の「慶長地震」のように両者が連動する可能性もありえる。奇しくもその被害額は、日本の対外債権とほぼ同程度だ。単純にいえば、この被害額相当の復興資金が官民で必要になる。当然、運用中の債権の現金化を迫られる。問題は当事者の日本だけがそう思うわけではなく、世界中の運用担当者がそれを予想して一斉に処分しに掛かることだ。

現在、投資銀行やファンドは手元資金の数十倍のデリバティブ取引を行っている。一方、世界のＧＤＰは１００兆ドル弱。つまり、実体経済は1京円ほどに達しているが、金融市場を駆け巡るデリバティブ額はその何倍もある。それがパニックに陥る事態を想像してほしい。私は日本のトリプル安を予想したが、それだけですむはずがない。必ずアメリカ経済も巻き込む。米国債とドルも叩き売られ、金利の急上昇を招く。その事態が、先ほど説明した日本の財政破綻の後に起こるはずだ。そして日本同様、アメリカ連邦政府もまた国債の自己引き受けへと追い込まれるだろう。しかも「対外債務」だからアメリカのほうがもっと悲惨だ。もっとも、棒引きにするか、ハイパーインフレで帳消しにするだろうが。

つまり、結果的に日本の大震災が「アメリカ破産」と「ドル基軸通貨体制の崩壊」へと連鎖し、アメリカを中心とした冷戦後の政治・経済の枠組みにトドメを刺す格好になると思うのである。しかも、中国経済が調整局面入りしているところへ「日米共倒れ」が続くのだ。世界経済の上から1・2・3位の国が倒れたら、当然、ＥＵ・アジア・その他の地域も悪影響を免れない。世界の株・債券市場は崩壊し、失業率が急上昇する。

かくして、**来たる日本の大震災は、結果的に世界経済を道連れにする。**そして、世界的な金融危機は「世界恐慌」を引き起こし、主要国の同時破綻を招来する可能性もある。

これは人体に例えるなら、突然の出来事であり、心臓発作のようなものだ。

ただし、大きな視点でいえば、十年ほど前から中ロが主導して自国通貨決済（非ドル取引）をどんどん拡大しているため、ドルの基軸通貨体制がすでに終焉のプロセスに入っていることも事実だ。それゆえ、仮に日本の大震災がなくとも、いつかドル中心の体制が終わることは予定調和だと思われる。大震災はあくまで直接的な引き金にすぎない。

だから、ドル本位制（アメリカ経済）の自壊と、日本の巨大地震の、どっちが先か分からない。先に「ＮＹ株の大暴落→世界恐慌」のほうが起こっても不思議ではない。

いずれにしても、もはや一国家の通貨では世界経済を背負えなくなっているし、そのような体制はフェアとは言えない。ドル体制が崩壊すれば、各国の間からも「確固たる国際通貨の新設」を求める声が高まるだろう。その結果、Ｇ20・ＯＥＣＤ・国連などのレベルで、世界銀行による「世界統一通貨」の発行に合意する日がやって来るかもしれない。

アメリカが没落して軍事力も縮小し、地域紛争があちこちで始まる

アメリカは依然として世界の政治・経済の中心に位置するため、もう少し詳しく個別に見ていこう。やや繰り返しの部分もあるが、日本の大震災後にどうなるのだろうか。

第一に、財政をファイナンスし切れなくなる（以下1ドル＝120円で計算した）。

アメリカ財務省によると、たとえば、2013年の連邦政府歳入は約2兆7800億ドル（約333兆円）だが、歳出は約3兆4500億ドル（約414兆円）。その年、連邦政府だけで6700億ドル（約80兆円）もの財政赤字を新規に積み上げているわけだ。

このように、アメリカは毎年、巨額の米国債を発行して財政を穴埋めしなければ、軍事支出や社会保障などの歳出を賄うことができない。それは1985年頃から積み上がり始め、今では公債残高が約18兆ドルにまで膨らんでいる。ここまでは日本と似ている。

ところが、日本の場合、95%を国内で保有しているが、アメリカの場合は三分の二に留まっている。つまり、日本政府が納税者から吸い上げた利払い費の大半が日本の機関投資家に分配されるのに対して、アメリカの場合、三分の一が海外保有者に向かうわけだ。

その三分の一の内訳だが、周知の通り、日中が1位と2位を争い、あとにベルギー、カリブ・バンキング・センター（中米タックスヘヴンの投資銀行で、世界中の富豪や企業の逃避資金を運営）、オイル・エクスポーターズ（石油輸出国群で、サウジはここに入る）、ブラジルなどが続く。つまり、日本が最大の金利収入者である。だが、それは換言すれば、海外勢の中で日本がもっとも米財政を支えていることの裏返しでもある。

もちろん、投機筋にとってこの程度は常識だから、次の日本の大震災のニュースを見た瞬間にアメリカの通貨と債権も叩き売りにかかるだろう。そして、米国債が暴落すれば、金利が急上昇し、ますます利払い費が急増し……という悪循環に陥る。これは日本のケースと同じ「財政破綻コース」である。米公債残高の爆発曲線は日本ほど酷くはないが、もともと自力で財政を回せない分、厳しい審判が下されるだろう。しかも、日本政府は自国民を犠牲にすれば財政を立て直せるが（それでも十分トンデモない話だが）、アメリカは対外債務者も犠牲にしないと無理なため、その分、世界の敵意が集中しかねない。

第二に、散々言ったように、ドル基軸通貨体制が終わる。

冷戦後、旧共産圏がドルを欲し、また世界経済自体も拡大の一途だったため、FRBがどれだけドルを刷り散らかしても、それは世界に吸収された。なにしろ、ロシア人までがドルの貯め込みに躍起になっていたのである。ところが、NY市場のトリプル暴落や米財政の破綻、ドル基軸通貨体制の崩壊――どれであれ要はドルの不信任であることには変わりない――などの事態が起これば、それまでドルを保有していた個人や企業が、手持ちのドルを一斉に他の通貨に交換し始めるだろう。先にドル資産からの逃避が起きるかもしれないが、それは「卵と鶏」の議論でしかない。かくしてドルの信用が崩壊すれば、これまで刷り散らかされたドルは紙切れになる。それはワイマール紙幣を越える〝史上もっとも膨大な紙ゴミ〟となるだろう。アメリカ国内はハイパーインフレを免れない。新ドルが発行されるまでは、人々はカナダやメキシコの通貨を持ちたがるかもしれない。

第三に、貿易赤字が実体化する。

国の経常収支は、貿易収支と所得収支とを合わせて考えられるが、金融制度がいったん機能不全に陥った後の世界では、とりあえず貿易収支こそが問題だ。アメリカの貿易赤字は80年代から四半世紀も続いているもので、完全に構造的なものだ。ここ数年は約四千億ドルの赤字で推移している。おそらく、貿易ほどアメリカ人が基軸通貨特権の喪失を思い知らされる部分はないだろう。たとえば、インテルが最新のマイクロプロセッサを生産するにしても、日本製の部品や半導体製造装置が必要だ。中間財の輸入なくして成り立たないのは、アメリカの大半のハイテク企業にも当てはまる。すると、東アジア諸国がその代金として、「ドルなんて紙切れはいらないから、私の国の通貨でください」と要求し始めたら、アメリカ人はどうするのだろうか。あるいは、同様にドイツや湾岸諸国が「代金はユーロで」と言い始めたら？　アメリカ人はたぶん一世紀ぶりに「外国からモノやサービスを買うには外貨を稼がねばならない」という世界の常識を思い出すだろう。

アメリカは毎年50兆円くらいの経常赤字を垂れ流している。日本では数兆円の赤字が出ただけで誰もが「このままで大丈夫か？」と心配になるが、アメリカ人はドル特権という打ち出の小槌のおかげで、何の心配もなく贅沢することができた。その特権が終わり、それまでの巨額の貿易赤字が突如実体化すると、アメリカはどうなるのか。たちまち経済競争力の無さを露呈する。国民は本来の働きに見合った部分にまで、生活水準の大幅な切り下げを強いられるだろう。ただし、農産物の輸出程度ではたいした外貨稼ぎにならないが、「隠し油田」を開発して石油輸出国に変貌すれば、米経済が復活する可能性も出てくる。ましてや同時期に中東が大混乱すれば、サウジに成り代わることもありえる。

第四に、アメリカの軍事力が縮小する。

実は**これが一番恐ろしい。世界最強の軍事力といえども、しょせんは経済力に支えられた上での話だ。財政破綻は必然的に政府を軍備削減と孤立主義へと傾斜させる。**しかし、アメリカが没落しても、政治・経済・軍事・文化・科学等においてアメリカの代わりが務まる国はない。かくして世界は無極化する。とりわけ、**NATOの支配力の低下は、力とルールの空白を生み、世界各地で紛争を頻発させるだろう。**中ロなどの挑戦者がますます不良化し、中小国までがアメリカをナメてかかる可能性がある。それまで抑圧されていた民族的・宗教的憎悪や対立などが一挙に表に噴出し、地域紛争があちこちで始まるだろう。一言でいうなら、新たな秩序・ボスが決まるまで、世界は再びケイオスの只中に陥るのだ。

アメリカ国内の分離独立を仕掛けている中ロ

ところで、衰退を加速させるものには外部要因もある。つまり、外国や過激派組織などからの攻撃・陰謀である。アメリカが外の世界を攻撃する以上、彼らもまた外から来る脅威を避けることはできない。これは内部要因以上にアメリカの衰退を決定付ける。

たとえば、恐ろしいのが**イスラム過激派組織による「核テロ」**である。同じイスラムの人々でさえ虫けらのように殺戮する連中を見ていると、万一、小型核爆弾を手に入れた場合、使用をためらうとは考えられない。仮にウォール街が標的になれば、アメリカ経済の息の根が止まりかねない。あるいは、是が非でもアメリカを中東戦争に引きずり込みたい**某国**が、過激派の仕業に見せかけてその種の陰謀を実行する可能性もある。

おそらく、外部要因の点でも最大のライバルとなるのはロシアだ。ウクライナ紛争以降、アメリカは経済制裁と原油安誘導でロシアを締め上げている。一説によると、16年度中にもロシアの外貨準備は枯渇し、経済破綻は免れないという。だが、ロシアとて黙って殺されるわけではない。当然、彼らも反撃に打って出る。もはやアメリカを倒す以外に生きる道はないと考えるプーチン・ロシアは、これから対米工作に全力を注ぐだろう。

たとえば、外交面では「米欧分断」程度は当然だ。ＥＵとアメリカの対ロ利害は必ずしも一致しない。また、ロシアにはガス供給の停止という対欧恫喝手段もある。今後、ロシアはＥＵの内部対立を煽ったり、アメリカからドイツを切り離したりと、様々な手を打つに違いない。同じ意味で、旧ＫＧＢ以来の政治工作で、日米分断策も強化してくるだろう。

恐ろしいのが、**ロシアが北朝鮮の後ろ盾となって「第二次朝鮮戦争」を使嗾《しそう》することだ。**これはすでに一度やっているから、お手の物である。ロシアにしてみればアメリカを戦争に引きずり込むことができればそれでいい。とくに、**中東でイラン・イスラエル戦争が勃発した場合、アメリカを二正面作戦に追い込むため、ロシアは必ず北朝鮮を唆すだろう。**

さらに、ロシアの政府筋やメディアの言動を見る限り、彼らが異常に興味を持っているのが「アメリカの分裂」だ。おそらく、彼ら自身が旧ソ連の分裂を経験し、しかもそこに〝アメリカの陰謀〟の存在を嗅ぎ取っているため、同じ目に遭わせてやりたいという復讐心もあるに違いない。よって、ロシアはこれから「アメリカの内部分裂」を積極的に使嗾してくるだろう。いや、すでに〝アメリカ解体作戦〟に着手していると思われる。

実際、この種の工作は伝統的にロシア諜報機関の得意とするところだ。旧ＫＧＢは60〜70年代のアメリカの過激な黒人運動に資金を提供していたという。だから、今回もまず黒人と白人の人種対立を煽るだろう。また、ヒスパニックの流入を手助けし、どんどん不法移民を増やす。

ミリシア（民兵）と連邦政府との対立を煽り、武力衝突を演出する。州の独立運動に資金を提供する、などの工作も考えられる。こうして、内部対立を扇動し、内乱や内戦を引き起こし、最終的には州ごとの分裂と独立へと持っていくつもりだ。

ちなみに、信頼すべき情報筋に拠れば、**中国もまた然りで、すでに国家安全部がグアムやハワイに浸透し、現地の独立運動組織を育てている**という。また、議会の買収、現地メディアへの浸透、中国系ファンドによる不動産の取得などの工作も進めている。彼らの戦略は常に『孫子』に拠る。すなわち「実戦は最後の手段」であり、それ以前にあらゆる手段を用いるというものだ。

中国は西太平洋進出への野心を隠していない。だから**ドル基軸通貨体制が倒れ、アメリカの軍事覇権が弱まると、一挙にグアムやハワイの独立運動を仕掛けてくるだろう。**こうして、彼らは戦わずして、アメリカの戦略的国境を一挙にハワイより向こう、できれば西海岸まで後退させることを目論んでいる。むろん、その時までに中国が国際社会と価値観を共有する民主国家に変貌していなければ、安全保障上の衝突は避けられない。

自然災害が激化し飢餓・貧困が世界規模で進行する

さて、経済・社会問題と並行して、アメリカの衰退に拍車を掛けかねないのが年々巨大化しつつある自然災害だ。21世紀以降、季節外れの天候、記録的積雪や大寒波、記録的豪雨と大洪水、超大型の竜巻とハリケーン、記録的猛暑と大干ばつなど、やたらと同国で自然災害が猛威を振るっている。近年だけでも史上最悪レベルの寒波・竜巻・森林火災が発生している。根本にあるのは環境破壊の進行なので、今後も激化していく可能性が高い。

とくに、アメリカにとって致命傷になりかねないのが「大地震」と「大噴火」だ。

アメリカの太平洋岸では、M9クラスの巨大地震が迫っている。カナダ・ブリティッシュコロンビア州沖からオレゴン州をへてカリフォルニア州北部沖に至るまで、**一千㎞以上にわたる巨大な断層が存在しており、これまで数百年ごとに巨大地震を発生させてきた**という。一千㎞の断層というと、東日本大震災の震源域を超える。全米の科学番組でお馴染みの日系ミチオ・カク博士は「Xデーまで待ったなし」と警鐘を鳴らしている。

また、**それ以上に被害が大きいのがイエローストーン火山の大噴火だ。**ワイオミング州北西部の国立公園内にある同火山は、地球に六つあるスーパーボルケーノのうちの一つだ。最後に噴火したのが約64万年前だが、その際、80年のセント・ヘレンズ山の噴火の一千倍のマグマを噴出したという。ここ最近、地盤の隆起など噴火の兆候が観測されている。仮に破局的噴火が起きた場合、ある科学者によると、半径一千km以内に住む9割の人々が窒息死し、アメリカの75%の環境が変わってしまうという（Wikipedia「Yellowstone National Park」より）。

この種の大地震や大噴火が経済問題と重なれば、一挙にアメリカを衰退させかねない。

これはまた「世界全体の縮図」でもある。というのも、次に引用するように、アメリカ国内と同じことが大なり小なり他の国でも起こり、莫大な被害を生んでいるからだ。

「世界各地で自然災害が増加しており、持続可能な開発の大きな障害となっています。災害に対する脆弱性を減らし、被害を軽減していくことは国際社会の重要課題の一つです。毎年、世界では、約1億6千万人が被災し、約10万人の命が奪われるとともに、約400億ドル以上の被害額が発生しています（1970〜2008年の平均）」

(http://www.bousai.go.jp/kokusai/kyoryoku/world.html)

これは日本の内閣府の防災情報が訴える「世界の自然災害の状況」である。

あまりに多すぎるために個別の事例はいちいち取り上げないが、このところ「1世紀ぶり」

や時には「数百年ぶり」といった枕詞のつく大雨・洪水・干ばつ・寒波・台風などの自然災害が増え始めた。しかも、アジア・アフリカ、北米だけでなく、これまで比較的平穏だったヨーロッパも無縁ではなくなっている。また、地震や噴火といえば本来大きな出来事だが、あまりに頻繁に起きすぎて、ニュースでは「交通事故並み」と言えるような扱いになってきた。

2016年現在、世界の人口は73億人であり、なんと1970年度の倍だ。しかも、人口の急増に加えて、世界のグローバル化ないしはフラット化により、中低所得国が軒並み先進国型のライフスタイルを目指し始めている。その結果、まるで暴走する機関車のように、人類の文明は止め処もなく自然を搾取し、地球環境を破壊し続けている。

だが、そのことが自然界の復讐を益々激化させる主因になっている。今のところそれが飢餓や貧困へと繋がっているのは途上国だけだが、今後あまりに農作物が打撃を受けるようなことがあれば、需給のバランスが崩れ、中進国や先進国にも連鎖していくだろう。

結局、地球は有限なのだ。資源とエネルギーには制約があり、それらの無限性を前提とした今の文明や経済システムは最終的に行き詰まることが予想される。**それが大飢餓となって現れると予測したのが、ローマクラブが72年に発表した「成長の限界」だった。**今見ると彼らの予測には不正確な部分もあるが、人口推計と問題の本質については正しい。

イエスは「産みの苦しみの始まり」として、「民は民に、国は国に敵対して立ち上がり、方々に飢饉や地震が起こる」と明言した。どうやら、戦争が巨大化するのと軌を一にして、食糧危機や地震（を含む自然災害全般）もまた巨大化していくことは避けられないと覚悟したほうがよさそうだ。しかも、運悪くインフレなどの経済秩序の崩壊と自然災害が重なった場合、歴史書でしか知らないような巨大な飢餓に見舞われる可能性もある。

自営農業や家庭菜園、狩猟・採集、フィッシング、備蓄、地下水の確保、太陽光・風力発電の設置……自給自足・サバイバル力の向上は危機の際には有効な自衛策となる。

EUも空中分解し、西洋の時代そのものが終わる

ところで、衰退へと向かっているのはアメリカだけではない。欧州もまた然りであり、まずEU（欧州連合）の空中分解となって顕れそうだと、私は予想している。

近年、「EUの終わり」を世界に印象付けたのが2009年に始まる「欧州債務危機」だ。リーマンショックに始まる金融危機が連鎖する形で、まずギリシアで財政の粉飾が発覚し、その後、アイルランドの銀行危機、ポルトガルの不況、スペインの不動産バブル崩壊、イタリアの財政問題などへと飛び火した。また、これらの国債を大量に保有する銀行の中から経営破綻するところも現れたのは、まだ記憶に新しい。彼らは「PIIGS」（ユーロ圏で財政状況が

厳しいポルトガル・アイルランド・イタリア・ギリシア・スペインの5か国の略称。各国の頭文字をとっている）などと呼ばれ、ドイツやＩＭＦから金融支援を受けて、なんとか破綻を回避した。

ただし、危機から5年以上が過ぎた現在、ギリシア以外の国は金融支援プログラムからなんとか脱却したが、依然としてギリシアの債務問題だけは収束していない。それどころか、緊縮財政を迫る高圧的なドイツに対して、ギリシアはナチスドイツ時代の被害として２７９０億ユーロ（約36兆円）もの賠償を請求し始めた。

ギリシアの対応には挑発的な面もあるが、他方で**戦後ドイツが「ホロコースト犯罪」の清算ばかりに力を入れ、一般的な「戦争犯罪」の清算はあまりしてこなかった過去が露呈した格好**ともなった。しかも、ドイツ主導の現状に対して、仏・伊・スペイン国内からも反発の声が上がり始めた。むろん、ドイツ国内でも「なんでわれわれの税金で放漫財政していた連中を助けなければならないのか」という反発が起きている。

このように「欧州債務危機」は収束していないどころか、新たな政治問題にまで発展しつつある。しかも、ラテンとゲルマン、または稼ぐ国と浪費する国という内部対立まで引き起こしつつある。これに対して、ＥＵは各国の意見対立を乗り越え、なんとか加盟国のための恒久的金融支援機関である「欧州安定メカニズム」の設置に漕ぎ着けた。

しかし、私の率直な感想を言えば、これはいわば対症療法であって、ユーロ圏の構造問題を根治《こんち》するとは思えない。そもそもEUは「通貨統合・経済統合」を掲げながら、アメリカや中国なら当たり前のようにやっている地域間の格差解消システムを盛り込んでこなかった。それは、繁栄している地域からより多くの税金をとって貧しい地域へと再配分する仕組み――つまり「中央政府的機能」である。これはEUに例えるなら、ドイツからより多くの税金をとって、ギリシアのような貧しい国へと分配する仕組みと言える。

だから、ドイツがギリシアに支援するのは本来当たり前なのだ。東京の稼いだ富が地方交付税交付金として群馬県に還元されるのと同じである。ところがドイツ人は「なんでギリシア人みたいな怠け者におれたちの税金をくれてやらねばならんのか?」と言って、ぷんぷんと怒り始めた。つまり、自分たち強者は経済統合の恩恵は受けるが、分配の義務は果たしたくないというわけだ。それなら最初から経済統合をするな、という話だ。

こう言うと、「EUは単一国家じゃないから当たり前だ」と反論する人もいるだろう。すると、彼らはいったい何のために域内関税を撤廃して、国境を緩め、経済統合を推し進めてきたのだろうか。そんなことをすれば、ドイツのような強者が一方的に肥え太り、域内格差が拡大するのは火を見るよりも明らかだ。ちょうど、富の再分配機能を無くした日本国内と同じである。東京だけが益々繁栄し、群馬や栃木は益々貧しくなっていくだろう。

つまり、現行のＥＵの経済統合は「勝ち組のための制度」と言えなくもない。本当に一つの国になって中央政府を持たない限り、域内の格差問題は永遠に解決不能だ。すると、これは最初から〝失敗モデル〟ではないのだろうか。制度設計のミスというやつだ。

しかも、ドイツは今さら後戻りができなくなっている。仮にＥＵから抜けると、マルクは欧州一価値の高い通貨になる。すると、たちまち輸出立国モデルが危うくなる。そればかりではない。どうやら**ドイツの金融機関は欧州全体の金融システムを揺るがしかねないとんでもない爆弾を抱えている**らしい。それがギリシアの債権に関わる大量のデリバティブ取引だ。簡単にいえば債務保証する形になっていて、**仮にギリシアがデフォルトした場合、数百兆円以上の損失を被る**という。表向きドイツ経済は好調だが、裏では即死リスクを先送りしている状態なのだ。だから、ＥＵから自立できないし、ギリシアの面倒を見続けるしかない。それを知るギリシアも強請《ゆす》ってくる。ドイツのジレンマは大変だ。

しかも、ここへ来て、ギリシアだけでなく、中国経済も崩壊が始まった。しばらくすると、中国相手に稼いでいるドイツ経済にも不況が押し寄せるだろう。すると、ドイツでもっているＥＵ経済全体にも波及していく。当然、ユーロの信任も低下する一方だ。

もともと、ＥＵはアメリカや中国のような統合性・一体性に欠けている。真の統一もなく、さして求心力があるわけでもない。そんな寄り合い所帯がこれまで曲がりなりにもまとまっていたのは、「同じ西欧文明」に属するという意識があったからだろう。

だから、EU各国はこれまで本気の統一を成し遂げないまま、漠然と通貨と市場だけの統合を進めてきた。しかも、その過程で、東欧諸国を吸収し続け、社会主義に順応した人々を取り込んでいった。また、労働力としてイスラム系の移民をどんどん受け入れていった。つまり、文化も文明も異なる人々を取り込んでいったわけだ。その理念なき拡大の結果、EUはあまりに雑然とした、強いていえばミニ国連のような「ただの集まり」になってしまった。域内の富の分配機構すらない「ただの集まり」に何の意味があるのだろうか。だから、いったんEU全体が不況に陥れば、崩壊するのも早いに違いない。

かくして、**EUには空中分解の運命が待ち受けている。つまり、アメリカだけでなく、これからヨーロッパも弱体化していくと考えられるのだ。**しかも、前述のように、ヨーロッパはそう遠くない将来、イスラムからの挑戦を受けることになるだろう。どうやら、近代の世界を支配してきた西洋中心の国際秩序そのものが終焉に向かいつつあるようだ。

第3章のまとめ

○関東大震災は近いうちに起きる。「外房連動型」のM8クラスになる可能性もある。
○関東大震災と南海トラフ地震を合わせた被害額は300兆円を超える。それ以外にも富士山の噴火や他地域の地震などが続き、「連続大災害」と化す危険性がある。
○日本の財政破綻とハイパーインフレが起きる。運悪く中東有事が重なれば石油危機が再発し、最悪の場合、中東への参戦に追い込まれる。
○大震災の発生、軍事クーデターの勃発、外征に赴く日本軍などのビジョンを、ある能力者の少女が80年代後半に予知夢で見ていた。
○日本の大震災はアメリカの財政とドル体制に連鎖し、結果的に世界経済を道連れにする。
○アメリカは内部の経済的要因、外部からのテロや工作、地震や噴火などの自然災害により衰退していく。その結果、力の空白が生じ、世界的に紛争が増えていく。
○これから世界的に自然災害が激化し、貧困や飢餓が悪化していく。先進国も食糧危機に見舞われるかもしれない。
○最終的にEUは空中分解し、ヨーロッパも弱体化していく。西洋の優位は終わる。

第4章

予言のメカニズムと生と死の根源的意味がついにわかった！
リバース・アクセスが神秘の扉を開く！

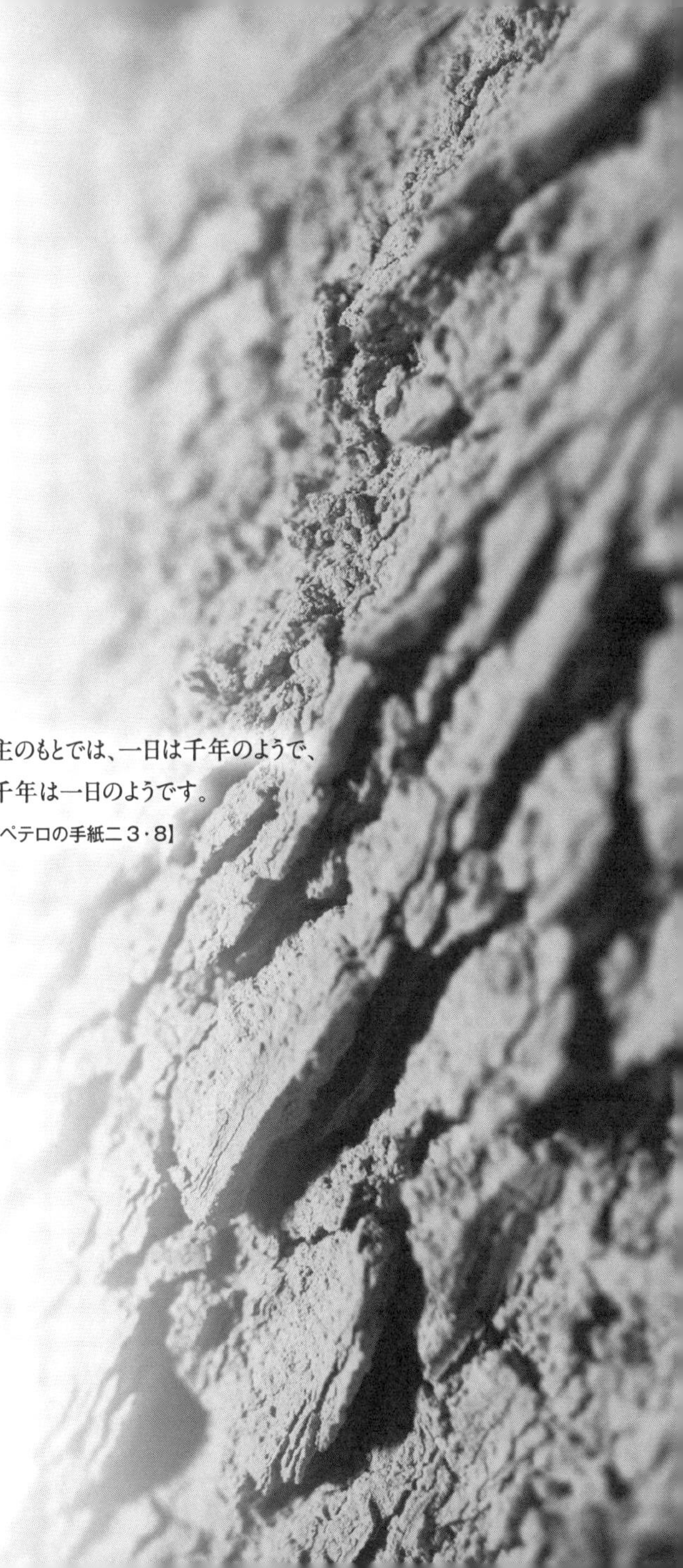

主のもとでは、一日は千年のようで、
千年は一日のようです。
【ペテロの手紙二 3・8】

イエスの〝奇跡〟はほとんど事実だと信じるように

さて、イエス予言のクライマックスに入る前に、見過ごすことができない問題がある。仮に「マタイ書」が彼の死後、比較的すぐに書かれたとすると、ある疑問が湧いてくる。それは「彼の起こした奇跡現象の数々をどう説明すればよいのか」ということだ。

実際、「イエスが湖の上を歩いた」という類いのエピソードに対して、キリスト教徒の中にも本音では懐疑的な人が少なくない。これは同じ書物の中に併記されているイエス予言の信憑性とも関わってくる重大な問題である。

「マタイ書」の成立は、イエスとまだ同時代という表現も大袈裟ではない。実際のイエスを記憶している人も数多く存命していたに違いない。その巷間の人々相手に、果たしてイエス像を極端に誇張して神格化する手段が有効だったのだろうか。

見方を変えれば、それほどまでに彼の弟子たちは人々を騙すことに情熱を注いでいたのだろうか。教祖の虚像を内部で共有し、嘘を承知で広める犯意で固く結ばれた〝詐欺の確信犯集団〟だったのだろうか。だとしたら、身も蓋もない言い方をすれば、彼らは今でいう新興宗教詐欺グループの類いと言える。

そして、かつての私は「そんなもんだろう」と、軽く考えていた。

イエスの奇跡なんて、ただの伝説さ。「うちの師匠はこんなに偉大なんだぞ」という宣伝なのさ。弟子どもが信者獲得のためにでっち上げたのだ。本当の目的は、組織と己の権勢の拡大のためだ。現代でもよくある典型的な手口じゃないか——そう一蹴していた。

事実、聖書の中には、後に教会が己の都合のいいようにイエスの生の言葉を改竄した箇所が存在するのは間違いない。前述したように、「最後の審判」のパートなどは、いかにも宗教で特権を得ている者たちが思いつきそうな内容である。だから、終わりの日に魂の選別があるなどという迷妄は捨て去るべきだという確信は、今でも何ら変わりない。

また、それにも増して科学的にもありえないというのが大きな理由だった。だから、私は長い間、イエスに関する荒唐無稽な記述は、すべて戯言・虚構の類いだと考えてきた。

ところがである。現在では、**やや誇張が入っているかもしれないが、イエスの奇跡の数々は、基本的に事実なのだろうと信じている。つまり、彼は実際に不思議なパワーを用いて病人や障害者を治し、物理法則に逆らい、死者さえ甦らせたのだ、と。**

と言うと、冷笑が今にも聴こえてきそうだ。「こんな非科学的な話を信じるようになるとは、中には進歩じゃなくて退化していく愚か者もいるんだな」と。

あらかじめ断っておくが、私は決して聖書根本主義者ではない。いや、クリスチャンですらない。今現在、改宗の予定を立ててもいない。それどころか、言ったように、聖書の一部の字句や教会の歴史的な態度は、私の疑いを増大させ、ますますイエスの真実から遠ざけただけだった。私に言わせれば、彼らの民衆支配のやり方を見て、キリスト教自体が嫌にならないほうが、むしろ鈍感なくらいだ。私は過去にどんな宗教宗派にも、関係する団体にも所属したことはない。無神論者ではないが、無宗教者である。

要は、こういった分野に長年携わっているうちに、それがいかにして開発され発揮されるかという原理も含めて、**イエスの奇跡がすべて人間の潜在的な能力の範疇である**ことが、おぼろげながら分かってきたのだ。むしろ、既存のキリスト教や教会が宝石（＝真実）を曇らせ、石と混ぜてしまったがために、かえって気づくのが遅れたくらいだ。だから今では、聖書根本主義者とは違った意味で、イエスの奇跡の大半は本物だと信じている。

しかも、同じことは、イエスだけでなく、幾多の預言者についても当てはまる。依然として9割は偽物かもしれないが、少数の本物が存在することも確かなようだ。

ということは、裏を返せば、何らかの普遍的な法則・原理・ルールがあるということだ。

人間は未来を見ることができるのか？

キリスト教徒や他の熱心な宗教信徒は、こういった点に関しても怠慢だ。

イエスは本物の予言者であり、本当に未来を幻視したのだと言えば、普通の理性ある人なら、果たしてそんなことがありえるのか、人間にそんなことが可能なのだろうかと疑問に思う。そして合理的な説明を求めようとする。ところが、クリスチャンなら「信じる」だけでいい。「イエスは神の子だから」「神そのものだから」の一言で納得してしまう。一方で、他の宗教の信奉者は、自分の信じる宗教以外は頭から馬鹿にし、否定しにかかる。

だから、宗教熱心な人は多くにおいて善良だが、しばしば盲目の嫌いがあると評されるのだ。

それでは自分を騙せても、一般の人々を説得することはできない。

と言っても、私はここでイエスが人間か、それとも神かといった〝神学論争〟をするつもりはない。あくまで、予言能力や奇跡を起こす能力に関する考察である。

たとえば、イエス、ノストラダムス、エドガー・ケイシー、出口王仁三郎のように、なぜごく限られた一部の人間だけが〝未来を視る〟ことが可能なのだろうか。

そもそも、それは事実なのか。そんなことが可能なのか。答えは、私なりに考察した結果、ある種の条件が整えば、誰もが「イエス」である。

では、なぜそう確信をもって断言できるのか？　実は、これから述べることには私個人の体験も深く関わっている。はっきり明かせば、**私自身が未来を見たことがあるのだ。**

と言うと、この本を放り出す人もいようが、もう少し忍耐してほしい。つまり、私自身、まず「事実」を知ることができたから、あとで理論の肉付けがし易かったわけだ。

四の五の言わずに、まずはその個人的な経験から語ろうではないか。

私は『トンデモ予言者大集合』（KKベストセラーズ）の「あとがき」の中で、「超常現象を全否定しているわけではない」として、次のように記した。

（前略）ここで怪しげなものを取り上げて野次馬的に笑ったり、批判しているからといって、私が頑迷な唯物論者・科学合理主義者とは限らない。いや、むしろ九五％の「まがい物」や「誇張された瑣末な真理」を除いたあとには、五％くらいの確かな真実があるとさえ思っている。たとえば、個人的な体験で言わせていただくと、私は今までに一度だけ完全な正夢を見たことがあるし、また幽霊らしきものも見たことがある。ここでその体験の詳細を記すスペースはないが、この時に自分が寝ぼけていたとか、幻覚を見たというふうには思っていない。つまり、先程「予知能力はない」と言ったばかりだが、自称「予言者」にその能力がないのは間違いないにしても、もしかしたら数万、数十万人に一人というような割合で先天的に本当に未来が分かる人がいないとも限らない。また、いわゆる「霊界」にしても、丹波哲郎氏の主張するようなものはまったく信じていないが、何らかの形で死後の世界があるのではないか、というのが私の偽らざる考えである。ただ、自分がはっきり確認できないこれらのことを「真理」であると言い触らす厚顔無恥さは、持ち合わせていないつもりだ。（傍線は現在の筆者による）

ここで述べたスタンスは、基本的に今でも変わっていない。

ただ、当時よりも知識や経験が増えた分、より本物と偽物の区別がつくようになった。そして、オカルトとか超常現象と一括りにされているもの、また世間の常識から外れているとして嘲笑されているものの中に、ある種の真実があることも分かってきた。

それは追い追い触れていくとして、今取り上げたいのは、この傍線部分である。

私は一度だけパーフェクトな正夢を見たことがあるのだ。その体験を今こそ明らかにしたい。

ただし、それは、社会的な事件や、日本や世界の未来にとって重要なことを的中させたものではなく、私以外の人にとってはどうでもよい卑近な内容だった。

だから今まで、あえて公にしてこなかったが、本書では「予知夢を実際に見た」という事実それ自体が重要なので、以下にその時の経験を取り上げてみたい。

私が未来を見た日

それは日本経済が絶好調だった1986年、私が高校二年の時だった。

その頃、一家は大阪と京都の真ん中あたりに位置する茨木《いばらき》市に住んでいた。当時の私は学校の勉強がいいかげんで、バイクに興味があった。だから、まず中型免許を取りたいと思っていた。幸い、先に免許を取った友人がいて、彼の案内で京都にあるバイクの教習所に通うことに決めた。12月に入ると、私は入学金を支払うため、友人を伴ってその教習所を訪れた。その時、ラウンジからコースの様子がよく見えた。ゼッケンをつけた何十名もの生徒たちが、教官の指示に従ってホンダの400ccを操っていた。その重量感あるメカニック、エンジンの唸る音、風を切る様子……私は心がはやるのを感じた。

さて、数日後。さっそく教習の様子が夢に現れた。ただ、それは教室の中であり、憧れのバイクを乗り回している場面ではなかった。私は椅子に座って学科講習を受けていた。周りを見回すと、知らない顔の人たちが座っていて、同じように授業を受けていた。

眼前に視線を移すと、大きなスクリーンが下ろされていた。そして、ある教習のビデオが映し出されていた。それを見た瞬間、私は「あれ?」と疑問に思った。

なんと、そのスクリーンには「白い車」が映っていて、もっぱら「女性ドライバーによる自動車の運転教習映像」を流しているのだ。

私は夢の中で〝授業を受け〟ながら、しきりと首を傾げた。

（おかしいなあ…？　これからバイクの教習を受けるはずなのに、なんで自動車の講習の映像が流れているのだろうか？）

もしかして教室を間違えたのか、あるいはバイクの免許を取った後に車の免許を取ろうとしているときの光景なのか？　私は夢の中で様々な憶測を働かせた。

もちろん、真相が分かるはずもなく、結局「変だなあ」という強い違和感だけが残った。そのせいもあり、私は起床後もこの夢の内容を詳細に記憶し続けることができた。

映像の意味が分かったのは、それから約２週間後、高校が冬休みに入ってからだった。実際に教習が始まって何日目かの学科講習で、**私は総毛立つ思いをする**ことになる。

スクリーンが下ろされ、ビデオ映像による講習が始まった。いきなり〝あの〟白い車が登場した。そして、モデル役の〝あの〟女性ドライバーが周囲を入念に確認すると、その車に乗り込んだ。彼女はミラーで後方の確認をすると、次にウインカーを表示し…。

それはまさしく私が夢で見たままの光景だったのである。

マイクを持った教官が穏やかな口調で断った。

「どうして自動車の映像なんだろうと疑問に思う人もいるでしょうが、バイクと共通する内容の場合は、自動車講習用の映像を使うこともありますので、ご承知ください」

言うまでもなく、実際にプログラムが始まるまでは、事前に教室に入ったこともなければ、学科講習の内容について詳しい情報を得たこともなかった。

つまり、私は少し未来の光景をはっきりと夢の中で見てしまったのだ。こればっかりはたとえ天地がひっくり返ろうとも、錯覚でも何でもなかった。正真正銘、真実の体験であり、一切の嘘はない。文字通り「夢でも見たんだよ」とか「何かの思い違いだ」などと解釈する人もいるだろうが、この体験が事実であることは私が一番よく知っている。

幸か不幸か、正夢を見たのは、これっきりだった。

こんな卑近な体験でも、実際に未来を見ると、心理的な衝撃は大きかった。以後、まるでトゲのように、私の心の奥に突き刺さったままになった。

以上が長年、私が封印してきた個人的体験である。

この世は〝情報世界〟であり〝仮想現実〟である

私は自身の体験とあまり真剣に向き合ってきたとは言えない。だが、「事実」である以上は、やはり何らかの原理があり、合理的な説明がつくはずだという確信はあった。

それからの私は、意図的にせよ偶然にせよ、この謎を解くための手がかりを拾い続けた。それはちょうど難解なパズルのピースを一つ一つ入手する作業にも似ていた。時には全然関係ない分野の知識だと思っていたものが、後からその一ピースだったと気づいたこともある。こうして30年近くが経過した。そして、ある「絵」が浮かび上がってきた。

いったい、なぜ、どのような理屈で、人は未来を見ることができるのか――。まだ仮説の段階にすぎないが、私にもなんとなく理解できるようになってきたのである。

ただ、それを説明するためには、まずこの世界の成り立ちから解き明かす必要がある。

最新の物理学では、物質の本質に関して「超弦理論《ちょうげん》」という有力な仮説が提唱されている。大雑把にいえば、**われわれが素粒子（物質の最小単位）と思い込んでいるモノは、実は「紐《ひも》状のエネルギーの振動」にすぎず、また素粒子の「違い」と思い込んでいるのは、単にこの振動数の違いでしかないという説だ。**しかも、とうてい凡人の想像が及ぶところではないが、この「紐」は数学的には「10次元」に存在するのだという。

この説に従えば、素粒子とは単に振動のパターン、つまり「記号」にすぎないと言い換えることもできる。ちょうど、「ア・イ・ウ・エ・オ」が空気中の波の種類でしかないのと似ている。そして、素粒子がそうならば、それから成る原子も、またそれから成る分子も、またそれから成る化合物も、およそ物質なるモノは、どこまで行っても「情報」でしかなく、実体そのものは無い、ということになる。従来、原子核と電子の大きさや距離の比率から、原子自体が極端にスカスカの空間であることは分かっていたが、実際には本当に「ナッシング」であり、ただの「記号の組み合わせ」にすぎなかったというわけだ。

つまり、単純な音の組み合わせが「意味」を表し、それらの無限の組み合わせが「言語」となるように、この世はバイブレーションが複雑に織り成して作られた「情報世界」というわけである。換言すれば「バーチャル・リアリティ」と表現することもできる。

従来、真空中から電子が生まれたり、また電子が真空中に溶け込んで消失したりする現象が観測されてきた。この客観的な観測結果から〝真空〟は、実際には何らかのエネルギーで満たされた空間だと考えられるようになった。だから最近のビッグバン理論では、「宇宙は無から生まれた」と堂々主張する学者まで現れている。仮にこの世がエネルギーの振動でできているとすると、これらの現象や理論も何ら不思議ではないことになる。

しかも、「Newton」掲載の論考「パラレル宇宙論」(14年5月号)によると、この「超弦理論」の興味深い点は、それまで絶対と見なされてきた物理定数(自然法則とその数値)そのものを一つの可能性におとしめ、実際には無数の宇宙が並存している可能性を示唆したことだ。

つまり、われわれの世界とは微妙に異なる無数無限とも言えるパラレル宇宙が存在しているとする「多世界解釈」である。その数は10の５００乗ともいう。

実際、物質がそもそも振動でしかないとしたら、ある固有の振動で構成される宇宙は、ちょうどラジオの特定のチャンネルと同じで、たくさんある中の一つにすぎないという見方もできる。われわれの物質的身体は、われわれの属する宇宙の持つ自然法則というフレームの中に閉じ込められているが、ラジオのダイヤルを回せば周波数帯が変わり、まったく別の声（情報）を聴くことができるように、仮に物質の振動数を調整できる技術があれば、次元の壁を突破して並存する世界を次々と行き来できる可能性もあるわけだ。

今はそこまで考えを進める必要はないが、どうやら「シミュレーション仮説」（この世界は仮想のシミュレーションであるという考え方）や「ホログラム仮説」（この世界は真の世界または別の次元の投影にすぎないという考え方）などが有力なのは確かなようだ。

しかも、興味深いことに、これは仏教やヒンドゥー教の世界観に非常に近い。

ブッダが「弟子のシャーリよ、この世は幻なのだ」と繰り返し説いているのが「般若心経」である。ただ、「幻」だとしても、それは誰かによって作られない以上は存在しえない。それに答えているのがヒンドゥー教だ。この世界は「神の夢」だというのが同教の見解である。ちょっと賢ぶって、これを現代風に表現するなら、「この物質宇宙はシミュレーター（神）の情報処理による出力形態である」と評することができるかもしれない。

以上は、私の推測が多分に入った仮説なので、むろん押し付けるつもりは毛頭ない。

体外離脱と死後世界の実在は人の本性が物質的な肉体や世界に属さない証拠

さて、仮にこの世界がバーチャル・リアリティだとすれば、「ではこの世界に住むわれわれもまたバーチャルな存在なのか？」という疑問が湧いてくる。

われわれの身体（肉体）は、物質で構成されている以上、当然「その通りだ」と言わざるをえない。だが、「魂」とか「意識」と呼ばれる人の本体は、明らかに違うと考えられる。それを証明しているのが「体外離脱体験」と「死後の世界の実在」である。

臨死体験の事例はたくさんあるが、注意深く読むと**「脳内体験」と「体外体験」の二種類が混在している**ことが分かる。後者は、身体から「意識」が抜け出て、ベッドに横たわる自身の肉体や医療活動の様子、悲しむ家族の姿などを見聞きした体験のことだ。身体に戻った後に彼が描写してみせるその時の様子は、しばしば客観的な状況と一致する。

この「体外離脱体験」については、意識的にそれができる人もいるようだ。ビジネスマンとしても成功したロバート・A・モンローの事例はあまりに有名だ。彼はそのための「ヘミシンク」という技法も開発し、たくさんの人を同じ経験へと導いてきた。

この〝身体から意識が抜け出る〟という体験が、そのまま何らかの死後の世界の存在を示唆するが、その他にも大昔から各地にある心霊的な風習などもその存在を裏付けている。

たとえば、「死者が枕元に立つ」という現象だ。私の周辺には、家族や親類などが死の直後に〝知らせに来た〟という人が数名ほどいる。どうやら、これは、肉体が死んだ後も己の意識は生きている事実を悟った人が、親しい人に対して言い残したいことがある時などに起きる現象のようだ。比較的多い事例が、「自分はこの通り生きているから心配しないでほしい」という忠告や、「兄弟でいがみ合うのは止めなさい」などの家族内の不和を諫めるものだ。一言いっておかないと安心して旅立てないということらしい。

また、古今東西で行われてきた「交霊術」も、死後の世界の存在をダイレクトに裏付けるものだ。交霊とか心霊というと、我ながら胡散臭くて嫌だ。実際、大半は偽物と思われる。ビジネスになっているものは大概そうだ。とりわけ、不幸や病気などの人の弱みにつけ込んで多額の金銭を要求するケースは、まず詐欺だから、この場で注意を促したい。

それに対して、その交霊行為が媒介人にとって精神的・肉体的に負担になりこそすれ、何の利益にもならない場合、本物である確率が高い。最近では、医師の矢作《やはぎ》直樹氏の『人は死なない―ある臨床医による摂理と霊性をめぐる思索』（バジリコ）という本に、このような事例が掲載されている。この本では、知人の霊能力者が霊媒役をして、矢作氏があの世に逝った母と対話する「交霊会」の様子が詳しく描かれており、興味深い。

古くは、旧約聖書にもこのような交霊術の場面が描かれている。イスラエルのサウル王はペリシテ軍を恐れるあまり、まず神に託宣を求めたが、無視される。そこで「口寄せの女」を通して、死んだ預言者サムエルを「呼び起こし」た。迷惑そうなサムエルに対して、彼は自分がどうすればよいか、アドバイスを求めている（サムエル記上28章）。

このように、「体外離脱体験」と「死後の世界の実在」は、人の本性がこの物質的な肉体や世界には本質的に属していない事実を示している。

逆にいえば、**われわれの意識そのものは「別の次元」に存在しており、何らかの理由でこの虚構の世界に降りて来ている、**という結論になる。スピリチュアルな哲学では、その次元のことを、よりバイブレーションの高い、物質的に希薄な世界と位置づけ、ある種の学習目的でこの世に生まれてくると説明するケースが多いが、あくまで仮説である。

誕生はログインであり、死はログアウトである

すると、仏教が「人の苦」であるとした「生老病死」について、根本から見直す必要に迫られてくる。「老病死」は肉体が物質であるゆえに存在する。すると、**物質世界には本質的に属**

さない人の意識には、本来、老いも病も死もないはずだ。いや、「生」自体、現世的な意味――生まれてから死ぬまでの間――を指すなら、やはり物質世界のみの出来事ということになる。つまり、本質的には「生」すらもなく、意識はすべてを超越している。

このように、人の意識は「生老病死が存在しない世界」に属している。しかも、その世界は物質でできていない。これはまた物質世界のルール（自然法則）に束縛されないことを意味している。よって、**時間や空間の在り方が現世とは根本から異なる可能性が高い。**

すると、「あの世」は実に不可思議な世界と言わざるをえない。生老病死もなく、おそらく時間や空間の在り方も違うのだ。もっとも、実際に逝ってみると、それが当たり前となってさして不思議でもないのだろうが（逆に、この世が不思議に思えてくる?:）。そして、言ったように、われわれの意識は、何らかの理由があって「生老病死」の存在するこの「バーチャル世界」へとやって来る、または来させられるわけだ。この「一時滞在」にすぎないものを、われわれは「生」あるいは「生のすべて」と錯覚してきたようなのだ。

それどころか、もしかすると、**われわれが「あの世」と呼んでいる世界こそが実は「本当の世界」であり、逆に「この世」と思い込んでいる現世こそが「虚構の世界」である**可能性すら考えられる。つまり、あの世が「リアルな世」で、この世が「仮想の世」というのが本当は正しいのだが、われわれはずっと逆さまに考えてきたというわけだ。

これはある意味、人類最大の錯覚と言えよう。もっとも、今さら「あの世」を指して「この世」と呼び始めると、話がややこしくなってしまうため、名称変更は勧められない。ただし、何らかの新しい表現は必要になってくる。なぜなら、両世界を統合した観点からすると、従来の生死の概念は、完全に実態とはズレているからだ。本質的な意味では「誕生」も「死」もなく、よって「死後の世界」という表現も、必ずしも妥当ではない。

私が妥当と考えるのは、われわれの意識が何らかのルールに基づいて、「上位世界」からこの「仮想世界」へとログインし、またログアウトしている、という概念である。

この世を「仮想」と考える根拠はすでに説明した通りだが、あの世を「上位」に位置づける理由は、やはり物質世界の法則の支配を受けず、「生老病死」も存在しないことから、相対的により制約の少ない自由な、そして優れた環境と考えられるからだ。

これは我ながら困惑するほど、コンピュータ・ゲーム的世界観と類似している。

いや、そもそも私がビデオゲームとインターネットの発達をリアルタイムで目撃してきた世代でなければ、こういう発想には至らなかったかもしれない。

ところで、この「上位世界」は、具体的にどのような様相をしているのだろうか。

普通に考えれば、そこに行った人、また現にいる人に話を聴けばいい、という結論になる。

つまり、有力な情報源は「霊界に行った生者」と「交霊術を通じた死者」というわけだ。正直言うと、この表現にはかなりの抵抗がある。この種の情報は豊富にある。

たとえば、古くはスヴェーデンボーリ（スウェーデンボルグ）をはじめ、たくさんの人が「霊界」を訪問したとか、「霊＝ゴースト」と対話したと称している。かの宜保《ぎぼ》愛子氏や丹波哲郎氏もそうだった。最近では、霊能者の江原啓之《ひろゆき》氏が有名である。

また、臨死体験や体外離脱体験も「あの世」の情報を伝えている。前述のロバート・A・モンローのほか、日本では坂本政道《まさみち》氏などが有名だ。無名の体験談も無数にある。

いずれにしても、この種の情報は極めて豊富にある。ただ、一般にはニセ情報と本物が混在している。また、本物であっても、全体像を俯瞰しているとは限らない。あの世の「霊」ですら、彼のいる場所（という呼び方が適切か否かはともかく）しか知らない。

だから、すべては参考程度に留めておいたほうがいい。パズルの一ピースにすぎないと思っておけばいい。また、有名な人物であっても本物とは限らないから注意が必要だ。

ただし、**「霊界＝上位世界」にも何らかの「階層」がある点と、時空の現れ方がこの世とは異なる点は、ほとんどの体験に共通している**ことから、比較的信憑性は高い。

もっとも、この上位世界に関して、それほど熱心に推測を働かせる必要はないかもしれない。どうせ、誰もがいつかは帰る予定になっているのだから。

あの世とこの世の接点が脳のどこかにある

さて、この世が情報世界ないしバーチャル・リアリティであり、人の本体たる意識が別次元の「上位世界」に属しているとしよう。すると、人の意識と肉体はそれぞれ異なる次元に存在していることになる。本来なら、われわれの意識はこの仮想の世に一切タッチすることができないはずだ。ちょうど、ビデオゲームの3D世界がいかに本物そっくりに作られていようとも、われわれの〝現実世界〟とはどこまでいっても交わらないのと同じ理屈である。われわれは外部からある種の装置（コントローラー）を操作することによって初めて画面の中のキャラクターを動かし、CG世界に働きかけることができる。

同じように、本質的に上位世界に属しているわれわれの意識が、この物質の肉体を操作するためには、どこかに両者の「接点」がなければならない。おそらく、これを解き明かすことは、換言すれば人の生命の真の秘密にたどり着くことでもある。

臨死体験者や体外離脱体験者の中には、肉体と意識体を繋ぐ「銀の紐」を見たとか、またそれが「人の後頭部」や「頭頂」から出ていた、と証言する人もいる。

もしかすると、人の意識と肉体の関係は、電波とテレビの関係に例えることが適切かもしれない。テレビ機器というハードウェアだけでは、それがどれだけハイテクの粋である精密部品によって組み立てられていようとも、何の意味も成さない。電波に乗せた情報の投射があって初めてテレビはその機能を果たす。両者の接点を担っているのがアンテナまたその入力部である。同じように、われわれの身体のどこかにも、それに相当する部位があるはずなのだ。そこで別次元にある意識が「受信」されていると思われる。

それが「脳のどこか」であることは、ほぼ間違いない。なぜなら、これまでの残酷な歴史を通して、人はギロチンなどでいきなり首を切られても何十秒かは意識があるということが人体実験によって確かめられているからだ。

もちろん、こんな実験に頼らなくとも、このことは誰もが自身の身体を通して常識的に分かることだ（ただし、稀に「心臓」だと考える人もいるだろうが）。これまでの長い過ちは「脳のどこかに意識がある」と信じてきたことだ。しかし、意識はわれわれの肉体を離脱するため、脳内にはない。それゆえ正確には、**「脳のどこかに意識を受信する部位がある」と推測するべきだったのだ。**

残念ながら、最新の脳科学でもその部位は分からないようだ。ただし、電気刺激の実験から、怒る・喜ぶ・悲しむといった「感情」を励起《れいき》させる部位なら、だいたい特定できるらしい。興味深いことに、この結果から感情と意識が別の存在であることが分かる。われわれはつい両者を同一視しがちだが、インド哲学が語るように、いみじくも人の本質は、ただ単に外界を冷静に観察しているだけの「アートマン」なのかもしれない。

ヒンドゥー教では全宇宙の創造者をブラフマン（＝神・大霊）、個々の魂をアートマン（＝人・分霊）と定義するが、本質的に両者は同質であるがゆえに、後者もまた本来は人の内側にあって何事にも揺るぎない永遠不変の絶対実在であると考える。

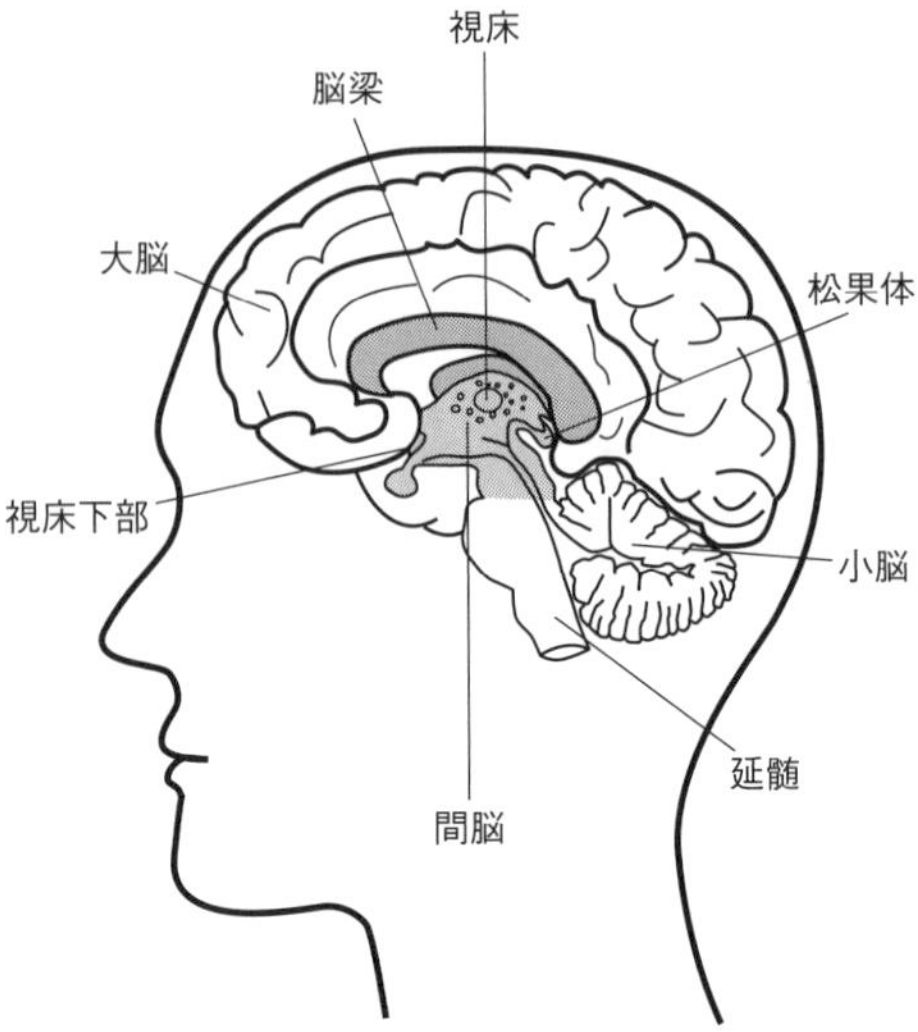

脳の断面図

ちなみに、スピリチュアルの世界では、昔から「松《しょう》果《か》体」が霊的な器官であると見なされてきた。額《ひたい》にあるという「第三の目」は、その松果体の「出窓」のような役割を果たしているという。ただし、脳科学的には、松果体はメラトニンを分泌する器官にすぎない。眉間の奥にある「視《し》交《こう》叉《さ》上核」（視神経が交差している部分）が体内時計を司り、ここと連動した松果体が睡眠誘発ホルモンを放出する仕組みだ。松果体があの世とこの世を繋ぐ接点である明確な証拠はまだない。

しかし、脳の中でも、とりわけ最深部にある「間脳」部分に何らかの神秘があるのは間違いない。間脳は大脳と延髄を繋いでいる部分であり、大きく視床・視床下部・視床上部（松果体を含む）の三つのパートで構成されている。もともと脳は神経管の先端が発達したものだと考えられている。よって、あらゆる生物に「意識」があるとするなら、神経の中枢部分にその受信部位がなければならない。なぜなら、仮に大脳に受信部位があるとすると、大脳のない生物はただの機械でしかない理屈になってしまうからだ。

したがって、**この間脳の「どこか」における電気的・化学的・量子力学的な反応が、あの世（本質の世）とこの世（仮想の世）を繋いでいるのではないか、**というのが私の推測である。

むろん、はっきりした証拠がない今の段階では、単なる仮説にすぎない。

この世から〝上位世界〟へのアクセスが「リバース・アクセス」

以上、世界の成り立ちについて、私なりの考えを簡単に述べさせていただいた。

要点をまとめてみよう。

1．素粒子の実態はエネルギーの振動である。よって、この物質世界はバイブレーションが複雑に織り成してできた情報世界であり、バーチャル・リアリティにすぎない。
2．人の肉体は「仮想世界」である物質世界に属しているが、人の意識（本体）は属していない。意識は「生老病死」のない別の「上位世界」に属している。
3．われわれはこの「上位世界」から「仮想世界」へとログインし、またログアウトしている。このプロセスは何らかの理由または法則に基づいて（強制されて）いる。
4．この一時的なログイン期間を指して、われわれは「生」とか「人生」と呼んでいる。
5．この「上位世界」は異次元であり、時間と空間の在り方がこの世とは異なっている。
6．それぞれ別の次元に属する人の意識と肉体とを繋げるには、どこかに接点が必要だ。おそらく、両者の橋渡しをする何らかの微細なシステムが「間脳」のどこかにある。

さて、このように推測した上で、「なぜ、どのようにして、人は未来を見ることができるのか」を解き明かす、ないしは一応の仮説を立てるのが、ここでの狙いである。

私が考えたのが「リバース・アクセス」という説だ。

繰り返すが、われわれの「魂・意識・本体」は「上位世界」に属していて、そこから「この世」へとアクセスしている。これがノーマルな流れである。

ところが、何らかの事情により、この流れが一時的に逆転する。つまり「この世」から「上位世界」へとアクセスする格好だ。そこは時間の在り方がこの世とは大きく異なっている。時間が無いとも、あるいは連続しているとも表現できる、実に奇妙な世界だ。

どうやら、この「上位世界」に関する様々な情報を統合すると、**過去・現在・未来という連続した時間が同時に存在し、かつ空間の一点がそのまま遍在する**らしい。

いずれにせよ、意識的か無意識的かを問わず、そのような領域へとリバース・アクセスした場合にのみ、時間と空間を超越した情報収集が可能になるということだ。

おそらく、無意識のうちにこの領域にアクセスし、偶然に未来を垣間見てしまったケースが「予知夢」と呼ばれるものではないか。しかも、「この光景は以前に見たことがある」という感覚をデジャヴというが、このデジャヴ体験に代表されるように、実際には誰もが夢の中で頻繁に未来の光景を見ている可能性すら考えられる。

ただ、それを記憶することが難しいだけだ。では、なぜ「忘れて」しまうのか。

おそらく、その時の精神状態が深く関係していると思われる。われわれは未来の光景を見ている際、言ってみれば、ただ傍観しているのである。ところが、私の予知夢のケースのように、たまたま夢の内容に「強い矛盾」を感じたりすると、自我というか、自意識というか、己の主体性が素早く励起する。いわば、夢の中にあって「目が覚めた」状態に近い。そして、人間はその状態で見聞きしたことなら、ちゃんと記憶できるわけだ。

どうやら、映像作品にフィクションとノンフィクションの区別があるように、**われわれが睡眠中に見る映像にも、厳密には「自分の脳が創り出した虚像」と「時空を越えた実際の光景」の二種類が存在しているらしい。**そして、私もあなたも、実際にはもっと頻繁に後者の「正夢」を見ている可能性があるが、それを記憶するのが至難の業というわけだ。

私のケースは、たまたま「疑念」が記憶を引き止めるフックの役割を果たしたらしい。

なぜ瞑想がリバース・アクセスの王道なのか？

ただし、このような「偶然」に頼る手法では、リバース・アクセスの方法論としては完全に失格だ。見るタイミングも内容も調整できないし、フィクションとノンフィクションの区別ができないし、それどころか記憶すら難しいとあっては、実用性ゼロに等しい。

しかしながら、この推論は、人為的にリバース・アクセスを成功させる条件を探る上で、重要なヒントを提供してくれることもまた事実だ。

睡眠には二種類あると言われている。比較的浅いＲＥＭ睡眠と、深いＮＯＮ－ＲＥＭ睡眠（ＲＥＭ：Rapid Eye Movement／急速眼球運動）である。人はこの二つの睡眠を繰り返しているが、前者の比較的浅い眠りの際に夢を見ていると考えられている。

しかし、前述のように、本当に寝てしまっては、せっかく未来のビジョンが出現しても「傍観」してしまい、記憶するのが難しい。だから、極端にいえば、身体は眠っていても、意識は起きている必要がある。これは「覚醒と睡眠の境界線にある状態」と言ってよい。

また、リバース・アクセスは、この世にあって「あの世」へとアクセスする行為だから、換言すれば、**死後の状態に「生きながらにして近づく方法」**とも言える。

これらの条件をうまくクリアすることがリバース・アクセスを成功させる秘訣のようだ。

そうすると、古今東西の様々な手法が思い浮かぶ。

まずは「お勧めできない方法」から挙げていこう。

死に近づくといえば「臨死体験」だが、これを意図的にやるのは自殺行為だろう。

同じように、息を止めるとか、首を絞めるなどの「極端な酸素欠乏状態」に陥る手法も一部で継承されてきたようだが、むろん馬鹿げている。

反対の「過呼吸」も同じ。死にたくない人は、やめておいたほうがいい。

危険といえば、それが伝統的なものであれ化学的なものであれ、薬物の使用によってトランス状態に入る方法もそうだ。マヤやアステカで行われていたように、植物薬だから安全という保証もない。いずれも脳細胞に深い損傷を負ったり、思考力が衰えたりするリスクが高い。

以上は、いずれも論外・ナンセンスである。

ちなみに、臨死体験（における体外体験）に近いものとして、ロバート・A・モンローの開発した「ヘミシンク」による「体外離脱法」がある。これなどは音波を活用し、実証も多いので、比較的優れた手法だと思われる。ただし、私自身がまだ試したことがないので、評価はしかねる。つまり、自信をもって「お勧め」できる根拠を持たない。

結局、私自身の体験から、絶対安全な方法としてお勧めできるのは「瞑想」だけだ。しかも、睡眠と違ってセルフコントロールも可能だ。ただし……真の瞑想は難しい！

ところで、精神医学では、リバース・アクセスが可能な精神状態を指して「変性意識状態」と呼んでいる。これは実際には非常に乱暴な表現であって、薬物等による幻覚や脳の誤作動と、深い瞑想によって到達する境地との区別をつけていない。いや、本人が経験しない限り、つけようがないのだ。経験者は皆、瞑想は安全であると断言している。

瞑想によって誰もが「巨大な意識」と出会える

では、理屈はそうだとして、具体的にどういう形で瞑想を進めればよいのだろうか。

第一に、「この世＝バーチャル世界」をリアリティであるかのように錯覚させている「五感」

からの信号をできるだけ減らすことだ。

ちょうど、われわれはヘッドマウント型ディスプレイを装着することによって、まるで眼前の３ＤＣＧを本物の世界であるかのように錯覚しているゲームプレイヤーのようなものだ。ただし、ゲームプレイヤーなら、自身の視覚・聴覚を騙している装置を外せば〝現実世界〟へとたちどころに帰ることができるが、われわれの五感は肉体に埋め込まれたものなので「外す」ことはできない。そこで極力、五感を鎮めることが求められるわけだ。

第二に、ひたすら「額」に意識を集中する。前述のように、意識と肉体の接点部位が間脳のどこかにある。そこは言い換えれば「あの世」への「入り口」であり「アクセスポイント」だ。額はアクセスポイントそのものではないが、「窓口」になっている。

むろん、口で言うほど簡単ではない。「上位世界」にリバース・アクセスするには、極めて深い瞑想状態に至ることが不可欠だ。それにはちょっとしたコツがいる。

結局、何度もトライしてみて、自分なりの方法を体得するのが一番の近道である。

そうやって、私なりに不完全に実践してみて、なんとなく分かってきたことがある。

深い瞑想状態になることで自らの奥へ奥へとひたすら沈潜していくと、いずれは自分と世界との境界線がなくなり、相対感が消滅する不思議な感覚に捕らわれる。別の言い方をすれば、自分と世界が一体となった状態だ。古の実践者たちは、これを指して「無我の境地」とか「梵我一如《いちにょ》」などと呼んできた。そしてこの時、初めて人間がこの世界から切り離された存在ではなく、世界の一部であり、不可分であるということが、多幸感を伴ってダイレクトに実感できるようになる。この状態は昔から「法悦《ほうえつ》」とも呼ばれ、内奥《ないおう》から湧き出る満足感・安定感を特徴とする。昔から修行者たちは、この「尽きることのない至福」を目指して、静かに目を閉じ、ただ忍耐強く座してきたのである。

これはまた、自分とは何か、神とは何か、この世とは何かという根源的問いの答え（真理）を知る術でもある。昔から「神」は、厳密には説明不可能であると言われてきた。なぜなら、人の五感では決して把握できず、言語でも表現しきれず、想像力でも分からないからだ。ゆえに神の存在を客観的に知ったり証明したりすることは至難の業だ。

だが、主観的に神を知る道なら開かれている。つまり、唯一の方法は体験・実感によって知ることなのである。しかも、驚くべきことに人間には生まれつきその種の「直覚能力」が授けられている。普段その力は眠っている。五感の信号をできるだけ遮断し、思考をやめ、ひたすら額に意識を集中し、井戸の底へ深く沈むがごとき意識状態に入ることによって、ようやくそれが発現する。つまり、その道こそ「瞑想」である。

私自身はこれが「神を真に理解するほとんど唯一の方法」だと感じている。今まで砂糖を味わったことのない人が、砂糖について記された本を何百冊も読んだところで、正確には理解できない。ちょうど、宗教学者が集まって神について交わしている論争はこのようなものだ。だが、舐めてみれば、砂糖とは何かが一瞬にして誰にでも分かる。

神もこれと同じだ。つまり、触れるもの、感じるものである。そして、私の主観的体験では、**神とは意識の「大海」のようなものであり、人（個人）とは「自我というコップに入った水」のようなものだ。**両者は本質的には同質だが、スケールが全然違う。

というわけで、人の意識の属する「上位世界」へとリバース・アクセスする手法として私が唯一お勧めするのが「瞑想」だが、一方でこれが何らかのとてつもない「巨大な意識＝神」に触れ、真の自己を発見する神秘体験にも繋がる点は、お伝えしておきたい。

ノストラダムスはリバース・アクセス者だった

私の例は、いわば初心者レベルであり、「なんとか神（意識の大海）との出会いを果たした」という程度の幼稚なものでしかない。そのレベルで本来、説明する（≒道を説く）こと自体がおこがましいのだが、これは大事な点を説明するためなのでお許しいただきたい。

さて、唯一、安全確実な瞑想により、この世から「上位世界」へとリバース・アクセスを続け、どんどん関与を深めていくと、最終的にはどうなるのだろうか。いったい、何が待っているのだろうか。実は、推測ばかりで恐縮だが、なんとなく想像はつく。

言ったように、「上位世界」では時間の在り方が違う。おそらく、過去・現在・未来という連続した時間が同時に存在している。聖書はそれを次のようにうまく例えている。


「主のもとでは、一日は千年のようで、千年は一日のようです。」（ペテロの手紙二3・8）

おそらく、熟練の段階にも拠るが、かなり意識的に「あの世」を通した情報収集が可能になるのではないか。予知夢のように、偶然や無意識に頼る産物ではないのだ。

そして、これが「なぜ未来を視ることができるのか？」「なぜ予言することができるのか？」という問いに対する私なりの答えである。だから、リバース・アクセスを続けた人の中には、意識的に未来を視ることができる人がいても不思議ではないというのが結論だ。

そして、その一人こそ、かのノストラダムスではなかったか。やはり、以前は、私はノストラダムスの予言能力などというものをまったく信じていなかった。

だが、近年、彼の「予言集第一序文・息子セザールへの手紙」と「百詩篇第1巻の予言詩1・2」を改めて読み返してみて、考えを改めた。やはり彼は能力者だったのだ。

以下は、通称「息子セザールへの手紙」から抜き取った一文である。

「いつからのことになるだろうか、私は何度も神の御力や霊感が下ることで、特定の地域に起こることをかなり前もって予言していた。」

「(預言者たちは) 不死なる神や善き天使たちを通じて予言の精髄を受け取り、それによって遠く離れた物事や未来の出来事を見たのである。というのは、神なくしては何事も達しえないからである。」

「そして預言者には、預言の完全な光によって、人のものごとのように神のものごとがはっきりと啓示されるということも起こるのである。」

「しかし、予言的霊感そのものがまず何よりも造物主たる神の発動原理を受け止め、次いで幸運と自然 (のそれぞれの発動原理) を受け止めることに鑑みれば、ものごとの完全な認識は、神に由来する霊感なしには得られないものである。」

「人が未来の物事を認識できるのは天の判断による。その未来の出来事は、起こるべきことが遠くに幻想的な像として投影されているものである。そして、超自然的な神から来る霊感によって、(それが起こる) 場所の特徴を特定でき、さらには神の御威徳、御力、権能と隠された特性によって、天空の表徴と一致する範囲で、場所だけでなく一部の時までもが特定できるのである。そして、神にとっては、その永遠性の中に三つの時を包含しているのである。それは過去の物事、現在、未来を含む、時の転回である。」

（出典：山津寿丸氏のサイト「ノストラダムス雑記帳」）

これを読んで、私には理解できてしまった。彼はリバース・アクセス者だったのだ。
次に予言の冒頭を飾る「百詩篇第1巻」の予言詩1と2を連続して紹介したい。

離れた書斎で夜に着座し、
ひとり青銅の腰掛けで静かにしていると、
孤独から出でた幽かな火が、
信じて無駄にならない事柄を語らせる。

ブランコス（＊）の中央で杖を手にし、
水の中で裾と足を彼は濡らす。
蒸気と声が袖を通じて震える。
神の輝き。神が傍らに座している。

（出典：山津寿丸氏のサイト「ノストラダムスの大事典」）

（＊ブランコス Branchos は、ギリシア神話の登場人物で、アポロンから予言の能力を授けられた人物である——山津寿丸氏注）

以上は内面や情景の描写であり、「解読」は不要だ。もっとも、それも正確な翻訳があればこそだから、山津氏の業績は大きいと言わざるをえない。ノストラダムスがしきりと「神」や「霊感」という言葉を使っているのが分かる。彼は深い瞑想状態へと没入することで「神的領域」へとアクセスし、実際に未来のビジョンを観ていたと、私は解釈する。

つまり、イエスも、ノストラダムスも、非常に深い瞑想状態に入ることができた。そして、われわれの意識の故郷たる「上位世界」で未来を視ることに成功したのだ。

もっとも、ノストラダムスはここ止まりだ。おそらく、さらにその先の境地へと到達したのがイエスであり、ブッダである。私はそれを「神との直結」と呼んでいる。

奇跡の原理

では神と直結するとは、どういうことか。それは意識の軸足がもはや「あの世」のほうへ移ってしまい、この世にいながらにして、この世の者ではなくなる、ということだ。

換言すれば、**個人の魂が「意識の大海」（＝普遍意識）と融合した状態である。**

それはあたかもVRのヘッドセットを取り去ったプレイヤーのようなものだ。それまで3DCG内に在ったと思い込んでいたのに、そう錯覚させていた装置を取り外した瞬間、〝現実世界〟へと引き戻される。そして、目の前にディスプレイがあり、その輪郭の中に先ほどまで自分がいたはずの〝世界〟が収まっていた――そんな境地である。

おそらく、**われわれは、「肉体が自分自身である」「五感の情報は真実である」という二大錯覚によって、このバーチャル界が「本物の世界」だと信じ込んでしまっている。**

だが、元来、いかなる意味でも感覚器官を通る情報に客観性はなく、脳内に虚像しか投影しない。ただの気体分子を、香りと臭気とに嗅ぎ分けてしまうのがいい例だ。人間はそうした超訳で構成された主観的世界を、勝手に〝現実〟だと思い込んでいるにすぎない。

ところが、神と直結すれば「上位世界」の視点を獲得するため、突如としてその「錯覚」が終焉し、世界の「真相」（＝この世の虚構性）を知ることとなる。たぶん、ブッダが到達したという「悟り」（＊）の境地とはこのことではないか（＊日本独特の表現でありインドには存在しないが、迷妄を取り払って真理に達することを目指す点はインドも同じ）。

もっとも、「神との直結」は、いわゆる「神がかり」ではない。混同してはならない。これは意識のレベルが究極に達した状態を意味している。イエスもブッダも、人としての、この最高の到達点に達した。そして、人間なら誰にでもこの道が開かれている。

たとえば、近代においてこの水準に達したのが『あるヨギの自叙伝』を記したインドの聖者パラマハンサ・ヨガナンダだろう。彼は神と直結したときの意識状態を指して「サマディ」（厳密には幾つかの段階がある）と呼んでいる。

ちなみに、彼の大著はアップル創業者の故・ジョブス氏の愛読書であり、私も霊的知識を深める上で大いに参考にさせてもらったことを付け加えておきたい。

さて、私は、聖書に記されたイエスの奇跡はほとんど事実だと言った。私は以前、それらはまったく荒唐無稽なホラ話であり、非科学的だと、一蹴していた。

しかし、今では、「神との直結」という境地が、なぜ自然法則を越えた奇跡現象を起こせるのかという理由を、うまく説明していると考えている。

この物質宇宙を支配しているルール、それが自然法則である。モノの運動や自然現象、人の体内の化学反応に至るまで、すべて物理の法則に支配されている。一方で、この宇宙は同時にバーチャル・リアリティでもある。それは「神の夢」にも例えられる。

ちょうど映画に似ている。われわれは出演者であり、自由に振る舞っているようでいて、実際にはシナリオを演じさせられているにすぎない。ところが、映画監督と直談判できるほどの実力者になれれば、「この場面を変えてほしい」と注文をつけることもできる。

このように、非常に精神性の発達した人間の中には、稀に神という名のシミュレーターとリンクし、部分的にこの世界に干渉できる権利を手にした者もいる。それゆえ、彼は時として自然法則すらも超越して、奇跡と呼ばれる現象を起こすことができるのだ。

そして、まさにその人物こそ、イエスだった。彼は創造者へのアクセス権を得たため、小さな現実くらいだったら改変することができた。テレポーテーションしたり、死人を甦らせたり、食べ物を物質化したりする程度のことは、さしたる苦ではなかったのだ。

つまり、**神と直結した者は「現実の書き換え」ができるようになる――これが「奇跡」の原理であり、正体である。**しかも、霊性修行次第では万人にその道が開かれている。「人がもっとも根源的なところでは自由である」と言われる意味は、まさにここにある。

もっとも、次のような疑問も思い浮かぶはずだ。「仮に悪意ある者が神へのアクセス権を手にし、現実の改変が可能になったら、大変なことになるではないか」と。

どうやら、その種の心配は無用らしい。**幸い、私利私欲はおろか、あらゆる物質欲や所有欲、執着等を捨て去らないと、この「アクセス権」は授けられないようだ。**たとえば、軽度の現実改変と言えるヒーリング能力を例にとろう。当初は素晴らしい治癒能力を発揮していた人物が、傲慢になったり、金儲けが目的に変わったりして純粋さを失った途端、その力を失ったという例を、しばしば耳にする。つまり、仕組みとして、完全に私心(エゴ・我)を捨てた人間でなければ、神から力を引き出すことはできないのだ。

イエスが奇跡のバーゲンセールを行えたのは、彼がほとんど神と一体化していたからに他ならない。そしてそういう人は、決して力を悪用したりはしないものだ。

さて、私の予知夢体験を「事実」と自認した上で、「なぜそのようなことが可能なのか？」という原理を探っていくうちに、どうやら、とてつもない領域に来てしまったようだ。

要は、未来を視ることは可能だ。本物の予言者はいるのだ。世界の秘密を解き明かした者だけが、時間のない世界へと自由にアクセスし、秘密の扉を開くことができる。

しかし、だとするなら、未来はあらかじめ決まっているのだろうか。

おそらく、答えはイエスであり、ノーでもある。

人間には自由意志がある。根源的なところでは絶対自由ですらある。だから、個人の場合は常に「仮未来」があるだけで、努力次第でいくらでも変更することができる。

どうやら、近未来に人類を待ち受ける苦難は尋常ではないようだが、しょせんは個々の意識の総体だから、理論的には人類全体の運命を変えることも可能なはずだ。

ただし、「大数の法則」のため、実際には人数が増えるほど、個々の違いが平均化されてしまうと思われる。ちょうど風力発電と同じだ。個々の出力は大きく変動するが、風車の数が増えるほどに変動が緩慢になる。つまり、個人の運命が変化しても、大半は誤差として巨大な流れに吸収されてしまい、人類としての世界線（タイムライン）の変更までには至らない。

唯一、方法があるとしたら、それはできるだけ多く個人の変革を促すことだ。結局、世の中を変えようと思えば、もっとも地道で常識的な方法に落ち着くしかない。それゆえ、これから記す未来について「嫌だ！」と思ったら、あなた個人のできることをしてほしい。そういう人がある一定の量に達した時、世界線もひっくり返るかもしれない。

第4章のまとめ

○われわれが「この世」と呼ぶものは、実は情報世界であり仮想現実である。
○人の肉体はこの世に属するが、意識は「別の次元」に属している。それを証明するのが「体外離脱体験」と「死後の世界の実在」である。
○人生とは意識の故郷たる上位世界からこの仮想世界へのログイン期間を指す。
○上位世界は時間や空間のあり方がこの世とは異なる。この上位世界へと「リバース・アクセス」できる者が時空を超えたビジョンを視ることができる。
○もっとも優れたリバース・アクセスの手法が瞑想である。人が「神」を真に理解するためには瞑想に熟練することが不可欠だ。深い瞑想は神に近づく方法である。
○ノストラダムスは本物の能力者だった。彼は深い瞑想状態に没入することで未来のビジョンを見ることができた。
○神との直結を果たした者のみが自然法則を超越した「奇跡」を行える。

第5章

ある日突然やって来る！
究極の超カタストロフィ「大艱難」の正体

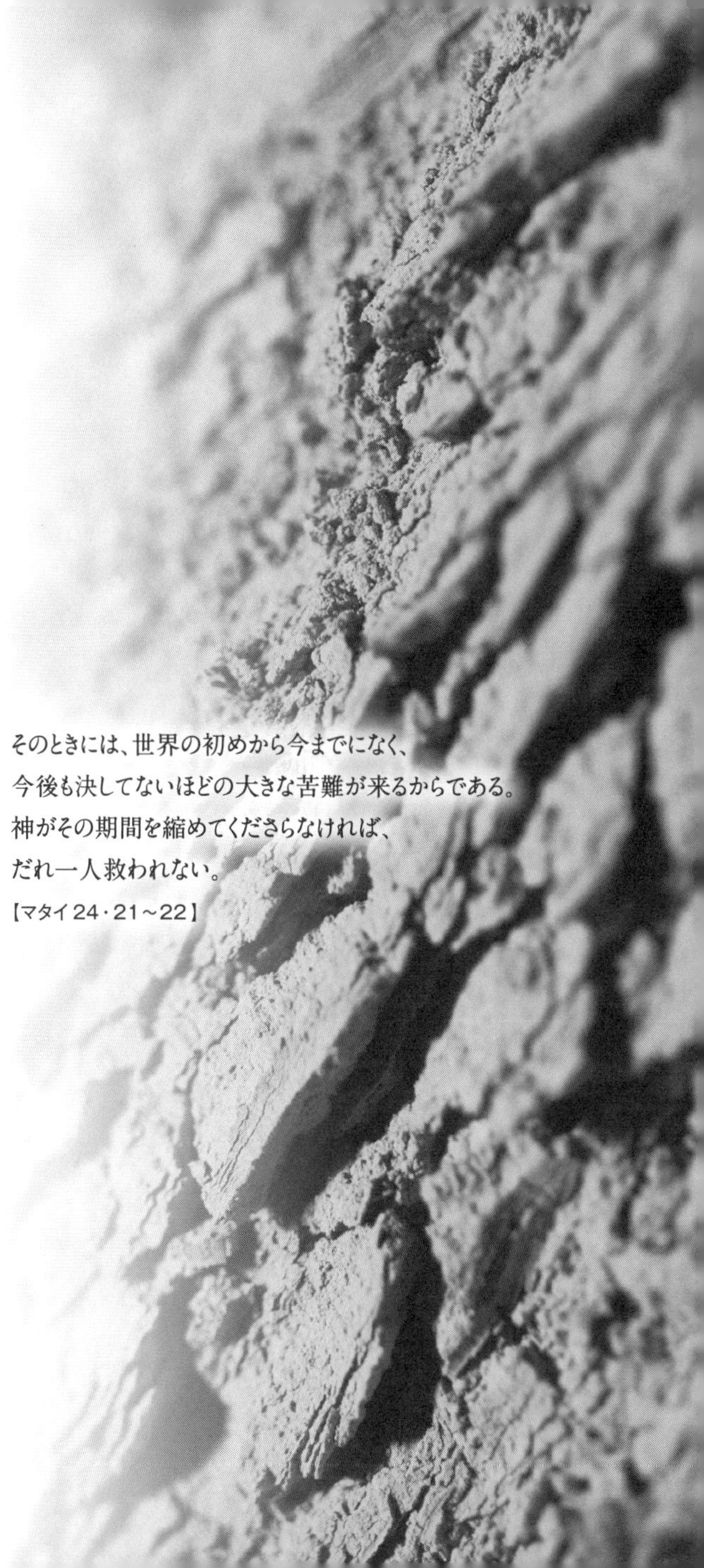

そのときには、世界の初めから今までになく、
今後も決してないほどの大きな苦難が来るからである。
神がその期間を縮めてくださらなければ、
だれ一人救われない。
【マタイ24・21～22】

すべてはイエスの予言した通りだった

さて、いよいよイエス予言のクライマックスへと迫っていきたい。

人類を絶滅寸前まで追いやる「大艱難」とは何なのか？　それはいつ来るのか？

イエスは本当に「再臨」するのか。彼がやって来るとしても、それは聖書のファンタスティックな記述通りなのか？　彼と共に本当に〝天使〟も現れるのだろうか？

そして、「最後の審判」とは何なのか？　本当にわれわれの魂が裁きを受けるのか？

――等など、これからその「究極の未来」へとアプローチしていこう。ただ、その前に、改めて第1章（20ページ）で紹介した「オリーブ山の預言」の前部分を振り返ってみたい。

「人に惑わされないように気をつけなさい。わたしの名を名乗る者が大勢現れ、『わたしがメシアだ』と言って、多くの人を惑わすだろう。戦争の騒ぎや戦争のうわさを聞くだろうが、慌てないように気をつけなさい。そういうことは起こるに決まっているが、まだ世の終わりではない。民は民に、国は国に敵対して立ち上がり、方々に飢饉や地震が起こる。しかし、これらはすべて産みの苦しみの始まりである。そのとき、あなたがたは苦しみを受け、殺される。また、わたしの名のために、あなたがたはあらゆる民に憎まれる。そのとき、多くの人がつまずき、互いに裏切り、憎み合うようになる。偽預言者も大勢現れ、多くの人を惑わす。不法がはびこるので、多くの人の愛が冷える。しかし、最後まで耐え忍ぶ者は救われる。そして、御国のこの福音はあらゆる民への証として、全世界に宣べ伝えられる。それから、終わりが来る。」（マタイ24・4〜14）（傍線筆者）

これが終末予言の前部分だった。

いかがだろうか。もはやこの予言が「現代から近未来にかけて」を透視しているという解釈に対して、ほとんど疑いを差し挟む余地はあるまい。それほどまでに符合しているのを思うと、人類がまるでお釈迦様の手の平の上で踊らされた孫悟空に思えてくる。

もっとも、最後の一節（傍線部分）だけはまだ未解説だった。クライマックス部分へと繋げていくためにも、この場でケリをつけておこう。

ご覧のように、「御国のこの福音」という言葉は、それまでのイエスの説法に掛かっている。ゆえに基本は、聖書またはキリスト教の普及自体を意味しているのではないか。

たしかに事実として聖書は「世界でもっともよく読まれている本」だ。ギネス記録にも「年間の発行部数が世界一」と記されている。しかも、ほとんどの言語に翻訳されている。よって、

「全世界に宣べ伝えられる」という予言は、またもや的中している。

私的には、「世の終わり」が近づくと、改めてイエス予言が脚光を浴びることも兼意していると解釈している。案外、この一節は、旧来の出版に加えて、現代の情報ネットワークを通して、それが瞬時に全世界に広まる様も描写しているのかもしれない。

さて、これで「終わりが来る」という言葉を残すのみとなった。

エド・デイムスと「キルショット説」

まずは「大艱難」の正体からである。今から約二千年前、イエスはどんな恐るべき光景を幻視したのだろうか？　彼の予言の中に、幾つかヒントが隠されている。

第一に、ある日、突然やって来ること。つまり、何らかの瞬間的な出来事である。

第二に、戦争・飢饉・地震とは異なること。

第三に、その直後から「太陽は暗くなり、月は光を放たず、星が空から落ち、天体は揺り動かされる」こと。

いずれも特定する上での「条件」である。では、これらの条件を満たす超カタストロフィとは、いったい何だろうか？　その正体は何か？　ズバリ、結論から言おう。

私の考えは**「キルショット説」が3割、「小惑星衝突説」が7割**である。

根拠について順次解説していく。まずは「キルショット説」からだ。

キルショット（killshot）というのは本来、動物や兵士を一撃で倒してしまうような狙い撃ちのことだ。“The Killshot”とはそれになぞらえて、将来、巨大な太陽フレアが地球を直撃し、人類社会が壊滅的な打撃を受けるとする滅亡説の一種である。

提唱者はアメリカ人のエドワード・A・デイムス（Edward A. Dames）だ。彼はアメリカでは著名人であり、リモート・ビューイング関連のサイトでは経歴だけでなく、キルショット説についても詳しく解説されている。また、彼の制作したDVDも公開され、無料で見ることができる。“少佐”ことMajor Ed Dames名で、フェイスブックやツイッターでも発信している。ここではそれらの情報源を元に、まず彼の人物像とキルショット説について簡潔に紹介したい。さらなる詳細や最新の情報が欲しい方は自ら当たってほしい。

1983年、エド・デイムスはカリフォルニア大学バークレー校のROTC（予備役将校訓練課程：軍の支給で大学の軍事学部で学び、卒業後に仕官する課程）を修了し、アメリカ陸軍の電子戦将校および科学技術情報将校に任官する。

一方、先行するソ連の超能力研究に刺激を受けたCIAと軍部は、1970年代初頭からスタンフォード研究所を中心として、時空を越えた情報収集の手法としてリモート・ビューイング（Remote Viewing：遠隔透視）の研究に取り組んでいた。そのRVラボを率いていたのがハロルド・パソフ博士（Dr. Harold Puthoff）と、際立った能力者のインゴ・スワン（Ingo Swann）である。82年頃になると、彼らの研究は、無意識が顕在意識に情報を伝達する方法の開発において、ブレイクスルーを迎えた。軍はそれをテストするために6名の訓練生を送り込んだ。その一人に選ばれたのがエド・デイムスである。

その結果は期待以上だった。半年の間に、彼のチームは、それまでの場当たり的な〝ナチュラル・サイキックス〟手法による最高の成果よりも、さらに正確で一貫性のあるデータを生むことに成功した。その後、チームはスワンの元を離れた。この画期的なスキルを得たデイムスは、軍からさらなる調査とテストを命ぜられる。そして、トップシークレットの「サイキック・スパイ部隊」の訓練と作戦を担う将校へと昇進し、以後、様々なリモート・ビューイング・ミッションに関わるようになる。彼の所属していた部隊には、日本でも有名なジョセフ・マクモニーグルも在籍しており、惑星探査などを担当していたという。

デイムスによると、サイキック部隊は、冷戦下における対共産圏の軍事諜報活動において大きな実績を挙げたという。たとえば、彼はソ連のユニークな兵器プログラムを探り当てた。そういった功績により、彼は三度も受勲した。その三つのメダルの書状は彼のサイトにも誇らしげに掲載されている。ただ、彼はリモート・ビューイング技術をより高めるという自身の道を歩み、またプロの民間人ビュワーを育てるために91年に軍を引退した。
また、冷戦終結もあり、サイキック部隊自体も1995年に解散するに至る。

サイキックたちが透視した壮絶なこの世の終わりとは？

デイムスたちは、かつてのスキルやノウハウを生かして、コンサルタントや企業家に転身した。また、本の執筆、ラジオの出演、講演などもこなした。かくしてデイムスはじめ、彼らの口から一部の作戦内容などが漏れ伝わり始めた。驚くべきことに、彼らは軍事ターゲット以外の透視にも関わっており、その中には中東戦争や第三次世界大戦の未来透視はおろか、古代火星文明や月の構造物、エイリアンなどに関する透視も含まれていた。それらはいずれも驚異的な内容だが、あいにく本題から外れるため割愛する。

焦点は「キルショット」だ。実はデイムスと彼のチームは、巨大な太陽フレアが連続的に地球を襲う様をしばしば透視していた。退役後も〝少佐〟の名で親しまれていたデイムスは、次第に警告を発せねばという思いに駆られ、21世紀に入ってしばらくすると、軍との口止めの約束を翻してしまう。かくして「キルショット」は世間に暴露された。

一般にメガフレアが発生する確率自体が小さい。その放出先にたまたま地球が位置していないと、キルショットにはならない。確率的には稀なタイミングだが、ゼロではない。

仮にそれが起こった場合、地球はどうなるのだろうか。ちょうど、太陽の炎で直接炙られるイメージだろうか。その瞬間、われわれは強烈な高熱と放射線にさらされるはずだ。

デイムスたちの透視によると、地表の温度は急上昇し、動植物が生息できる環境ではなくなるという。また、その極端な温度変化によって地表に超ハリケーンが発生する。しかも、地核にも悪影響を与え、大地震や火山の噴火を促すという。さらに、彼によると直接的な被害だけでも凄まじいが、輪をかけて恐ろしいのが「二次災害」のほうだという。

たとえば、**人工衛星は瞬時に壊れる。当然、衛星を利用している現代の通信や交通システムは麻痺する。何よりも、送電線や電気回路に強力な電流が生じるため、人類がそれまで営々と築き上げてきた「電力・コンピュータ文明」が崩壊する**という。

想像してほしい、あらゆる電子機器が壊れ、長期の停電が続く様を。

たとえば、電力インフラが潰滅するため、現代社会を陰で支えているあらゆるモーターやポンプ類が停止する。都市部はことごとく水道が止まる。それだけでも大惨事だ。照明類が点かないので夜も真っ暗である。当然、治安は悪化する。電子機器や電力が使えないと、モノの生産はおろか、通信・医療・交通・金融・物流なども麻痺する。石油・天然ガスなどの化石燃料の採掘・輸送・加工も停止し、食糧の生産と輸送にも支障をきたす。

かくして、キルショットが起きた瞬間、地表の環境は激変し、文明は19世紀への後退を余儀なくされる。デイムスは、水・食糧・エネルギー危機が人類を襲うとしている。彼はとくに言及してないが、地磁気への悪影響から、地軸移動が加速する可能性もある。

まさかとは思うが、デイムスは被害を「billions」（数十億人）と見積もっている。水や食糧をめぐる争いが起きるとしているので、それらも含めての数だと思われる。

北朝鮮が核兵器を使用したらキルショットが近い！

では、キルショットは、いつ起きるのだろうか。

それを説明する前に、すでに〝起こった〟実績がある点を強調しなければならない。

一つは、1859年9月の「キャリントン・イベント」である。

当時、イギリスの天文学者リチャード・キャリントンは巨大な太陽フレアの観測に成功した。その際、世界各地で非常に明るいオーロラが見られたという。しかも、普及し始めた電信システムがスパークを起こし、幾つかのオフィスでは火災になった。

1989年に発生した太陽フレアは、この130年前のものよりはるかに小型だったが、それでも磁気嵐による誘導電流がカナダ・ケベック州にある発電所のトランスを焼失させたため、約600万もの人々が停電を余儀なくされたという。

もう一つが、2012年7月の「スーパーフレア」である。

これについては2014年に入ってからNASAが発表し、英米系の著名なメディアも取り上げたので、ご記憶の方も少なくないと思う。キャリントン・イベント以来の（もしくは上回る）巨大フレアだったらしい。NASAの科学者は「1週間早く起こっていたら地球を暗黒時代（Dark Ages）へと後戻りさせていたかもしれない」と語った。

私も専門的な事はよく分からないが、**真の脅威はどうやら太陽面爆発によって生じる巨大なコロナ質量放出**（CME：Coronal Mass Ejection）と呼ばれる現象らしい（ややこしいことに、それは厳密には太陽フレアそのものではないという）。それが巨大な誘導電流を生じさせ、発電機というよりは変圧器・送電線・（プラグに繋がった）末端の電子機器などをショートさせる。だから、インターネットやGPSが使えなくなる程度の被害ではすまない。十数分程度のCMEが二度、地球軌道まで届いていたのが12年度の「スーパーフレア」だったという。全米科学アカデミーによると、**仮に直撃していれば送電網や通信網が大きなダメージを受け、アメリカだけでも経済的な損失額はハリケーン・カトリーナの20倍ともなる2兆ドルを上回ったという**（以上、25 July 2014 Mail Online 他）。

そもそも、NASAが太陽フレアについて本格的に警告し始めたのは、デイムスたちの透視から十年以上も経ってからだ。２０１０年に初めて、「13年頃には太陽活動が危険水準に達して巨大フレアが地球の文明を麻痺させてしまう可能性」について言及した。

それから２０１１年の半ば頃、突然、**ＮＡＳＡの長官が妙に深刻な表情をして、職員に対して家族と共に「予期せぬ事態」に備えるように注意を促した。**その時の動画は拡散し、話題になった。多くの人が「もしかすると世界の終わりでも来るのか？　ＮＡＳＡだけが前もってその危機を知っているのではないか？」などと憶測し、疑問に思った。

なぜ唐突にこんなことを言い始めるのか、当時は私も不思議で仕方がなかった。だいたい「何」について警告を発しているのか分からなかった。だが、今にして思えば、彼らはたぶん「キルショット」を恐れていたのだと得心がいく。

13年6月、ＮＡＳＡは最新の太陽観測衛星「アイリス」を打ち上げた。同年8月には、元ＣＩＡ・ＮＳＡ局員のエドワード・スノーデンまでが「来月にはリモート・ビュワーたちが透視していたキルショットが来るぞ。その際、電力危機が起こって何千万人もが亡くなる。実はＦＥＭＡ（＊）はこれに備えていたのだ」などと警告を発した。

＊ＦＥＭＡ：Federal Emergency Management Agency ／連邦緊急事態管理庁。自然災害を中心とする緊急事態に対して連邦軍・州兵を含む連邦機関・州および地方機関に対し、強力な指揮命令権を有する。03年からは国土安全保障省に編入。

周知の通り、「2013年の危機」は訪れなかった。だが、エド・デイムスは「これから必ず起きる。それは時間の問題にすぎない」と断言している。ただし、彼自身も正確な時期を予測することは難しいらしい。というのも、無意識にははっきりした時間感覚がないからだ。あるビジョンを見ても、それが「いつ」なのかは、無意識は教えてくれない。

デイムスによると、キルショットの到来時期を推理する上で、やや先行すると思われる出来事が参考指標になるという。**彼はその一連の出来事を「キルショット・シークエンス」と呼んでいるが、その中でとくに大きなイベントが「北朝鮮の核兵器使用」である。**

そして、彼が最後に透視したのが〝大勢の兵士が空を見上げている場面〟だった。

弟子のペトロ、古今のチベット僧、現代の少女たちは同じ破局を視ていた!?

このように「キルショット説」は、NASAも恐れているほど有力だ。また、スノーデンの言葉から、アメリカ政府が密かに対策に乗り出している可能性もうかがえる。

実は、この稿を仕上げている15年11月、アメリカ政府が各省庁と協議して「巨大太陽嵐の地球直撃」――まさにキルショットのことだ――に備え始めたというニュースが飛び込んできた。NASAは**次の十年以内にそれが起きる確率を12%**とはじき出している。

興味深いことに、イエスの弟子のペトロも似たことを書き記している。彼は、あの世にいるはずのモーセとエリヤが現れてイエスと語り合う様を目撃した三人の弟子のうちの一人である。のちにペトロはその時の様子を回顧しつつ、次のように記している。

「終わりの時には、欲望の赴くままに生活してあざける者たちが現れ、あざけって、こう言います。『主が来るという約束は、いったいどうなったのだ。父たちが死んでこのかた、世の中のことは、天地創造の初めから何一つ変わらないではないか。』（略）当時の世界は、その水によって洪水に押し流されて滅んでしまいました。しかし、現在の天と地とは、火で滅ぼされるために、同じ言葉によって取っておかれ、不信心な者たちが裁かれて滅ぼされる日まで、そのままにしておかれるのです。」（ペトロの手紙二3・3～7）

「主の日は盗人のようにやって来ます。その日、天は激しい音をたてながら消えうせ、自然界の諸要素は熱に溶け尽くし、地とそこで造り出されたものは暴かれてしまいます。このように、すべてのものは滅び去るのですから、あなたがたは聖なる信心深い生活を送らなければなりません。（略）その日、天は焼け崩れ、自然界の諸要素は燃え尽き、溶け去ることでしょう。しかし、わたしたちは、義の宿る新しい天と新しい地とを、神の約束に従って待ち望んでいるの

です。」（同3・10〜13）（いずれも傍線は筆者）

この「盗人のように」という表現は誤解を招きかねないが、要は「大艱難は誰もが思いもよらない時に突然やって来る」という意味の「たとえ」である。

このように、**イエスの側近だったペトロは、世界が「火」によって滅ぶと予言している。**

ただし、彼の描写は、次に挙げる「小惑星衝突説」にも当てはまらないことはない。

ところで、エド・デイムスが言うには、**キルショットの後、生き残った少数の人類による地球再建をエイリアンが助けてくれる**という。彼らはすでに地球に来訪し、基地まで有しているそうだ。しかも、このビジョンはチベット僧も共有していると、彼は主張している。

チベットといえば、神秘主義者のヘレナ・レーリッヒ（＊）も同地を旅した際、こんな不気味な伝説を収集している（「ムー」48号掲載の論考「シャンバラ大予言」上坂晨）。

「燃える炎が闇の魔王に言った。おまえは大気を汚した。おまえは水を汚した。おまえは大地を枯らした。しかし、火はおまえに触れなかった。いまや、火がおまえを燃やす。光りが闇を裂くように、宇宙から私は呼び出す。新しき火を、おまえの業を滅ぼすものを」

要は**「宇宙からやって来た火」が人類を滅ぼすと、この伝説は言っているのだ。**もしかすると、チベットの僧侶や預言者たちも「キルショット」と同じ破局を〝視て〟いるのかもしれない。これはまた、第3章で紹介した〝妖少女〟の予知夢を思い出させる。

仮名・相川真由美さんは近未来の中東と思われる戦場の悲惨な結末を語った後、「それのあとだと思う」と前置きして、「もっと気味の悪いもの」が空から降ってくると告げた。

「それ降ると、すっごく広い範囲、ゴーッって燃えて、おおぜいの人が死んで、海煮立って、吸う空気なくなって、……それから空、真っ暗になっちゃう」

彼女が〝視た〟未来の光景には、まったく背筋が凍る。たしかに、実際に「キルショット」が起きると、空や海はこういう地獄のような状態になるのではないか。

ところで、五島勉氏によると、この少女と話をしたとき、旧約聖書の預言者ヨエルを思い出

＊The International Centre of the Roerich のサイトより：1879年、ロシアのサンクトペテルブルク生まれ。ロシアの芸術家ニコライ・レーリッヒと結婚。夫妻はシャンバラを求めて、1923年からチベットをはじめインドや中央アジアなどの広い地域を探検し、その体験を著作にする。ヘレナは、オルコット大佐とブラヴァツキー夫人の設立した神智学協会に一時所属し、モリヤ大師からアグニ・ヨガの教えを授かったという。1920年、アメリカでアグニ・ヨガ協会を設立する。

したという。ヨエルはイエスの時代よりもさらに8世紀も昔の預言者である。彼がユニークなのは、ひたすら「主の日」(世の終わり)の情景だけを短い文章にまとめたことだ。ヨエルはその中で、その時には「あなたたちの息子や娘は預言し、老人は夢を見、若者は幻を見る」(ヨエル3・1)と記している。五島氏の頭によぎったのがこの一節だ。

ヨエルは「主の日」として次のような情景も記している。

その前に、地はおののき、天は震える。
太陽も月も暗くなり、星も光を失う。(同2・10)

主の日、大いなる恐るべき日が来る前に
太陽は闇に、月は血に変わる。
しかし、主の御名を呼ぶ者は皆、救われる。(同3・4〜5)

どうだろうか。これはイエスが予言した「世の終わり」と酷似する。彼も、その800年前のヨエルも、同じ光景を幻視した(神から見せられた)としか思えない。

最後に、クリスチャンの韓国人少女サランちゃんが幻視した「世界の最後の日」を紹介したい（＊＊）。彼女はある日、睡眠と覚醒の境目にあるとき、世界の終末を幻視するスピリチュアル体験をした。それは天から火と硫黄が降り注ぎ、地上が焼き尽くされる恐ろしい光景だった。この幻視でユニークなのは直前のラプチャー（空中携挙）の様子だ。よくあるように人がいきなり天に引き上げられるのではなく、彼女自身は数十人乗りの〝自動車〟に乗って天に避難したという。「空飛ぶ乗り物」が登場した点が興味深いと言えよう。

イエスの幻視内容から「大艱難」の正体を推理する

次に「小惑星衝突説」を取り上げよう。前述のように、私個人は「３：７」でこっちのほうを有力視している。最大の根拠は、イエス自身の次の言葉だ。

「その苦難の日々の後、たちまち、（Ａ）太陽は暗くなり、（Ｂ）月は光を放たず、（Ｃ）星が空から落ち、（Ｄ）天体は揺り動かされる。」（記号筆者挿入）

＊＊ YouTube：Little girl gets vision of Rapture and Tribulation, draws pictures

果たして、これは旧約の時代から民族的に共有されてきた「審判の日」の定型的なイメージにすぎないのだろうか。たとえば、似たような天体の異常描写は、イザヤ書、ヨエル書、アモス書、ゼカリア書、黙示録などにも記されている。だから、ユダヤ民族の集合的無意識から発せられるメッセージが象徴化したものという仮説も考えられる。

だが、これは〝無意識言語〟などではなく、もっと単純に、**空前の天変地異を視覚的に描写したものに違いない**というのが私の考えだ。というのも、「人々は山に逃げなさい」とか、神が期間を縮めてくれないと「だれ一人救われない」（33〜34ページ参照）などの文言が、明らかに「物理的な大危機」の到来を示唆していると考えられるからである。

つまり、見た（幻視した）ままのイメージが凝縮されている。だから、変に裏読みしようとせずに、あくまで文字通りに、素直に解釈すべきなのである。そして、ストレートに読めば、「何らかの凄まじい地球規模の天災」の様相が浮かび上がってくる。

まず、太陽や月自体に問題が生じるとは考えられないので、AとBは、おそらく**粉塵等が分厚い雲を形成し、光を遮っている様子を表している**のだろう。むろん、それだけなら火山の大爆発の可能性もあるが、後に続くCとDが地球自体の異変を示している。

一般常識を改めて確認するが、地球が自転しているため、見かけ上、星は動く。しかし、それは北極星をほぼ中心にして24時間で一回転という、あまりにゆっくりとしたペースであるため、人の目には止まって見える。よって、「星が空から落ち」る様子が目に見えるということは、地上（地球）が何らかの異常な動きをしているとしか思えない。これは地球がバランスを失っている様子――つまり「極移動」――とも推測できるようだ。

ただし、Dの「天体は揺り動かされる」（the powers of the heavens will be shaken）という記述から、何らかの物理的な力が加わっている様子もうかがえる。つまり、**極移動が起きるのかもしれないが、それは原因ではなく、あくまで結果にすぎない**というわけだ。

以上の条件をすべてクリアする大災害は、小惑星の衝突以外に考えられない。

つまり、「大艱難」とは、ある日突然、宇宙からやって来るトドメの一発というわけだ。おそらく、Dはその衝突の凄まじさを、Cは地球が著しくバランスを失う様を描写しているのだろう。すると、「神がその期間を縮めてくださらなければ、だれ一人救われない」という言葉の意味もはっきりしてくる。それこそが核の冬ならぬ**「衝突の冬」**だ。

想像してみてほしい。凄まじい衝突の影響で、大量の粉塵が一挙に成層圏にまで巻き上げられるのだ。また、衝撃がマントル層にまで伝わり、巨大な火山爆発を次々と誘発するとしたら、その大量の灰までが加わるに違いない。ただし、エアロゾルが全球を覆いつくすまでには、何日かかかる。その間は「星が落ちる」様が目撃できるのだろう。

そして、いったん地球がそれに覆いつくされれば、昼ですら真っ暗になる。夜は当然、月や星の光さえない。電力インフラも潰滅するため、懐中電灯を除いて人工の光もない。そこは人類がかつて経験したことのない暗黒の世界だ。当然、極寒だと思われる。これはカール・セーガン博士が唱えた「核の冬」よりももっと恐ろしい「衝突の冬」だ。

なにしろ、真っ暗な中ですべてが凍てついているのだ。それが「大艱難」後の世界である。およそ、これ以上の地獄もないのではないか。言うまでもなく、**小惑星の衝突だけでも破滅的な事態――二次的な大地震や大津波もあわせ――なのに、その後も容赦なく「暗黒極寒地獄」が何か月か、あるいは何年か続くのだ。**「神がその期間を縮めてくださらなければ、だれ一人救われない」というのも頷ける話ではないか。一応は〝選ばれた人たち〟のために「その期間を縮めてくださる」らしいので、全員が死に絶えることはなさそうだが。

小惑星の地球衝突――過去の実例と未来のリスク

アメリカ・アリゾナ州にあるバリンジャー・クレーター。今から約5万年前に形成されたもので、直径は約1・5km、深さは約170m。衝突によって生じた火球は半径10km以内のあらゆるものを焦がし、衝撃波が半径22km以内を何もない荒野に変えた。だが、これだけの凄まじい破壊をもたらした物体の正体は、わずか20～30mの鉄の隕石だった（Wikipedia「Meteor

Crater」より）。

現在、２００個程度の巨大隕石クレーターが発見されている。そのうち史上三番目に大きいものが、ユカタン半島にある直径約１８０kmの「チチュルブ・クレーター」だ。

２０１０年、東北大などの12か国の国際研究チームは、この巨大隕石の衝突が恐竜を絶滅させた原因だったと結論付け、米「サイエンス」誌に発表した。

それによると、約６５００万年前、直径約10～15kmの隕石が秒速約20kmで地球に衝突した。そのエネルギーは広島型原爆の約十億倍に相当し、衝突地点付近の地震規模はM11以上、高さ約３００mの津波を発生させたという。これにより大気中に拡散した大量の粉塵が太陽を遮り、平均気温が急激に低下。地球の寒冷化は約十年も続き、光合成を行う植物また植物プランクトンなどが死滅した。その結果、恐竜などの生物の大量絶滅を招いたという。世界各地の最新の地層データを解析し直したところ、クレーター形成と大量絶滅の時期は一致し、同じ頃に火山活動も活発ではなかったため、当時の地球環境を一変させた原因は小惑星の衝突以外にないという（２０１０年3月5日　毎日新聞朝刊）。

15年2月、スウェーデンに本部を置くシンクタンク「グローバル・チャレンジ・ファンデーション」が「人類文明を脅かす12のリスク」というレポートを発表した。作成にあたっては、欧米の著名な大学や研究機関、多数の専門家が集結している。

報告書はリスクを四つに分類した。気候変動や核戦争などの「今現在の危機」、ナノテクノロジーや人工知能などの「新たな（テクノロジーの）危機」、将来の誤った世界統治たる「グローバルな政策危機」、そして小惑星衝突とスーパーボルケーノの「外的な危機」。

私の印象では、わざわざ11種類もの人類全体の危機を取り上げておいて、最後のトリに「将来の誤った世界統治」（Future Bad Global Governance）を持ってくるあたりが、どうも胡散臭い。「だから人類を救うために〝正しい〟グローバルな統治が必要なのだ」と言外に訴えている。これが狙いだとしたら、何らかの政治的な意図も感じられる。

実は、この「小惑星問題」は、人々の目を外宇宙の脅威に向けさせ、国家間の協力体制を緊密にする目的で、ある種の勢力により喧伝されている面がある。事実、このリスクを将来煽ることは、宇宙開発を主導したフォン・ブラウン博士の側近だった女性により暴露されている。

しかし、一方で、「小惑星問題」は、天文学の観点からも危険視されている〝現実の脅威〟なのも確かだ。だから〝イエスの白昼夢〟や〝世界的な陰謀の一環〟ですませられない。

人類はまだ小惑星衝突の危機に対応できない

実際、観測精度の向上につき、毎年のように「近傍小惑星」が地球を〝掠めて〟いる実態が明らかになってきた。少し前はアポフィス、トータチス、ファエトンなどが有名だったが、近年は命名が追いつかないのか、ほとんど番号だけの発表になってきた。しかも、**地球に近づく少し前とか、「実はすぐそばを通り過ぎていた」式の発表も少なくない。**

報道によると、もっとも最近の例では、最接近のわずか10日前まで、大きさ470mもの小惑星を発見できなかったようだ。15年10月、その小惑星は地球・月間の約3割長に当たる49万kmまで接近したという。しかも、同じ時期に十数個の接近があって、そのうち三つは同様に発見が遅れたらしい。だから現在、粗末な観測体制が問題になっている。

現在、マサチューセッツ州にある「小惑星センター」は、広報によると、約70万個の近傍小惑星を監視している。NASAのスポークスマンによると、直径10km以上のものについては9割以上を発見しているという。また、直径1km以上のものに関しては、今後数百年間に人類滅亡に繋がるような衝突はないとし、この点では一安心である。

ただし、直径数百mの中規模サイズについては解明率1割程度とも言われ、依然として発見が難しいという。NASAはそのクラスの小惑星についても、2020年までに大半を特定することを目標に掲げている。科学者の中には、すべての近傍小惑星の発見とその軌道計算にはほど遠いと明かす人や、衝突は差し迫った脅威であると訴える人もいる。

他方で、地球と衝突コースにある小惑星を発見した場合、どうするのか、という対策が残されている。ＮＡＳＡは核兵器で迎撃するシステムや、何かをぶつけて軌道変更する方法を真剣に研究している。ただし、これについては巨額の予算が必要になる。

私個人は、人類の前に立ちはだかっているのは技術的な問題以上に政治的な問題であると思っている。中規模サイズの小惑星の発見と迎撃体制の構築・維持のためには、莫大な予算が必要だ。アメリカやその他の一部の国にだけ負担させるのはフェアとは言えない。それこそＯＥＣＤ34か国がすべて参加し、一致協力するくらいの国際体制が必要だ。

そういえば、カール・セーガン博士はその論文で次のような言葉を残している。

“Sooner or later human civilization must confront the asteroid/comet collision hazard or become extinct.”

（遅かれ早かれ、人類の文明は、小惑星また彗星の衝突の脅威に立ち向かうか、それとも絶滅するかだ）

（http://trs-new.jpl.nasa.gov/dspace/bitstream/2014/19498/1/98-0908.pdf より）

ところが、地球温暖化問題を議論するＣＯＰ（Conference of the Parties）の紛糾に見られるように、総論では誰もが賛成しながら、いざ自国の負担となると、大半の国が義務を回避し、逆にできるだけ他国に責任を押し付けようと、ごね始めるだろう。たとえ人類全体の生死が掛かっている問題であってもそうだ。仮に人類が滅びるとしたら、まさに「他者と協調することが大の苦手」という愚かでエゴイスティックな性質が真因かもしれない。

「超複合天災」をもたらす小惑星の衝突

では仮に、直径1㎞よりは「控え目」に見積もって、直径が３００m強の小惑星「アポフィス」が地球に衝突した場合、どのような惨事になるだろうか。

一般に、小惑星の質量と相対速度が分かれば、運動エネルギーや地表に衝突した際のマグニチュードなども、計算によって割り出すことができる。

ＮＡＳＡの評価では、衝突のエネルギーはＴＮＴ火薬換算で５００メガトン相当。実際の影響は、小惑星の構成物や衝突する場所によっても異なってくるが、数千㎢――参考までに記すと千葉県の面積が約５０００㎢――にわたり大きな被害が生じるという。ただし、氷河期や大量絶滅を引き起こすほどの地球規模の影響が出るとは考えられないらしい（Wikipedia「99942 Apophis」より）。

１メガトンは１０００キロトンであり、ＴＮＴ火薬１００万トンの爆発力に相当する。広島型原爆の威力は約16キロトンだ。つまり、アポフィス級の衝突の破壊力は、広島型原爆三万二千個分に相当する。これは、６５００万年前のように地球環境を激変させて生物の大半を死滅させるほどではないが、一方で「当たり所」が悪ければ、人類社会に壊滅的な打撃を与えるには十分な数値ではないだろうか。なにしろ、NASAは50m程度の小惑星であっても、都市の壊滅や大規模な津波などの局地的な大惨事に繋がる可能性があると指摘している。しかも、その程度なら百年に一度の確率で起こりえるとしている!

ちなみに、近年、欧州宇宙機関(European Space Agency)は、小惑星「アポフィス」の直径について、NASAの推計より20%大きく、また質量は75%大きいと観測している(2013年1月10日AFPより)。すると衝突のエネルギーももっと強力になる。

おそらく、現代であれば、小惑星の質量やスピード、インパクトの方角と場所等の情報をスパコンに入力すれば、破壊の規模や状況などを相当細かく予測できるはずだ。科学者チームが本格的に取り組めば、落下のゼロポイントを中心とした直接的な被害の状況だけでなく、そこから衝突のエネルギーがどんなふうに波及して、地球全体にどういう影響を及ぼすのか、文明や気象に何が起こるのか、詳しくシミュレーションできるはずだ。

ただ、適当なものが見当たらないので、「アポフィス」がたとえば海洋の大半を占める比較的浅い海域に衝突した場合どうなるのか、私のほうで簡単に想像してみたい。

まず、直径が数十kmのクレーターが生じて、**凄まじい熱と衝撃波により関東平野くらいの海底が一瞬にして焼け野原と化す**と思われる。しかし、それはすぐに海の底に戻るので、直接的な被害はどうと言うことはない。恐ろしいのは二次被害である。

第一に、**巨大な津波が発生し、各地で大都市を直撃する。**都市はほとんど沿岸で発達する。なぜなら、巨大な人口はそれだけ大量の淡水と肥沃な耕地、輸送路などを必要とするからだ。おそらく、世界中の大都市が津波の被害を受けるのではないだろうか。

第二に、**巨大な地震を誘発する。**地殻に凄まじい衝撃が加わることにより、プレート間の矛盾が一挙に解消に向かうことが予想される。したがって、プレートの境界線に近い日本のような国は、巨大津波と地震のダブルパンチを見舞われることになる。

第三に、同じ理由で、**火山の噴火を誘発する。**仮に通常の火山だけでなく、アメリカのイエローストーンのようなスーパーボルケーノ・クラスの噴火を誘発した場合、何百万人もの人々に直接的な被害が出る。それだけでなく、大量の塵やガスの噴出により、日照量と平均気温の低下を招くだろう。これにより農作物が壊滅的な打撃を受ける。人類は地球の寒冷化と食糧危機という三次被害に苦しめられることになる。

第四に、予想もしなかった事態を引き起こす恐れがある。たとえば、**地軸の移動であり、その際の一時的な地磁気の減少**である。北極と南極が移動するということは、その部分の氷が急速に溶けることを意味する。一時的に海水面が上昇し、世界各地で大洪水を引き起こすかもしれない。また、強烈な宇宙線が降り注ぎ、動植物が危険にさらされる。

以上のように、あくまで私の脳内再現だが、「アポフィス」程度の衝突でも、地球の微妙なバランスを崩し、連鎖的な「超複合天災」をもたらすには十分かもしれない。

同じ危機を警告する東西の巨星――グリア博士と王仁三郎

では、小惑星襲来を訴える「超自然情報」はないのだろうか。

実は、われわれ自身がすでに予測しているとも言える。それが「小惑星衝突映画」の多さである。１９９８年に映画『ディープ・インパクト』と『アルマゲドン』が封切られて以来、多数の映画・ドキュメンタリーが制作され続けている。無意識は未来を感じていると言われる。すると、これはユングのいう集合的無意識からの警告かもしれない。

さて、小惑星の襲来を予言的に訴える人の中で、私がとくに着目している人物が二人いる。**一人があの「ディスクロージャー・プロジェクト」（米政府のエイリアン情報の暴露計画）を推進したスティーブン・グリア博士だ。**彼の著作『ＵＦＯテクノロジー隠蔽工作』（めるくまーる）は哲学的な面で格調が高く、ＵＦＯ関連書籍の中でも群を抜いている（原題は『HIDDEN TRUTH』隠された真実）。実は、本の中で博士は、エイリアンとのコンタクトに漕ぎ着けただけでなく、彼自身が能力者として驚くべき予知夢を見た経験を公開している。一つは巨大な津波がロスを襲うビジョンだ。もう一つが、次である。

「宇宙から一個の小惑星がやって来るのを見た。（略）衝突し、さらにもうひとつがやって来ており、それがもっと大きい小惑星であることが次第にわかってきた」

後者は前者よりも数倍大きく、**衝突後、人々はしばらく「暗黒時代の生活をしていた」**という。その期間は「感じとしては二、三か月から七年の間」だったという。

博士はさらりと記しているが、最近になって私は改めて驚いた。実は地球に接近する小惑星のうち、6分の1が二重星だという。小惑星はもともと他と「くっついた」いびつな形状が多い。太陽に近づくと、ヨープ効果（光エネルギーを受けて徐々に回転が加速）によって、合体系の小惑星が再分裂し、二重化することが珍しくない。いい例がドイツにある直径が約3㎞と25㎞のクレーターだ。どちらも1500万年前に、ほぼ同時に落ちたものだという（NHK「コズミックフロント　太陽系ミステリー」より）。

結論から言うと、グリア博士の著作以前から、近傍小惑星に二重星が少なくない事実は知られていた。ただ、それを差し引いても予知のリアルさを感じさせるには十分だ。

もう一人は、近代日本最大のオカルティストである出口王仁三郎である。

彼についてはクドクドした説明は省く。1919年、王仁三郎はそれ以前に詠んだ三つの詩を合わせて『瑞能神歌《みずのしんか》』を出版した。その中にはこんな一節がある。

「外国軍《とつくにいくさ》の攻難《せめがた》き、神の造りし細矛《くわしほこ》、千足《ちたる》の国と称えしは、昔の夢となりにけり」

「やがては降らす雨利加《あめりか》の、数より多き迦具槌に、打たれ砕かれ血の川の、憂瀬《うきせ》を渡る国民《くにたみ》の行く末深く憐れみて」（引用者注　迦具槌＝カグツチ。日本神話の火の神）

「御空に轟く鳥船の、醜《しこ》の荒《すさ》びに悩まされ、皆散りぢりに散り惑う、木の葉の末ぞ哀れなる」

素直に読めば、王仁三郎は、遅くとも第一次大戦後の講和会議の時点で、**将来の日米戦と末期の悲惨な敗戦の状況を予言していた**ようだ。事実、そんなふうに受け取られて、当局からも度々発禁処分を受ける。そして「大本事件」と称されるように、内務省から二度にわたる大弾圧を受け、教団施設は潰滅させられ、彼自身も獄に繋がれてしまう。

終戦の年の暮れ、人々から「予言成就」を感心されると、彼はこう言い放ったという。

「筆先に出ている火の雨いうたら、あんなちょろいもんやない。ほんまに火が天から降ってくるんや」「ほんとうの火の雨はこれからじゃ」

（武田崇元『出口王仁三郎の霊界からの警告』光文社）

この「火の雨」とは何だろうか。ニュアンス的には「キルショット」に近い。しかし、小惑星衝突によって各地のスーパーボルケーノが噴火した様子とも考えられる。たとえば、その一つであるイエローストーン火山が大爆発すると、周辺の幾つかの州が全滅し、米本土の数割に火砕流が降る可能性があるという。日本でも9万年前の阿蘇カルデラの大噴火の際には、火砕流が山口県にまで達している（気象庁サイトの「各火山の活動状況」より）。

実は、王仁三郎は亡くなる少し前に、**『続・瑞能神歌』を口述していた**という。その記録を愛善苑元幹部の泉田瑞顕《いずみだずいけん》氏が（彼自身の筆録か否かはともかく）保管していた。その文書が泉田氏の側近を通して、研究家の中矢伸一氏に渡り、広く公開されるに至った。

この予言詩の大筋を言うと、**日本は北部から外国軍の侵略を受ける。東京への核攻撃などにより、人口が三分の一に減る。そして、次のような天災が宇宙から襲来する。**

一天にわかに掻き曇り　矢を射る如く流星の
地球に向いて落ち来たる　大地一度に震動し
吼えば地軸の回転も　止るばかりの大音響

物質浄土は忽ちに　地獄餓鬼修羅場と化す
山は崩れて原野裂け　人はあわれに呑み込まる
（中矢伸一『出口王仁三郎　三千世界大改造の真相』ＫＫベストセラーズ）

文字通り、小惑星または彗星が地球に衝突し、地軸や自転に影響を与え、地上が大惨事と化す様が詠まれている。ただし、『続・瑞能神歌』には賛否両論がある。「大本の系統とは無関係で、王仁三郎の作ではありえない」とする異論は多い。一方で、彼は大本がよくある組織のように堕落することを見越し、秘密裏に部外者と接触して、いわばミッションを託す「裏神業」を行っていたとする主張もある。この辺の真相は私にもよく分からない。

ただ、将来、何か凄まじい「火の雨」が降ってくると予言したことだけは確かである。

大陸の浮沈――グリア博士と日月神示が共有する未来のビジョン

スティーブン・グリア博士の予知夢には戦慄するような描写がある。

「大陸全体が沈み、別の大陸が出現したり大海から隆起したりした。これは数千年に及ぶ現象ではなく、ほとんど一夜にして起こった。別の鮮明な夢では、地球が通常の地軸から傾いて回転しているため、太陽が一か所に固定されているようであり、夜になると空の星が非常に奇妙な移動の仕方をしているのが見えた。（略）ほとんどの大都市が全くの混乱状態、もしくは壊滅状態だった。」（前掲『UFOテクノロジー隠蔽工作』）

これは「星が空から落ち、天体は揺り動かされる」（229ページ）というイエス予言と酷似する。

ところで、このグリア博士とよく似た終末感を共有しているのが岡本天明の「日月神示」だ。大本本流からは異端扱いされている。だが、愛善苑元幹部の泉田瑞顕氏は、半世紀を超える出口王仁三郎の信奉者であるが、長年にわたって大本神示と日月神示の比較検討を行った結果、その著書で「体系的にまったく同一の神示である」と結論している。

私の考えも言っておこう。そもそも「神示」とは何なのか？　これは聖書の「預言」と同質のものである。前述したが、預言とは「ご神託」「神の啓示」の意味だ。ましてや神示を行ったとされる「国常立大神」（国常立尊）が「ヤーウェ」だとしたら。

そういう意味で出口王仁三郎と岡本天明もまた「預言者」なのである。だから、イザヤ、ダニエル、イエス、ペトロらと同列に論じても無問題どころか、補完にすらなる。とくに〝日月〟神示の名には、太陽と月の異変を訴える聖書の預言群との共通性を感じる。
以下、バラバラだが、その〝預言〟こと日月神示のごく一部を抜き出してみよう。

「世界中を泥の海にせねばならんところまで、それより他に道のない所まで押しせまって来たのであるが、尚一厘のてだてあるのぢゃ」
「一日十万、人死にだしたら神の世がいよいよ近づいたのざから」
「宵の明星が東へ廻っていたら、愈々《いよいよ》ざぞ」
「海が陸になり陸が海になる」
「エドは何《ど》うしても火の海ぞ、それより外やり方ないと神々様申して居られるぞ」
「月は赤くなるぞ、日は黒くなるぞ、空はちの色となるぞ、流れも血ぢゃ、人民四つん這いやろ、逆立ちやろ、ノタウチに、一時はなるのであるぞ、大地震、ヒの雨降らしての大洗濯であるから、一人のがれようとて、神でものがれることは出来んぞ、天地まぜまぜとなるのぞ、ひっくり返るのぞ」（岡本天明『太神の布告』太陽出版）

補足しておくと、「宵の明星が東へ廻って」という神示は、明らかに地軸の異常を暗示している。「月は赤くなるぞ、日は黒くなるぞ」に至っては、まんま聖書と同じだ。

このように、「大艱難」は大陸の浮き沈みまで引き起こすほどの大破壊らしい。「キルショット」ではここまでの惨事は想像できないので、やはり「小惑星衝突説」のほうに軍配を上げざるをえない。ただし、この種の描写は「新しい世が始まり、古い世が終わる」ことを示す無意識の「象徴言語」である可能性も否定できないことを追記しておく。

それにしても、大陸がホイホイと沈んだり浮いたりするものだろうか。そこで、地球にとって地表というものがどの程度の存在感なのか、次のように考えてみた。

仮に地球を百万分の一に縮小すると、直径が13m弱の球になる。ちょうど、4階建てのビル程度の高さである。このモデルでは1cmのスケールが10kmに相当する。

とすると、**もっとも高い山脈も、深い海溝も、表面のプラスマイナス1cmの厚さに収まってしまうことになる。**つまり、われわれ人間が「世界」と思い込んでいる雄大な景色も、地球的スケールで見れば、「まんじゅうの薄皮」のようなものなのだ。

しかも、地球の体積のほとんどは流動体である。だとするなら、キリの一刺し（＝小惑星の衝突）でも、その威力次第では、どれほど表面を波立たせるか分かったものではない。地球がその巨体を震わせたら、薄皮の部分はどうなってしまうのか、想像するだに恐ろしい。おそらく、地表に立つ動物からすれば、このような地球物理的災害は、大陸が沈んだり海底が隆起したりする、この世の終わりに等しい光景と映るに違いない。

世界でただ一人「大艱難」の発生時期を知るある意外な日本人

以上、「キルショット説」と「小惑星衝突説」について、私なりに解説した。イエスの予言した「大艱難」の正体は、この二つのうちのどちらかだと、私は確信している。

しかも、どちらのケースにおいても「ポールシフト（極移動）」が二次災害として起きる可能性がある。なぜなら、キルショットは地磁気に悪影響を与え、小惑星衝突は地球に物理的衝撃を与えるからだ。このポールシフト説はまた、「バージニアの眠れる予言者」と呼ばれたかのエドガー・ケイシーが唱えた人類破滅説としても有名である。

そもそも、地軸が急速に移動すれば、南極やグリーンランドの陸氷が急激に溶解すると予測されている。北極・南極に近い大陸の氷河も同様だ。それにより大津波と大洪水が発生し、沿岸地域をことごとく飲み込むと思われる。また、有害な放射線から地球を守っている地磁気が一時的に減少または消失するとも言われている。すると、「キルショット」と似た災害が起きる。地表は普段の太陽風の直撃（亜キルショット）を受けるだろう。

このように**「ポールシフト」単体だけでも人類に凄まじい被害をもたらす。よって、仮に「キルショット」と「小惑星衝突」が先行した場合、その被害は想像を絶しよう。**

ただし、依然として「別のカタストロフィ」の可能性もある。

たとえば、滅亡説として古典的とも言える「全面核戦争」かもしれない。アメリカと中ロの関係が緊張してきた今、この可能性も常に頭の隅に置いておく必要がある。

高木善之氏（元パナソニック経営戦略担当、のちＮＰＯ「地球村」創設）は、**1981年に交通事故で臨死体験した際、2021年の核戦争で世界が滅びる未来を見た**という。

また、最近浮上してきた説の中に「ガンマ線バースト」がある。

約６４０光年離れたオリオン座のベテルギウスが近々、超新星爆発すると予想されている。その際に軸から強烈な放射線を出すという。この「ガンマ線バーストのキルショット」を受けた場合、地球は焼き尽くされると言われている。ただし、天文学者の計算によれば、幸い、その指向性のビームはまったく別の方角に放射されると予測されている。

さて、「大艱難」の正体を推理することは、これくらいにしておこう。私としてはなんとか正体が見えてきたところで、次は「いつそれが起こるのか」という段階へと進みたい。そして、その後に待ち受ける「究極の未来」へと迫っていかなければならない。

ただ、容易ではなさそうだ。なにしろ、イエス自身も次のように断言している。

「イエスは言われた。『父がご自分の権威をもってお定めになった時や時期は、あなたがたの

知るところではない。』」（使徒言行録1・7）
「その日、その時は、だれも知らない。天使たちも子も知らない。ただ、父だけがご存知である。」（マタイ24・36）

文字通り「神のみぞ知る」領域だ。これは「人類最大の秘密」なのである。

ところがである。まったく驚くべきことだが、**世界でただ一人、その正確な日付を知っている可能性の高い人物がいる。しかも、それは日本人なのだ。**

その人物こそ、「奇跡のリンゴ農家」として有名な木村秋則《あきのり》氏だ。彼は『すべては宇宙の采配』（東邦出版）の中で、エイリアン・アブダクションの体験を告白している。

興味深いことに、UFOの中で、木村氏はエイリアンから動力源として「元素115」（超ウラン元素ウンウンペンチウム）を見せられている。これはエリア51の「セクション4」で研究に従事していたボブ・ラザー博士の証言と一致する。UFOの推進機関を研究した彼もまた「リアクターのエネルギー源は元素115だった」と証言しているのだ。

さらに木村氏は、エイリアンから「地球のカレンダー」を見せられる。そのカレンダーはある時点でプツリと終わっていた。以前も幻視していたので、木村氏にとってそれは二度目の経験だった。エイリアンは無情にも「最後の数字で（地球は）終わり」と告げる。

木村氏は、その日付については話せないとしている。ただし、「遠い未来の話ではありません。言えるのは、時間がないということだけです」と記している。

これは物凄いエピソードと言わざるをえない。危機が差し迫っているためかもしれないが、ある意味、彼はイエスでさえ知らなかったことを知らされたとも言えるからだ。

しかも、それ以上に、「終わりの日付」がハッキリしている点にも改めて驚かされる。この意味するところは、やはり、人類社会が徐々に滅んでいくのではなく、ある日突然に終わってしまう、ということだ。そして、これは「大艱難」の特徴をよく捉えている。

では、いったいなぜ、「その日」を境にプツリと人類の営みが終わってしまうのだろうか。そもそも、なぜ日付まで特定することができるのだろうか。「エイリアンたちの科学が進んでいて、未来を見ることができるから」という説も一理あるが、滅亡の原因が小惑星の衝突ならば、そこまで飛躍しなくてもすむ。この仮説であれば、太陽系内にある全小惑星の位置を把握し、軌道計算を終えてさえいればすむからだ。すると、どの小惑星が何年の何月何日に地球のどの地点に衝突するか、計算で割り出すことも可能だ。

私は無駄とは承知しつつも、木村氏サイドに何度も連絡を入れ、この宇宙的なトップシークレットを教えてくれるように頼んだ。だが、返事は「ノー」だった。

ならば、別のルートから「Xデー」を探るほかない。

私は「イエスの再臨」という方向からアプローチすることにした。なぜなら、それは「大艱難」の直後にある。つまり、一方が分かれば、もう一方も分かる関係にある。

実はそれに関して、ある予言者が重要なヒントを残していた。

一人は今言及したエドガー・ケイシーだ。そしてもう一人が、ノストラダムスである。

実は、イエスに次ぐ大予言者とも呼べる二人の言葉の中に、究極の秘密への手がかりが隠されていることに、私は気づいたのである。

第5章のまとめ

○「大艱難」の正体として有力なのが「キルショット説」と「小惑星衝突説」である。
○エド・デイムスの所属していた米軍のサイキック部隊は、近未来に巨大太陽フレアが地球を直撃し、人類社会が潰滅するビジョンを遠隔透視していた。
○世界が「火」で滅ぶ様はイエスの弟子から現代の少女まで様々な人物が幻視している。
○イエスの幻視内容を詳しく分析すると、「小惑星衝突説」がより有力になる。
○過去、小惑星の衝突は実際に生物の大量絶滅を引き起こした。有力シンクタンクやＮＡＳＡ、カール・セーガン博士なども、人類文明の将来リスクと指摘している。
○数百ｍ規模の小惑星の衝突は、直接的な被害だけでなく、津波・地震・火山爆発なども含めた「超複合天災」を引き起こす可能性もある。
○能力者のスティーブン・グリア博士と出口王仁三郎も小惑星の衝突を幻視している。
○グリア博士と日月神示の予知は「大艱難」と酷似している。

第6章

なぜイエスが選ばれたのか？
世界の終わりと神々の計画の真相！

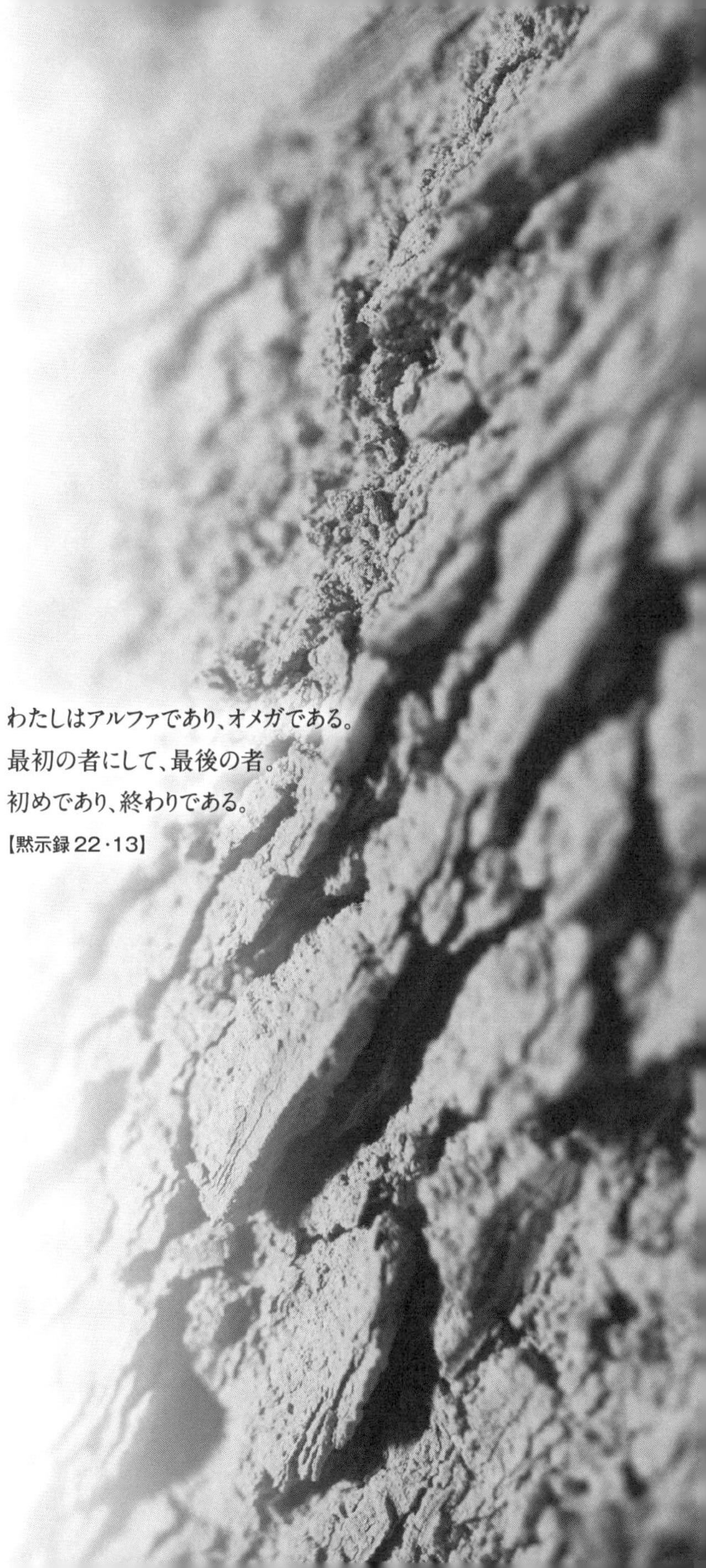

わたしはアルファであり、オメガである。
最初の者にして、最後の者。
初めであり、終わりである。
【黙示録22・13】

「1998年にイエスのご入魂がある」とリーディングしていたエドガー・ケイシー

エドガー・ケイシーの人となりについては、今さら詳しい説明はいるまい。

彼は生涯で約一万四千もの「リーディング」を残した。日本エドガー・ケイシー・センターによると、そのうち病気や健康に関するフィジカル・リーディングが9605件、個人相談にあたるライフ・リーディングが1919件で、予言的言動は比較的少ない。

そのケイシーが、実は、ギザのピラミッドの目的および予言について人から尋ねられたときに、トランス状態で次のような内容を口走っていた。

「この同じピラミッドで偉大なイニシエイトが行われていた。ザ・マスター（引用者注：イエスと思われる）は、その場所で〝先駆けのヨハネ〟（洗礼者ヨハネ）と共にブラザーフッド（同胞団）の最高位を得ていた」（Cayce Reading 5748-5）

これはどういう意味だろうか。イエスとヨハネは禁欲主義的なエッセネ派のクムラン宗団に所属していたという説がある。事実、死海文書の研究者によると、イエスの教えはエッセネ派のそれと酷似しているという。ケイシーも同様のリーディングをした上、クムラン宗団については「預言者の学校」とまで言い切っている。そのイエスとヨハネが、ピラミッドで何らかの秘儀を授けられていたと、彼はリーディングしたのである。

エッセネ派自体に関しては、オカルトでも何でもなく、1世紀の歴史家フラウィウス・ヨセフスも、その大著『ユダヤ戦記』において詳しく解説している。彼によると、エッセネ派とは霊魂の不滅を信じ、世俗から離れて霊的な向上のために生きる特異な集団であり、自分たちの共同体を持っている。どこか禅僧やヨギ（ヨガ行者）のような東洋的な修行者を思わせる。

さて、ケイシーはあれこれ小難しい話を続けた後、最後にこう述べた。

“... the entrance of the Messiah in this period-1998.”（Cayce Reading 5748-5）

まず「ザ・メサイア」（メシア）と発言している以上、クリスチャンにとってイエス・キリスト以外にありえない。問題はこの一節をどう訳すかである。entranceというと、一般的には「入り口」とか「玄関」という意味だが、この場合は「入ること」を意味している。だから、訳は「1998年のこの時期におけるイエスの入場（登場）」とでもするのが妥当だ。

すわ、再臨の予言か、と誰でも思ってしまうに違いない。ところが、彼は別の機会に、再臨の正確な日付については誰も知らない（no one knows）とリーディングしているのだ。つまり、「その日、その時は、誰も知らない。天使たちも子も知らない。ただ、父だけがご存知である」

（マタイ24・36）という、かのイエスの言葉を支持している。

いったい、これはどういうことなのか。なぜこんな矛盾したことを言うのか。

それゆえ、この1998年の予言は、「再臨」ではなく「別のこと」を意味していると解釈せざるをえないのだ。焦点はentranceの意味である。実は、ケイシーはリーディングで特殊なenterの使い方をする。たとえば、睡眠に〝入る〟という意味で使うが、一方で、魂や実体（エンティティ）が身体に〝入る〟という意味でも使っているのだ。

ご存知の方も多いと思うが、ケイシーの哲学の重要な柱が、カルマの法則と輪廻転生（reincarnation）である。これはヒンドゥー教義の中核であるが、キリスト教的には異端だ。ケイシーは熱心なクリスチャンだが、他方でリーディングでは堂々異端を主張しているのだ。

このようなリーディングの特徴を踏まえると、**これは「メシアの入場」ではあるが、しかしながら「再臨」ではなく「魂が入り込む」という意味で使った**と考えられる。

入魂――つまり「受精」また「受胎」（conception）のことである。だから、ケイシー的には何も矛盾していないのだ。彼としては、「私はイエス様の誕生（この世への転生）を予言しているのであって、再臨の日は誰も知らないよ」と言っているにすぎない。

ちなみにだが、キリスト教圏では受精卵を一個の「人間」と定義している。

たった一個の受精卵が猛烈に細胞分裂を繰り返しながら「赤ん坊」へと育っていく。とすると、その細胞がいったいどの時点で「人間」になったのか、はっきり断言することは難しい。だから、「受精卵＝霊の宿った人間」という解釈なのである。

それゆえ欧米では、あれほど中絶が問題になる。宗教右派は「中絶は殺人だ」と主張し、中絶医を脅す。こういった背景を知ると、なぜ「体細胞」を使用する京都大学の山中伸弥《しんや》教授のｉＰＳ細胞（induced pluripotent stem cells：人工多能性幹細胞）が欧米で大絶賛されたのか、またわざわざヴァチカンが歓迎の声明を出したのかも、よく分かる。

実はそれまで「幹《かん》細胞」といえば、ＥＳ細胞（胚性幹細胞）くらいしかなかった。ＥＳ細胞（embryonic stem cell）とは、本当は「胎児性幹細胞」という意味だ。だから欧米人は拒絶反応を起こしていた。日本ではそれを意図的に「胚性《はいせい》幹細胞」と訳した。だが、本来「胚」だけでは、何の胚か分からない。動物かもしれないし、植物かもしれない。

話を戻そう。要するに、ケイシーは「１９９８年に救世主様（ザ・メサイア＝イエス）のご入魂があるぞ」とリーディングしていたのである。これは驚くべき話だ。なぜなら、現代人からすると、「イエスはすでにこの世においでだ」という話になるからだ。

イエスの死から五百年後に輪廻転生説は否定された

そうすると、「君はキリスト教で異端とされる輪廻転生の概念を持ち出すのか」と詰め寄る人もいよう。だが、端的にいえば、異端とされたのはイエスの死から五百年も経ってからの話なのだ。もともと輪廻転生の思想は古代ギリシア・ユダヤでも常識であり、決してヒンドゥー・仏教の独占ではない。簡単に「国家キリスト教」の成立過程を振り返ってみよう。

イエスの死後、使徒たちはローマ帝国内での宣教に力を入れた。教えが広まるにつれ、当初は迫害も強まったが、313年の「ミラノ勅令」によって公認される。そして、392年のテオドシウス帝の時代には「国教」となり、他の宗教が禁止される——ここまでは山川出版社の『世界史』でも普通に出てくる。問題はそうやって「国家キリスト教」が成立していく過程で、支配者側にとって都合の悪い思想や記述などが徹底的に排除されていったことだ。その代表が輪廻転生思想であり、いくら異端にしても根強く残ったため、最終的に553年のコンスタンティノポリス公会議で完全否定しなければならなかった。

権力者側の視点に立ってみれば理解しやすい。当初は法輪功に対する江沢民中国のように拷問・虐殺を繰り返し、徹底的に迫害したのだ。ところが、どれだけ凄まじく弾圧しても信者が増えていく。すると、いくら弾圧しても無駄なら、いっそのことその信仰心を国家体制に向けさせたほうが、自分たちの支配にとっては都合がいいと、誰だって気づくはずである。だから、ある時点で、権力と宗教が急速に一体化し、国費で教会が整備されていったのだ。そして「唯一の聖典」「唯一の組織」が確立され、そのピラミッド型の支配構造に民衆が取り込まれていった。だから、よく戦前の国家神道のことを「人工宗教」などと揶揄するが、それを言うならキリスト教や仏教はどうなのかという話になる。人の生まれ変わりに関しても、是か非か、一方の立場に統一せざるをえなかったのだ。

ローマ帝国は滅んでも教会と信仰は生き残り続けたわけだから、教会はある意味で国家権力すらも超えていった。だから、支配する側は、自分たちの地位と権力を守るためにも思想の統制に躍起になり、異端を片っ端から芽の内に摘んだのである。つまり、西洋ではリアルに処刑されかねないために、東洋で大っぴらに語られた霊魂不滅や輪廻転生の思想が秘教化し、フランス革命後の解放を待たねばならなかったとも言える。

このように、**輪廻転生の概念は、「国家キリスト教」が成立していく過程で、おそらく政治的な理由からはじかれ、イエスの死後五百年も経ってから完全否定されたものだ。**

私などは、むしろそれを否定する側のほうこそ、偽キリスト教・偽クリスチャンだと考えている。つまり、「キリスト教はそんな思想を認めていないぞ」と反論してくる人には、「君こそ偽物だ」と言い返したい。なぜなら、ローマ帝国が国策として「オフィシャル版」を作る以前は、他ならぬ聖書もイエス自身もそれを認めていたとしか考えられないからだ。よって、それを否定する側こそ、本来のイエスの教えから外れているとしか思えない。

実は、多くのクリスチャンが、「普通に解釈すれば聖書はそれを肯定している」とか「否定するほうがおかしいなあ」と、内心で気づいている。ただ、ある種の集団心理からそれを言い出せない人も少なくない。その呪縛を解き放つ時が来たのではないか。

本当は「死後の世界」も「輪廻転生」も認めている聖書

しかも、聖書自体に数多くの輪廻転生説の痕跡が残っており、消しきれないままになっている。

前述したが、旧約聖書には堂々と交霊術の場面が描かれている。イスラエルのサウル王が「口寄せの女」を通して、死んだ預言者サムエルを「呼び起こし」て相談する場面だ。

「なぜわたしを呼び起こし、わたしを煩わすのか」と、ひどく迷惑そうな〝あの世〟のサムエルに対して、サウルはこう答える。

「困り果てているのです。ペリシテ人が戦いを仕掛けているのに、神はわたしを離れ去り、もはや預言者によっても、夢によってもお答えになりません。あなたをお呼びしたのは、なすべき事を教えていただくためです。」（サムエル記上28章）

これなどは聖書が死後の世界の存在を認めている証拠である。

イエスのエピソードでも、人に取りつく「悪霊」がしばしば登場する。彼は幾度となく悪霊を追い出し、病や錯乱から人々を救っている。イエスは「汚れた霊」が「人から出て行く」と、あちこちうろついて、また自宅に戻ってきたり、悪さをしたりすることを指摘している（マタイ12・43）。死んで成仏できない人が悪霊化すると言っているのだ。

いや、それどころではない。イエスに洗礼（バプテスマ）を授けたヨハネについて、彼は繰り返し「エリヤの生まれ変わり」と指摘している。

この「エリヤ」という人物は、イエスの時代からさらに９００年ほど前、まだイスラエル王国が栄えていた時代の大預言者である。エリヤは、当時の王がバアル神に傾斜していた中で、あくまで「イスラエルの神」に忠実に仕え、様々な奇跡を起こしたとされる。

このエリヤがなぜ９００年後の「マタイ書」の中で繰り返し言及されているのか。

実は、旧約聖書のトリを飾る「マラキ書」の、さらに末尾に、「わたしは大いなる恐るべき主の日が来る前に預言者エリヤをあなたがたに遣わす。」(マラキ3・23)という記述があるからだ。つまり、旧約の最後の最後にエリヤの再来が預言された。そして、**その預言の通りに現れた人物こそ、まさに「洗礼のヨハネ」だと、当時信じられたのである。**そのことは人々や領主が噂しただけではなく、誰よりもイエス自身が断言しているのだ。

ヨハネが牢に繋がれた後、イエスは群衆に向かって、彼を「預言者以上の者」だと賞賛した上、「あなたがたが認めようとすれば分かることだが、実は、彼は現れるはずのエリヤである」(マタイ11・14)と言ってのけた。英語では"he is Elijah who is to come"だ。

おそらく、イエスは、ヨハネについて「神が遣わすと予告されていた預言者エリヤその人だ」と、はっきり言ったに違いない。ところが、数百年後の宗教会議で、権力の亡者たちが、困った挙句、こんな曖昧な表現に書き換えてしまったのではないか。

その後、時のヘロデ王は、妻と娘に唆《そその》され、牢にいたヨハネの首を刎ねてしまう。次はその「ヨハネ=エリヤ」死後のエピソードだ。

「六日の後、イエスは、ペトロ、それにヤコブとその兄弟ヨハネだけを連れて、高い山に登られた。イエスの姿が彼らの目の前で変わり、顔は太陽のように輝き、服は光のように白くなった。見ると、モーセとエリヤが現れ、イエスと語り合っていた。」(マタイ17・1〜3)

「一同が山を下りるとき、イエスは、『人の子が死者の中から復活するまで、今見たことをだれにも話してはならない』と弟子たちに命じられた。彼らはイエスに、『なぜ、律法学者は、まずエリヤが来るはずだと言っているのでしょうか』と尋ねた。イエスはお答えになった。『確かにエリヤが来て、すべてを元どおりにする。言っておくが、エリヤは既に来たのだ。人々は彼を認めず、好きなようにあしらったのである。人の子も、そのように人々から苦しめられることになる。』そのとき、弟子たちは、イエスが洗礼者ヨハネのことを言われたのだと悟った。」（マタイ17・9〜13）（傍線筆者）

今度は、殺されたヨハネを指して、「エリヤは既に来た」と、イエスは断言したのだ。そのヨハネが霊となって、モーセと一緒に山の頂に現れたのである。ちょうど、ルーク・スカイウォーカーの前に、殺されたオビワンの霊が現れる『スター・ウォーズ』の一場面のように。

幸い、日本人の99％は非キリスト教徒なので、この聖書の記述を、ありのままに受け取ることができる。誰が読んでも、**ヨハネはエリヤの生まれ変わりであり、イエスもそう言っている、と。**ところが、本家のクリスチャンの皆さんは大変である。なにしろ教会権力が公式に輪廻転生説を否定してしまっている。だから、これは「生まれ変わり」を肯定しているのではなく、

「役割の継承」を指しているのだ、というような欺瞞に逃げ込むほかなかった。

もし聖書をありのままに読めないなら、またイエスの言葉をありのままに認められないなら、そういう人こそクリスチャンを自認することは止めたほうがいいのではないか。

ついにケイシー・リーディングとノストラダムスの予言がリンクする！

さて、イエスも聖書も本当は人が輪廻転生することを認めていたという事実を明らかにしたところで、改めてケイシーの予言に戻ろう。

彼はメシアの入魂（＝受胎）がズバリ、1998年に起こるとリーディングしたのだ。仮に、**二千年前にイエスと呼ばれた人物の魂が、1998年にある女性のお腹の中に入り込んだとすれば、約一年後の翌1999年に、この世に生を受けていなければならない。**

あの、ヘロデ王時代にベツレヘムで起きた神聖な出来事が、20世紀の末頃、この地上のどこかで密かに繰り返されていたのだ。とすると、これだけのビッグイベントを誰かが予言していても不思議ではない。とりわけ、ユダヤ・キリスト教に連なる聖人や預言者が。

そこで私が着目したのが、かのノストラダムス（医師・占星術師であり、キリスト教徒だが、祖父は改宗ユダヤ人）と、彼のもっとも有名な例の四行詩である。

1999年、7か月、
空から恐怖の大王が来るだろう、
アングーモワの大王を蘇らせるために。
その前後、マルスは幸運によって統治するだろう。

(百詩篇集　第10巻72番　山津寿丸氏訳)

ここで取り上げたいのが五島勉氏の『ノストラダムスの大予言　最終解答編』(1998年刊行)だ。実質的にシリーズのトリを飾る力作である。故・志水一夫氏はこの本についても厳しい見方をされていたが、私個人は、謎解きのためにフランス南部まで赴いた五島さんに対して、これまでにない真剣さと予言解読者としての職人魂を感じた一冊である。

この時、五島氏が訪ねたフランスの修道院は、修道士いわく「十五世紀から続いている神秘追求の修道院」であり、**ノストラダムス本人とある共同作業に従事した**という。それこそ**「イエス・キリストがいつ天から戻って来られるか」という秘密の解明**である。

これは物凄い情報であり、五島氏の研究者としての快挙と言えよう。要は、**ノストラダムスもまた、イエスの再臨に強い関心を抱いていた**ということだ。

その結果、五島氏がたどり着いた「最終解答」こそ、当詩がイエスの「再臨」を予言しているとするものだ。つまり、**空から来る「恐怖の大王」はイエスを指している**——これは欧米では一般的な説の一つだという。五島氏も以前にそのことに触れているが、あくまでサブ解釈扱いだった。この本でそれを「本解釈」に格上げした格好だ。

ちなみに、故・志水氏も、この「恐怖の大王」は「モーツァルトなどの『レクイエム』に登場するラテン語の『レックス・トレメンディ』のフランス語訳で、キリストのこと」であると述べている（『トンデモ・ノストラダムス解剖学』データハウス）。

ただし、1999年が何事もなく過ぎると、再臨説も自動的に否定される格好になり、五島氏はその後、NY同時多発テロを経て、「9・11」説に鞍替えしてしまった。

だが、五島氏は、またはこの説は、本当に間違っていたのだろうか。たしかに「再臨」はなかった。その点では間違いである。だが、「再生」と解釈すると、どうだろうか。

前述のように、輪廻転生説は後世の権力が勝手に否定したにすぎない。だが、イエスが生きていた時代には、逆にそれが常識だった。とすると、イエスが青年の姿で「再臨」するためには、それ以前にこの世に生まれていなければならない。聖書の時代の人々にとって、それは〝常識以前の話〟だったため、あえて言及する必要がなかっただけだ。

実際、「こんな当たり前のことを言わせるな」と、私も腹立たしくすら思う。

「それゆえ、わたしの主が御自らあなたたちにしるしを与えられる。見よ、おとめが身ごもって、男の子を産み、その名をインマヌエルと呼ぶ」（イザヤ7・14）

ちょうど、二千年前のイエスといえども、マリアのおなかの中を通して、赤子として生まれ出なければならなかったように、常識的に考えれば、この物質世界において、大人のイエスが「天の雲」に乗ってやって来る（＝再臨）とすれば、それ以前に「誕生」していなければ辻褄が合わない。いかなる偉大な神の化身であれ、人の肉体を持つ以上は、この物質世界においては人の肉体から生まれ出てくるのがルールではないだろうか。

輪廻転生説の否定により妄想に捕らわれてしまったキリスト教徒

そもそも、復活して天に昇っていったその時の肉体でイエスが再び現れるという「珍定説」は、いったい何に依拠しているのだろうか。一般に次の記述とされている。

「イエスは彼らが見ているうちに天に上げられたが、雲に覆われて彼らの目から見えなくなった。イエスが離れて去って行かれるとき、彼らは天を見つめていた。すると、白い服を着た二人の人がそばに立って、言った。『ガリラヤの人たち、なぜ天を見上げて立っているのか。あなたがたから離れて天に上げられたイエスは、天に行かれるのをあなたがたが見たのと同じ有様で、またおいでになる。』」(使徒言行録1・9〜11)

要するに、白い服を着た二人(=天使)が弟子たちに言ったセリフが根拠になっている。ところが、よく読めば分かるが、彼らもそこまで断言していない。仮に現代に生まれ変わったイエスが、当時と同年齢に差し掛かり、当時とそっくりの青年に成長したとしよう。その彼が同じような格好で現れたとしたら、やはり天使たちも「同じ有様でまたおいでになった」と表現するのではないだろうか。つまり、彼らは別に輪廻転生という概念を否定していないのだが、後世の教会権力のほうが勝手に公式に否定してしまったがために、二千年前のイエスがそのままの肉体で「終わりの時」に再び降臨するという解釈に固執せざるをえなくなったのだ。

実際には、天使自身もそこまで言っていない。イエス自身すらも断言していない。おそらく、この珍解釈自体、ローマ帝国が公式に輪廻転生説を否定してから定着したものだろう。これはあくまで「後世の勝手な解釈」にすぎないのだ。

つまり、**死後の世界や輪廻転生を「公式」に否定したがために、キリスト教世界は愚かにも「イエスは復活後ずっと生き続けている」という妄想に捕らわれてしまった。**イエスはそうやって「再臨」の時まで生き続け、その後もまた永遠に生き続けるというわけだ。それではまるでゾンビではないか。こんなナンセンスな妄信から目を覚ますべきだ。

イエスは磔刑《たっけい》後、いったん生き返ったのかもしれないが、その後はちゃんと寿命通りに死んだのだ。それが人の肉体である。そして、終末の時に使命を果たすために、その少し前に、この世に再び生まれてくるのだ。聖書の時代には、弟子たちも人々も、そんなことは常識だったに違いない。その後の愚かな宗教会議のせいで、**人々はイエスの「再臨」とそれ以前にあるはずの「再生」(未来での誕生)を区別できなくなってしまったのだ。**

私は教会側の馬鹿げた定説を「イエス=ゾンビ説」と名づけ、揶揄してやるつもりだ。

おそらく、卓越した未来透視者だったノストラダムスも、イエスが普通に赤ん坊として生まれてくるビジョンを見ていたに違いない。しかし、「ザ・メサイアの魂が受胎してこの世に生まれに…」と口にした途端、彼は異端審問にかけられ、「拷問→火炙り」コースは避けられなかったかもしれない。だから「再生」を指して「大王が来る」と表現したのだ。

いずれにしても、エドガー・ケイシーのリーディングと、ノストラダムスの予言が見事にリンクし、一つの神聖なストーリーをわれわれに提示している。それは**イエスの「再臨」に先立って、必ず女性の子宮を通した肉体の「再生」が行われる**ということだ。

日本中が悩み続けた「1999年の詩」を完全解読する

さて、重要なことだから、この四行詩（267ページ）の解読自体にも取り組んでおこう。まずは虚心に読むことをお勧めする。人類が滅亡するとも、何とも書いていない。

焦点は3行目と4行目の解釈である。まずは前者の「アングーモワの大王」からだ。

これが実は、ただのフランス西部の地名と教えてくれたのは、山本弘氏の『トンデモ・ノストラダムス本の世界』（洋泉社）が初めてだった。以下、同書に準拠して、私も「アングーモワの大王」は同地方から輩出した「フランソワ一世」のことだという立場を取る。

フランソワ一世は1515年にフランス国王に即位し、1547年に死去した。フランソワ一世の業績はいちいち記さないが、フランス人にとっては大変偉大な君主である。その後を継いだのが息子のアンリ二世だ。つまり、ノストラダムスにとってフランソワ一世とは、自分が青年だった頃の偉大なフランス王にして、知人（というより主君）のアンリ二世の父君である。そして、ノストラダムスが例の予言集を出版したのが1555年だ。

これらの事実関係を押さえるだけで、相当見えてくるものがある。とりわけ、詩を書いているときのノストラダムスの心理が透けてくるようで、大変興味深い。

恐怖の「大王」も、アングーモワの「大王」も、原文ではどちらもgrand Royと記されている。英語でいえばグレート・キングである(イエスも聖書では「王」と記されることがある)。フランソワ一世とキリストを同列に置いているとも、なぞらえているとも受け取れる表現だ。ノストラダムスがどれほどフランソワ一世を崇敬していたか、よく分かる。彼にとって、同時代の一世は「偉大なる統治(ガバナンス)」の象徴だったのだ。

そうすると、「アングーモワの大王を蘇らせるために、空から恐怖の大王が来るだろう」という詩は、そのまま受け取ればよいのであって、何もこねくり回す必要などないことが分かる。彼は単に、**「フランソワ一世時代のような偉大な統治を復活させるためにイエス様が天から下って来られるぞ」**と言っているだけなのだ。なんでフランスの一国王ごときを復活させるために…と訝るのは、外国人または現代人の感覚である。あくまでフランソワ一世を比類なきグレートな王様と崇敬する(同時代の)フランス人目線に立って「読む」必要がある。

しかも、これだけの修辞だと、同時代のアンリ二世に対する忠誠のアピールも含まれているようだ。要は権力に対する「媚び」だ。司馬遷が『史記』の中で同時代の武帝に対して過剰とも思える賛辞を送っている姿にも似ている。また、時代背景を考えると、異端の烙印を押されて迫害されないための予防線とも思える。この辺の保身というか処世術はやむをえない。国王や教会の気にさわっただけで首が飛ぶ——文字通り物理的に——時代なのだから。

ちょうど、豊臣秀吉をフランソワ一世、その子の秀頼をアンリ二世に例えると分かり易い。ノストラダムスの「１９９９年の詩」は、秀頼の時代に、「大阪の偉大な君主を復活させるためにお釈迦様が天から降臨される」などと予言する感覚に近い。同時代人が読めば、豊臣秀吉のことだと誰でも分かる内容である。秀頼にしてみれば「ういやつじゃ」であろう。

そうすると、時の権力に対する媚びモードも入った、思いのほか卑俗な詩という見方もできる。ノストラダムスもやはり「人の子」なのかと、かえって親しみが湧いてくる。

これで1から3行目までは、理解することができた。残るは4行目である。「その前後、マルスは幸運によって統治するだろう」とは、どういう意味なのか。

おそらく、ある現代史的な〝事実〟を指摘していると同時に、フランソワ一世とキリストの偉大なる善政を強調するための「対比」として持ち出されている可能性もある。というのも、マルスは「火星」だが、「ローマ神話における戦争と農耕の神」の名前でもあるからだ。

つまり、マルスの統治とは、対照的に暴力を用いた悪政を指すのではないか。そして、**マルスほど、世界最強の軍事大国であり農業大国でもあるアメリカにふさわしい象徴もない**と考えられる。また、アメリカはしばしば**現代のローマ帝国**にもなぞらえられる。

仮に１９９９年の前後十年で見てみると、１９８９年から２００９年となるが、この間はまさに「マルスの統治」そのままだったと言える。89年はベルリンの壁が崩壊し、アメリカの勝利のうちに実質的に冷戦が終了した年だ。すぐにソ連が崩壊し、次いで日本のバブル経済も崩壊する。アメリカは湾岸戦争で勝利を収め、国内ではＩＴ革命が牽引する空前の経済繁栄が始まる。このアメリカ一人勝ちの時代は、サブプライムローン問題とリーマンショックまで続いた。以降、多極化（ないし無極化）に向けた過渡期に入った、というのがほぼ大勢の見方だ。つまり、「その前後」に「マルス＝アメリカ」が「幸運によって統治する」というのは、歴史的な事実の通りと言わざるをえないのである。

すると、ノストラダムスはアメリカの一極支配の時代まで見通していたのか、ということになる。前述したが、彼は非常に深い瞑想状態へと没入することで、時間と空間を超越した次元に意識を飛ばすことができたというのが、私の推測である。

「大艱難」も予言していたノストラダムス

そうすると、ノストラダムスは「大艱難」を予言していても不思議ではない。

実は『最終解答編』で五島勉氏からヒントを貰う格好で、私も気づくことができた。

氏がフランス人修道士から「再臨」の文字が入っていると指摘された詩がこれだ。

離れよ、一人残らずジュネーヴから離れよ。
黄金のサトゥルヌスは鉄に変わるだろう。
レポ（ズ）の反対が全てを滅ぼすだろう。
到来の前に、天が徴を示すだろう。（原文：Avant l'advent le ciel signes fera.）

（百詩篇集　第9巻44番　山津寿丸氏訳）

フランス人修道士は、これを先の「恐怖の大王」の詩よりも「もっとも重要な詩」であると氏に告げた。最後の行だけ原文を載せた理由は、説明が必要だからだ。このl'advent（ラドヴァン）がズバリ「再臨」だというのだ。ちなみに、英語だとthe adventとなる。

一方、フランス語に通じた竹下節子氏と山津寿丸氏は「到来」と訳している。

私は素人だが、辞書を引いたところによると、イエスの「再臨」でもあり、また重要な人物・事件などの「到来」でもあるので、どちらが正しいかは判断がつきかねる。

ただ、この詩をよく読んでほしい。まずは「逃げろ（離れよ）」と言い、次に何かが「全てを滅ぼす」と言い、最後に天に「徴」があって、「再臨」また「到来」がある……と記している。私はハッとした。**これはまさにイエスの「オリーブ山の預言」そのままではないか、と。**

彼もまた「人々は逃げろ」と言い、「大艱難」が来ると言い、その後に「人の子の徴」が天に現れ、「再臨がある」(私が天の雲に乗って来る)と予言したのだ。

そうすると、この詩は、まさに「マタイ書」の中にある「イエス予言」に対応している可能性が高い。つまり、**ノストラダムス版の「オリーブ山の預言」**とも言えるのだ。

仮にそうだとしたら、「再臨」(=フランス人修道士・五島氏解釈)でも、「到来」(=竹下氏・山津氏解釈)でも、どちらも正しいと言えるのではないか。というか、もともと、どちらの意味も兼ねているのではないか。仮に詩の四行目が「到来」だとしたら、それは前の「大艱難」に掛かっている。一方で、四行目は「マタイ書」にある再臨の場面にも対応しているわけだから、「再臨」でも聖書の記述に合致し、意味が通る。

どちらにせよ、この詩は、究極のカタストロフィ「大艱難」の正体に迫る上でも、重要なヒントを提供してくれていると、私は確信する。焦点はむろん三行目だ。

「レポ(ズ)の反対が全てを滅ぼすだろう。」(Le contre Raypoz exterminera tous.)

これは英語圏では“The opposite Raypoz will exterminate all”とか“The contrary Raypoz exterminate all”などと訳されている。「Raypozの反対」という意味である。英語圏の人にはこのRaypozがどうしても「光線何々」と読めてしまうらしい。固有名詞のようだから、非フランス語でもおかしくはない。だから、光線を絡めた解釈を展開している人が少なくない。positive ray(プラス光線、陽電光線)などと訳している人もいる。その光線系の何かが「全てを滅ぼす」となると、イメージ的には例の「キルショット説」に近い。これは同説の有力な根拠ともなりえる。

一方で、文字通り、綴りを逆さにしてしまう解釈もよく見られる。「Raypoz の反対」だから、Zopyra（ゾピュラ）とか Zopyar（ゾピャー）である。これではますます分からない。そこで片っ端から検索にかけてみた。聖書に出てくる Zophar（ツォファル：ヨブの三人の知人の一人）や、Pyrrha（ピュラ：1907年に発見された小惑星でギリシア神話のピュラにちなんで命名）などが掛かった。あと Zopyar（ゾピャー）さんという人が実在することも分かった。とてもこれから世界を滅ぼしにかかるとは思えない平凡な市民の方だ。

仮に Pyrrha（ピュラ）を指しているなら、やはり小惑星衝突の暗示だ。ならば到来の前に「天が徴を示す」としても不思議ではないわけで、詩の意味はより通ってくる。

いっそのこと、これから地球衝突コースにある小惑星が発見されたら、誰かが「ゾピュラ」とか「ゾピャー」と名づけてくれないものだろうか。そうすれば、地球は滅ぶかもしれないが、少なくともこの詩の解読問題は解決するのだが。

ついに明らかになった真の終末の時期

さて、「大艱難」の到来とほぼ時を同じくして、イエスの「再臨」があり、そして再臨の前に、この世への「生まれ変わり=再生」があるはずだ、と私は述べてきた。その時期が1999年(のおそらく7月)だとすると、「再臨」の時期もかなり察しがついてくる。すでにこの世に生まれている〝再生イエス〟は、2016年度中には17歳の誕生日を迎えるだろう。彼が現代に再生してくる理由はむろん「天命」を果たすためだが、しかし17歳の彼ではいかに霊的に冠絶していても、外観は未熟で、役者として不足の感が拭えない。

実は、270ページで紹介した、**「天に行かれるのをあなたがたが見たのと同じ有様で、またおいでになる」という天使の言葉が、大変なヒント**になっている。

聖書は「イエスが宣教を始められたときはおよそ三十歳であった」(ルカ3・23)と伝えている。一般に聖書の解析から、イエスはBC4年に生まれ、AD30年(33歳)の時に十字架にかけられたとする説が有力だ。宣教の期間は3年ほどだったようだ。この辺りは諸説あるが、それでもズレはせいぜい数年程度の幅で収まっている。

この「30歳」というのは、ユダヤ教的に一定の意味を持つようだ。たとえば、主はモーセに命じて「臨在の幕屋」(出エジプト時代、神が預言者とコンタクトする場所であり、アークが設置された聖所)を作らせたが、そこで作業に従事できるものを30歳以上とした。また、エッセネ派について前述したが、ここでも一人前の宗団員となるうえで30歳を一つの区切りとしていた。だから、イエスが「世に出た」のが30歳なのも頷ける。

同様に、現代においても、再生イエスが30代に達しないうちは再臨の時期は来ないと私は推測する。逆にいえば、**再臨は「2030年代」の「いつか」**だと考えられる！

とりわけ、「同じ有様で」となると、彼が33歳になる2032年が有力だが、一方で基準が〝見た目〟にすぎない以上、数年の幅は持たせるべきだろう。たぶん、彼が38歳（2037年）で現れたとしても、容姿は33歳時とさして違わないのではないか。

それゆえ、2030年代ならば、どの年であっても、再臨の時期として有力である。

偶然だが、岡本天明の「日月神示」にも、この〝2030年代〟を臭わせる内容がある。イエスの「オリーブ山の預言」も一種の神示であるから、互いに補完し合えても不思議ではない。「磐戸の巻　第16帖」には、「子《ね》の歳真中にして前後十年が正念場。世の立替えは『水』と『火』とだぞ。」と記されている。実は2032年が「鼠年」だ。この年をわざわざ指定したということは、やはり「大艱難」の年だからだろうか。しかも、その「前後十年が正念場」ということは、**2022〜2042年にかけてが修羅場**というわけだ。

このフレームに、これまで述べてきた内容を当てはめてみると、前の十年は「戦争・飢餓・地震の頻発」を、後の十年は「小惑星衝突後の地獄」を意味するのだろうか。

ところで、イエスがわざわざこの時期を選んで生まれ変わって来た理由は何なのか。

考えるまでもないだろう。自身が二千年前に予言した「終わりの日」が近いからだ。

再生イエスはすでにわれわれの社会に雌伏している!

いずれにしても、再生イエスが今現在、この地上のどこかにいて、われわれと共に暮らしていると思われる。ただし、彼を見つけ出すことは至難の業だ。なぜなら、大半の人にとってイエスが今の世に生まれ変わっていること自体、想像外のことだからだ。その上、誰も「本当の顔」を知らない。パトモス島のヨハネはイエスの姿を幻視して、「その髪の毛は、白い羊毛に似て、雪のように白く…」などと事細かに描写しているが(黙示録1・13~16)、これは明らかに妄想だから真に受ける必要はない(なにしろ「口からは鋭い両刃の剣が出て…」などと続けているから、イエス以前にそれが人間かどうかすら疑わしい)。

ただ、当時と「同じ有様」で再臨するわけだから、年齢は絞ることができるし、人種もある程度、推測することができる。ただし、現在では中東系の人種は移民や難民として世界中に散らばっているため、国籍や生まれた場所を特定することはまず不可能である。

2001年、BBCドキュメンタリーは、当時のパレスチナ人男性の典型的な頭蓋骨標本を元にして、法医学的手法でイエスの容姿を復元した。この〝科学的な〟イエス像は浅黒く、比較的背が低く、ＰＬＯのアラファトの親戚のような顔をしており、欧米社会で好まれてきた〝美しい〟白人男性のイエスとは似ても似つかないものだった。

これなどは一つの参考にはなるだろう。ただし、こういった〝平均化〟はえてして当てにならないこともまた事実である。要は、変な固定観念に縛られないほうがいい。

また、容姿だけでなく、彼の内面も手がかりになるはずだ。「ルカ書」は幼少期のイエスについて、「幼子はたくましく育ち、知恵に満ち、神の恵みに包まれていた」（ルカ２・40）と記している。そして、十二歳のイエスが、神殿の境内で学者たちの真ん中に座り、堂々とやり取りしている様を描いている。「聞いている人は皆、イエスの賢い受け答えに驚いていた」（ルカ２・46〜47）という。この才能は今生《こんじょう》でも受け継がれているはずだ。

つまり、**再生イエスもまた、子供の頃から類い稀な知恵と道徳性を発揮し、親兄弟や友人のみならず、すでに周辺の大人たちからも強い尊敬と信頼を得ている可能性が高い。**

また、その霊性ゆえに、普通の人には、彼の全身から何らかの光が放たれているように感じられるかもしれない。そして〝霊眼〟の持ち主なら、それが見えるかもしれない。

さらに、これまで、他者を助けるために、何らかの超常能力の片鱗を見せつけた可能性も考えられる。たとえば、病気を治癒した、事故から誰かを救った、などである。

もしかすると、インターネットなどの現代的なツールを使えば、これらの条件に当てはまる人物を探し出すことができるかもしれない。彼が地元で評判になっているとしたら、何らかの検索に引っかかる可能性もある。むろん、言うまでもないが、「自称イエス」は論外だ。そういう者が実在しているのだから呆れるほかない。それこそイエスが「オリーブ山の預言」で警告した〝偽預言者〟の類いだろう。終末が近づくにつれ掃いて捨てるほど現れるそうなので、われわれも見る眼を養わねばならない。最低限、自称は相手にすべきではない。彼がイエスの生まれ変わりか否かを判断するのは、あくまで周囲の人たちである。

私の勝手な想像と断った上で言うと、現在の彼は、すでにイエスであった前世を完全に思い出し、自己の使命を自覚しているはずだ。それゆえ、いずれ親元を離れ、本格的な再修行に入るに違いない。もちろん、来たるべき「大艱難」とその後の使命に備えるためだ。

その修行の締めくくりとして、彼は現世でも四十日間の断食に挑戦するのではないだろうか。なぜなら、それによって「イエスは〝霊〟の力に満ちてガリラヤに帰られた」(ルカ4・14)とあるように、前世では霊能力がさらにパワーアップしたようだからだ。

おそらく、**彼が公衆の前に公式に姿を現すのは、再修行によって完全なる力を取り戻してからだと思われる。今回も30代、つまり2030年代に入ってからだろう。**

ちなみに、再生イエスの前に「プレ救世主」が現れる可能性もある。「露払い」といって、道を掃き清める役柄の人がいるのだ。イエスの前にも、彼に洗礼を授けたヨハネが現れた。その900年前においても、二人はエリヤとその弟子エリシャの関係だった可能性が高いと、かのインドの聖者パラマハンサ・ヨガナンダは主張している（ただし、エリシャは自分の禿げ頭をからかった子供たちを、容赦なく熊に襲わせた人物だ）。

仮に、彼が「世の終わり」の少し前に公式に姿を現し、本格的に救済活動を始めると、センセーションを巻き起こす可能性がある。ただし、彼自身が「預言者は故郷では歓迎されない」（ルカ4・24）と述懐しているように、活躍の場は主として故郷の外となるだろう。そして「大艱難」が来る頃には、彼は一定の名声を獲得しているかもしれない。

だが、どうやって彼の正体が再生イエスであると知ることができようか。名前は明らかに別人だし、彼自身が「前世はイエスだった」とカミングアウトする事態も想像できない（する者は偽者だろう）。二千年前の人民裁判を思い起こしてほしい。どれだけ濡れ衣を着せられても、彼は弁明ひとつしなかった。だから「奇跡の人」として注目を浴びるようになっても、彼自身は何も語らないだろう。それゆえ、われわれはメシア探しに右往左往する醜態をさらす前に、次のようなイエスの忠告を胸に刻み付けるべきである。

「そのとき、『見よ、ここにメシアがいる』『いや、ここだ』と言う者がいても、信じてはならない。偽メシアや偽預言者が現れて、大きなしるしや不思議な業を行い、できれば、選ばれた人たちをも惑わそうとするからである。」（マタイ24・23〜24）

終末の時、オリオン座のベテルギウスが爆発する

かくして、2030年代のある日、突然、超カタストロフィ「大艱難」が襲来する。何度も繰り返して恐縮だが、「世界の初めから今までになく、今後も決してないほどの大きな苦難」である。私は「キルショット」か、もしくは「小惑星衝突」だと当たりをつけた。

その後にイエスが起きると予言した出来事を、改めて並べてみよう。

「その苦難の日々の後、たちまち、太陽は暗くなり、月は光を放たず、星が空から落ち、天体は揺り動かされる。」

「そのとき、人の子の徴が天に現れる。そして、そのとき、地上のすべての民族は悲しみ、人の子が大いなる力と栄光を帯びて天の雲に乗って来るのを見る。」

「人の子は、大きなラッパの音を合図にその天使たちを遣わす。天使たちは、天の果てから果てまで、彼によって選ばれた人たちを四方から呼び集める。」(以上、マタイ24・29〜31)

「人の子は、栄光に輝いて天使たちを皆従えて来るとき、その栄光の座に着く。そして、すべての国の民がその前に集められると、羊飼いが羊と山羊を分けるように、彼らをより分け、羊

を右に、山羊を左に置く。」（同25・31～33）
「そこで、王は右側にいる人たちに言う。『さあ、わたしの父に祝福された人たち、天地創造の時からお前たちのために用意されている国を受け継ぎなさい。』」（同25・34）
「それから、王は左側にいる人たちにも言う。『呪われた者ども、わたしから離れ去り、悪魔とその手下のために用意してある永遠の火に入れ。』」（同25・41）

さて、私の率直な印象を言えば、「人の子の徴が天に現れる」辺りから、変に迷信的というか、宗教的な色彩が濃くなっている。どうやらイエス予言は、時と共に醸成されていったキリスト教独特の宗教的世界観によって後世、かなり歪められてしまったようだ。

この状態は、例えるなら、二千年の間に「埃《ほこり》まみれ」になったようなものだ。だから、現代人の常識のフィルターで、なるべく「生の状態」を浮かび上がらせることが必要だ。そうやって「埃」を払うことによって、イエスの言葉の真価が甦ると言えよう。

しかも、その種の補正は、クリスチャンでない第三者だからこそ、冷静かつ客観的に行えるのではないか。だとするなら、日本人ほどの適役はいないように思われる。

まずは天に現れるという「人の子の徴」だ。イエスの証ということで、昔からイメージされてきたのが大空に輝く十字架である。だが、私は**オリオン座のベテルギウスの超新星爆発では**

ないかと考えている。前述のように、爆発が近い。その際、満月よりも強烈に青く輝き、あたかも第二の太陽の出現を思わせるという。「エズラ記」もまた、終末の徴として**「突如として夜中に太陽が輝き、真昼に月が照る」**（エズラ5・4～5）と記す。ホピの予言に登場する「青い星」も同じと思われる。また、あるチベットの僧侶も、古代史研究家のアンドルー・トマスに対して、「悪の力が頂点に達したとき、シャンバラはかならず木星の彼方の天体を動かして光らせるだろう」と語ったという（「ムー」48号掲載の論考「シャンバラ大予言」上坂晨）。
どうやら、私たちは「大艱難」と時を同じくして、超新星爆発にも立ち会えるらしい。

聖書に数多く登場する不思議な〝雲〟とは何か

天体ショーの次は、いよいよイエスの「再臨」だ。

果たして、聖書の字句通り、本当に〝雲に乗ったイエス〟が現れ、そして〝翼の生えた天使たち〟が現れて、人々を集めて回るのだろうか。

聖書根本主義者でもなければ、とうてい額面通りに受け取れる話ではない。明らかに宗教的なファンタジーだ。だが、孫悟空の「きんと雲」ではないとしたら、「天の雲」の正体は何だろうか。実は、ヒントとなる記述が聖書にはたくさんある。とりわけ、モーセの時代には多すぎるくらいだ。だから、以下、一部だけ抜き出してみよう（傍線はすべて筆者）。

「（略）わたしが立てる契約のしるしはこれである。すなわち、わたしは雲の中にわたしの虹を置く。これはわたしと大地との間に立てた契約のしるしとなる。わたしが地の上に雲を沸き起こらせ、雲の中に虹が現れると、わたしは（略）すべて肉なるものとの間に立てた契約に心を留める。」（創世記9・12〜15）

「主は彼らに先立って進み、昼は雲の柱をもって導き、夜は火の柱をもって彼らを照らされたので、彼らは昼も夜も行進することができた。昼は雲の柱が、夜は火の柱が、民の先頭を離れることはなかった」（出エジプト記13・21〜22）

「モーセが民の言葉を主に取り次ぐと、主はモーセに言われた。『見よ、私は濃い雲の中にあってあなたに臨む。』」（出エジプト記19・8〜9）

「モーセが山に登って行くと、雲は山を覆った。主の栄光がシナイ山の上にとどまり、雲は六日の間、山を覆っていた。七日目に、主は雲の中からモーセに呼びかけられた。主の栄光はイ

	イエスの予言（マタイ書 24：1～26：2）	実際の出来事
①	戦争の騒ぎや戦争の噂を聞く。民は民に、国は国に敵対して立ち上がる。	ＩＳの活動、中東紛争、欧州 VS イスラム世界、中東大戦、第三次世界大戦など
	方々に飢饉や地震が起きる。	上記に世界的な異常気象や経済恐慌も重なることによる飢饉、日本の関東・南海トラフ大地震、北米の西海岸地震、その他の地域の大震災など
	あなた方は苦しみを受け、殺される。私の名（イエス・キリスト）のために憎まれる。	キリスト教徒に対する大迫害・大虐殺
②	憎むべき破壊者が聖なる場所に立つ。	「外国の軍旗」または「異教の祭壇」がエルサレムの神殿の丘に設置
	大艱難（great tribulation）が到来する。	キルショット、小惑星衝突など
	偽メシアや偽預言者が現れて、大きな徴や不思議な業を行う。選ばれた人たちをも惑わそうとする。	文字通り
	太陽は暗くなり、月は光を放たず、星は空から落ち、天体は揺り動かされる。	文字通り（大艱難による天変地異現象）
	人の子（イエス）の徴が天に現れる。	ベテルギウスの超新星爆発
③	人の子（イエス）が大いなる力と栄光を帯びて天の雲に乗って来る**(=イエスの再臨)**。	?
	すべての国の民がイエスの前に集められて“裁き”を受ける。「永遠の罰」か「永遠の命」かにより分けられる**(=最後の審判)**。	?

©Takaaki Yamada

イエスの予言と実際の出来事の比較

果たして残る二つの真相は…？

スラエルの人々の目には、山の頂で燃える火のように見えた。モーセは雲の中に入って行き、山に登った。モーセは四十日四十夜山にいた。」（出エジプト記24・15〜18）

「モーセが幕屋に入ると、雲の柱が降りて来て幕屋の入り口に立ち、主はモーセと語られた。（略）主は人がその友と語るように、顔と顔を合わせてモーセに語られた」（出エジプト記33・9〜11）

「雲は臨在の幕屋を覆い、主の栄光が幕屋に満ちた。（略）雲が幕屋を離れて昇ると、イスラエルの人々は出発した。（略）旅路にあるときはいつも、昼は主の雲が幕屋の上にあり、夜は雲の中に火が現れて、イスラエルの家のすべての人に見えたからである」（出エジプト記40・34〜38）

「エシュルンの神のような方はほかにはいない。あなたを助けるために天を駆け、力に満ちて雲に乗られる。」（申命記33・26）（＊エシュルンはイスラエルの別名）

最初から順に解説すると、雲とは**「虹色に光り、夜は火のように輝き、神がその中にいて、**

乗るものである」ということになる。いったい、この物体は何なのだろうか？

それについて結論する前に、先に「天使」の正体についても迫ろう。

「天使」と「天の雲」の真の正体

預言者ダニエルの前に、「お前の民に将来起こるであろうことを知らせるため」として奇妙な天使が現れている。ダニエルの表現を借りると、「体は宝石のようで、顔は稲妻のよう、目は松明の炎のようで、腕と足は磨かれた青銅のよう、話す声は大群衆の声のよう」である。現代人からしたら、やたらメカメカしているように感じられる。まるで**スピーカー付きのロボットか何か**である。しかも、なぜか「未来」を知っている。

また、他ならぬイエスの生涯にも、不可解な「天使」の影が常について回る。

最初は、母マリアが身ごもった時だ。主の「天使」が夫ヨセフの夢に現れて、「マリアは男の子を産むから、その子をイエスと名づけなさい」などと命じている。

その後も、天使はたびたび夢に現れ、ヘロデ王がその子を殺そうとするからエジプトに逃げろとか、王が死んだからもうイスラエルに帰ってよし、などとも告げている。

伝道直前の四十日間の断食の時もそうだ。見事に悪魔を退けてみせたイエスの前に、天使たちが現れて「仕えた」とマタイ書は記す。以来、イエスの霊力はさらにパワーアップした。そして、積極的に人々に教えを説きつつ、奇跡を次々と起こすようになる。

彼らはイエスの処刑後にも現れる。マリアたちが彼の墓を見に行った場面だ。

「大きな地震が起こった。主の天使が天から降って近寄り、石をわきへ転がし、その上に座ったのである。その姿は稲妻のように輝き、衣は雪のように白かった」（マタイ28・2〜3）

この「石」というのは、墓の入り口の蓋石《ふたいし》のことだ。天使はこれを脇へどかせると、マリアたちに対して恐れないように言い、イエスがすでに復活したことを告げた。

最後は、復活したイエスが天に引き上げられる場面だ。その様子を弟子たちがずっと見守っていた。すると、いつの間にかそばにいた「白い服を着た二人」（＝天使）が、「あなたがたが見たのと同じ有様で、またおいでになる」（使徒言行録1・11）と告げた。

このように、**イエスの周囲をやたらと「天使」がうろうろしている。生まれる前から昇天するときまで、文字通り一生涯にわたって彼らの姿がついて回る**と評しても構わない。

天使の外観というと、「翼のついたキューピッド」風のものを想像する人もいるだろうが、それは後世の創作にすぎない。だが、翼が後から付け足されたのも、彼らが空中を移動するからだ。実際にはダニエル時代から、人間に近い姿をしており、しかも「稲妻のよう」に輝いている。言葉を話すが、突然現れたり消えたりして、どこか超人間的である。

率直な話、次々と疑問が湧いてくる。いったい君たちは何者なのだ？　なんでイエスに付きまとっているのか？　なんで未来のことまで知っているのか？　興味は尽きない。

さて、現代的な感覚でファンタジーの要素を極力取り除いた場合、これらの正体についてどのように推察することが、もっとも妥当だろうか。

いったい、「天使」とは〝誰〟なのか？「天の雲」とは〝何〟なのか？

お察しの通り、**これはエイリアンとその飛行物体である。**それ以外にありえない。

宗教的迷信は極力取り除かねばならない

さて、「天使」と「天の雲」の正体については察しがついたが、だとすると、再生イエスがその天使たちを遣わして「選ばれた人たち」を集め、彼らが天国で永遠に生きられるか、それとも地獄で永遠の罰を受けるかを決める「最後の審判」を行うという部分は、ますます不可解であり、奇怪にすら感じられる。実は、私がもっとも嫌悪を感じるのがこのパートだ。

いかに悪人といえども、「永遠の火」で焼かれるというのは異常である。しかも、その罪状として挙げられているのが、「わたしが飢えていたときに食べさせず、のどが渇いていたときに飲ませず、旅をしていたときに宿を貸さず、裸のときに着せず…」といった程度の〝不親切〟ときたものだ。この程度のことで神から呪われ、悪人のレッテルを貼られた人が「永遠の罰」を受けさせられる。対して、同様に、この程度のことで〝正しい〟とされた人は「永遠の命」にあずかるという。まったくもって茶番以下と言わざるをえない。

だいたい、この奇妙な「審判」はイエス自身の言葉とも矛盾しているのではないか。なぜなら、イエスは「人を裁くな」と説いているし、自分が来たのは、正しい人ではなく「罪人を招くため」とも言っている。対して、「審判」は逆に〝過剰裁き〟とさえ言えよう。

こういった矛盾をどう解釈すればよいのだろうか。私の考えでは、「人を裁くな」というのがイエス本来の言葉で、「呪われた者ども、（略）悪魔とその手下のために用意してある永遠の火に入れ」というのが後世の宗教権力による「でっち上げ」である。

おそらく、キリスト教の国教化の過程で捏造されたもので、その動機は権力欲・金銭欲だろう。事実、**イエスの終末予言ほど民衆支配に悪用されてきたものはない。**

天国で永遠に生きられるか、それとも地獄で永遠の罰を受けるか、どちらがよいかと問われれば、誰だって前者に決まっている。しかし、結局それを決めるのが教会なのだ。

傍から見ると滑稽に思えるが、このような「最後の審判」の神話を信じ込まされた人々は、強い宗教的恐怖心に支配され、なんとか〝選ばれる側〟になろうとするらしい。つまり、教会からすると、彼は進んで喜捨をする熱心な信者というわけだ。ビジネスの観点からすれば、これほどボロい商売もない。なにしろ売りつけるのは「精神商品」のため、仕入れなどの元手が一円もかからない。その上、売りつける側が権威者ヅラでき、買わされる側が腰を低くして相手を先生として敬わなければならない暗黙のルールがある。

教会権力はいつしか、**無知蒙昧《もうまい》な民衆を震え上がらせるほど、精神的にも経済的にも容易に人々を支配することができ、自分たちが特権を享受できるメカニズム**に気づいたのだ。だから、**彼らは「信仰」と称して、常に人々に宗教的恐怖心を植え付けようとする。そのためのもっとも効果的な手段が「終末予言」と「最後の審判」の吹聴だ。**こうして震え上がらせた後で、唯一の救済策を提示する。すなわち、「救われたければ信仰を強くしなさい」というわけだ。他方で、己の既得権益を守るために、異端の教えは徹底的に殲滅する。

彼らはまっとうな「愛の教え」の部分で人々の魂を引き付けつつ、もう一方では恐怖心を煽り、そこから逃れる術と、天国に行けるといった褒美をぶら下げるのだ。意識的であれ無意識的であれ、洗練された手法でこの心理メカニズムを悪用してきた宗教こそがキリスト教（＊）

＊むろん、仏教やその他の宗教でも同じことが言える。とりわけ「地獄」という概念を設定している場合、まず注意する必要がある。教義に反したら、組織を抜けたら、改宗したら、命令に背いたら、寄付しなければ、といった理由で「地獄に堕ちるぞ」という脅し文句が口頭または文書で用いられる宗教および集団は、例外なく低次元な偽物である。すぐにでも縁を切ることが、むしろ人の務めだ。卑劣な犯罪に対して思わずついて出た憤りならともかく、恐怖心を煽る目的で罪無き人々に用いた場合、その行為自体が脅迫の罪となる。

なのである。このような手法は今日に至るまで、カルト宗教の信者獲得の悪しき鋳型《いがた》となっている。無意味な恐怖に呪縛されている人々を解放するためにも、われわれはその原型たる「最後の審判」のトリックを見破り、虚構を破壊せねばならない。

それがまた、真のイエス予言を回復することでもある。

「最後の審判」の真相は宇宙社会による「選別救済」だった

おそらく、真相はこういうことではないだろうか。

大艱難の後、人々が絶望しているときに、**エイリアン船の大編隊が出現するのだ。**彼らの目的は、もちろん地球を侵略するためではなく、人類のレスキューである。

その部隊にあって、**地球側の代表者であり、また救助の指揮官となるのが再生イエス**なのではないか。彼が大編隊を指揮する様はさぞかし威厳に満ちているに違いない。イエスが「大いなる力と栄光を帯びて天の雲に乗って来る」とは、その様子を表しているのだ。そして、エイリアンの小型船が「天の果てから果てまで」人々を救助して回る。

しかも、「主イエスが力強い天使たちを率いて天から来られるとき、神はこの報いを実現なさいます。主イエスは、燃え盛る火の中を来られます」（テサロニケの信徒への手紙二1・7）

との記述から、その救助活動はまだ破滅の炎が燻《くすぶ》っている段階で始められるようだ。

正直に言うと、私もこんなマンガみたいな主張はしたくない。だが、こうとしか解釈しようがないのだから、仕方がないではないか。しばしば現実は小説を超越するのだ。

また、これはエド・デイムスの近未来透視の内容とも酷似している。彼はキルショットの後、エイリアンが人類の救済に駆けつけ、文明の再建を支援すると予言している。

ただし、である。**エイリアンたちが全員を助けるわけではないことは、前もって知っておく必要がある。**私は先ほどから「最後の審判などという馬鹿なことがあるはずがない」と繰り返してきた。この考えに変わりはない。だが、二千年前のイエスが「そのとき、畑に二人の男がいれば、一人は連れて行かれ、もう一人は残される。二人の女が臼をひいていれば、一人は連れて行かれ、もう一人は残される」と予言したように、何らかの「選別」があるのは間違いない。つまり、**人々の行き先を永遠の天国と地獄とに分ける「魂のジャッジ」はなくとも、実際にその場で人の生死を決めるジャッジはあるということだ。**

地球人類を長年見守ってきたエイリアン側の視点に立ってみる必要がある。人々を「一律救済」してしまうと、人類はその後、またしても以前と同じような闘争的・競争的な物質文明を再建してしまうだろう。つまり、救済しても結局は元の木阿弥になる。だから、エイリアンたちは、今度こそ徹底的に平和的な社会を再建させるつもりなのだ。

それゆえ、**再生イエスとエイリアンたちは「選別救済」という荒療治に打って出るのだ。**要は、悪人はいちいち助けて回らない。闘争的な人物やエゴの強い人物は、旧世界と運命を共にしてくださいという話である。もちろん、個別に面接テストしている暇などないから、人の精神水準を客観的に測るテクノロジーを用いるのだろう。進んだ文明を持つ彼らならば、たとえば人が放射する「オーラ」の性質を一瞬にして見極める装置を開発していても不思議ではない。

彼らはそういった「判別装置」を用いて「善人優先」の救助を実施し、ある基準以下の者を容赦なく切り捨てていくのだ。だから、同じ畑にいても、ある人は救助され、ある人は見捨てられるという、奇妙なことが起こるのである。

だが、それは決して永遠の裁きなどではないことに留意すべきだ。それは現代における通常の死と同じであり、仮にその時に選ばれなかったとしても、要は「あの世」に移行するだけの話である。だいたい私自身も選ばれる側だとは思っていないので、読者のあなたも、自分が選ばれるか否かといったことについて変に気に病む必要はない。

ところで、「日月神示」にも同様の内容を描写していると思われる記述がある。

「四ツン這ひになりて着る物もなく、獣となりて、這ひ廻る人と、空飛ぶやうな人と、二つにハッキリ分かりて来るぞ、(略)一時は天も地も一つにまぜまぜにするのざから、人一人も生きては居れんのざぞ、それが済んでから、身魂みがけた人間ばかり、神が拾い上げてミロクの世と人間とするのぞ、（略）いざというときには神が知らして一時は天界へ釣り上げる人間もあるのぞ。（略）何よりも改心が第一ぞ」（岡本天明『太神の布告』太陽出版）

これなどはもっとあからさまに「選別救済」を表していると言えよう。

ある疑惑――なぜ彼らは最初から助けないのか？

だが、ここで、ある疑問が湧いてこないだろうか。

エイリアンたちが「奇跡のリンゴ」の木村秋則氏に対して、あえて「終わりの日付」を告げたということは、裏を返せば「大艱難の到来自体はとりたてて止めるつもりはない」という恐るべき意志表示でもある。仮にそれが小惑星の衝突だとしよう。本当に人類を助けるつもりなら、どうして彼らはその軌道を変えてくれないのだろうか。あるいは、キルショットだとしよう。太陽フレアの放出自体は止められないとしても、どうして彼らはその日付を前もって教えてくれないのだろうか。小惑星衝突にせよ、キルショットにせよ、その到来日を警告してくれれば、われわれはもっと対策なり準備なりがし易いはずだ。

彼らはなぜか、「大艱難」が到来する正確な日時まで承知していながら、あえて人類の大半が滅ぶにまかせ、その後から救援に来る、というのである。なぜこんな矛盾した、奇妙な行動をとるのだろうか。なぜ助けるなら、最初から全員を助けてくれないのだろうか。

この疑問に対して、様々な推測が成り立つ。

第一に、自然現象は、それが地球上であれ宇宙空間のものであれ、放置するのがルールだということだ。だから「内政不干渉の原則」が適用される。つまり、地球人は自ら自然の脅威と立ち向かい、それを克服しなければならないということだ。ただし、他方で、それまでの地球の高等生物の進化の蓄積が無に帰す事態も防ぎたい。そこで一部の人類だけは救うことにする――これはちょうど、われわれが「種の保存」を理由として、火山爆発で滅ぶことが予想される島から固有種の一部を救おうとする行動にも例えられる。

第二に、内政不干渉云々の「宇宙法」にかかわらず、彼らにはこの自然現象を地球の大改革に利用する政治的な意図があるということだ。もっとはっきり言えば、地球環境の持続の観点からも、今の地球文明がいったん滅んでくれたほうが都合がよい。それが宇宙社会のため、ひいては地球人自身のためだと、彼らが内心で確信しているということだ。

私個人は、この第二の説を支持する。それゆえ、エイリアンたちはあえて大災害を黙認し、地球の人口を一挙に間引くつもりなのだ。そして、**一部の人間だけを救って、今度こそ宇宙基準で見た〝まともな知的文明〟を再建させるつもりなのである。**

これは表面的には非常に冷酷な措置に思える。だが、仮に「大艱難」から人類を救ったところで、結局は地球の文明がそのまま突き進んで最終的に破滅するとしたら、その救済に何の意味があるだろうか。一時的に人類社会の寿命が延びるだけで、遅かれ早かれ地球環境もろとも自滅してしまうだろうと、彼らがそう冷徹に予測しているとしたら、ある意味、これが地球と人類の両方を救う最終手段かもしれないのである。

そして、第三は、そもそもこれは純粋な自然災害などではないという見方だ。もしかすると、彼らが関わっているのではないか。いや、もっとはっきり言えば、彼らが黒幕なのではないか。つまり、**これは意図的な攻撃であり殲滅ではないか**という疑念だ。

仮にそうだとしたら、その真意はおそらく人智の及ぶところではない。彼らはそうやって大昔から地球をコントロールしてきたのかもしれない。あるいは、「地球を生かすためには人類を駆除するほかない」というロジックなのかもしれない。これは、あくまでフィクションだが、映画『地球が静止する日』に登場するキアヌ・リーブス主演のエイリアンが使った論理として有名だ。もしくは、彼らとしてもやりたくはないが、宇宙社会の「安全保障政策」を実施せざるをえないのかもしれない。つまり、好戦的な意図を持って宇宙社会へと進出してくることが確実視される危険な種族に対する「正当な自衛権の行使」というわけだ。それとも、もっと他の意図があるのだろうか。真意は私にも分からない。

いずれにしても、エイリアンたちは「大艱難」を阻止するつもりはないようだ。

二千年前の出来事は伏線だった

聖書には、イエスが弟子とともに山に登り、モーセとエリヤの霊と対面する、なんとも美しい場面が描かれている。その時、「光り輝く雲」が彼らの頭上を覆い、その中から「これはわたしの愛する子、わたしの心に適う者」という声が発せられた（マタイ17・5）。

この二千年前のパレスチナで、イエスはすでにエイリアン側から「選ばれていた」ことは間違いない。地球外文明はイエスがいつどこで生まれるかという情報すら、以前から知っていたようだ。また、彼の復活と昇天の場面にも天使が立ち会っている。このように、イエスの生涯には、異常とも言えるほど「地球外知的生命」の影がついて回る。

彼らは「大艱難」後、選別を伴った人類救済活動を実施するようだ。そして、そのレスキューおよび後の文明再建事業のリーダーとして、すでに再生イエスを選んでいる。

ここまで深く関与していると、**エイリアンたちはもはやイエスの「関係者」というより、ほとんど「プロデューサー」と称してもよい存在**ではないだろうか。しかも、ある一生涯だけでなく、その人物の来世にも関わるという、異常に長期の計画に基づいている。

しかも、イエスだけではない。仮にイエスの約6世紀前の預言者ダニエルやエゼキエルの前に現れた存在もエイリアンだとしたら、どうだろうか。二人が詳しく書き記している存在は、異様かつメカニックであることで知られ、とても地球上のものとは思えない。

また、ヨハネとイエスの前世が、その900年前に存在したエリヤとエリシャの師弟コンビだとしたら、どうだろうか。モーセ以来の大預言者であるエリヤは、最後には「火の馬に引かれた火の戦車」によって天に引き上げられた(列王記下2・11)。そして、イエスが山の頂で「光り輝く雲」と遭遇したとき、そこにはモーセとエリヤも同席していた。

これら一連の人物や出来事にすべて地球外文明が関わっているとしたら、終末時のプロジェクトは、二千年前というより、約3500年前から計画されていたことになる。

これには私自身も驚愕している。明らかに太古から未来へと至る、時空を超えた意志と計画の存在を示している。こんなことを真面目に主張したら、私はおそらく、頭がおかしいと思われること請け合いだろう。

もっとも、それはわれわれの時間感覚かもしれない。彼らにしてみれば、地球時間で数千年の月日は、ほんの一~二世代のことなのかもしれない。あるいは、二千年前の「イエス担当者」が未だに「現役」という可能性も考えられる。だからこそ、「数千年にわたる救世主発掘&育成プロジェクト」に取り組むことができるのではないか。

いや、単に異常な長寿だけでは、エイリアンたちが地球の未来を予知し、すでに新たな人類社会のリーダーとなるべき個人の魂を選抜している理由としては不十分だ。

もっとも合理的なのは、彼らが〝時間超越者〟であるという仮説だ。そう推理すると、彼らの驚くべき用意周到さにも説明がつく。もしかすると、文明が極限にまで進んだ結果、彼らは時間と空間のない領域を自在に横断し、任意の時空ポイントを観察したり、一瞬のうちにジャンプしたりできる科学技術を手に入れたのかもしれない。しかも、ある個人の魂がいつどこで転生するか、という追跡まで可能なようだから、彼らの科学力は物質世界の次元まで超えている。つまり、**彼らは時間・空間・次元すらも超越できる存在だ。**

おそらく、彼らを鳥に例えるなら、われわれは地面に這いつくばって平面しか認識できない蟻に等しい。よって、地球人への関与や操作など、思いのままに違いない。

とすると、われわれの常識に反して、物事の順序を逆さまにひっくり返したほうが、むしろ筋道が通るではないか。つまり、**エイリアンたちの念頭にあるのは最初から「大艱難」後の新世界の創造事業**というわけだ。彼らは大昔から――時間超越者だからこの表現は意味を成さないが――地球の文明が最終的に滅びることを見通していたのだ。

いや「知っていた」と言うべきか。だから、彼らは地球再建のリーダーとして誰がふさわしいかを考え、ある一人の人物を選んだ。仮に彼個人の魂を「実体α」としよう。エイリアンたちは終わりの時、「実体α」が大衆への指導力を発揮できるように、過去へ遡って関与することにしたのだ。平たく言えば「箔を付ける」ことにした。

それが、あの二千年前の出来事だったのではないか。

繰り返すが、「遠い未来」とか「遠い過去」というのは、われわれ地球人の概念で、彼ら的には一枚のDVDのような情報にすぎない。そこには過去も未来も記録されている。だから、念頭にあるのは、常に最後のメインイベントのことなのだ。ちょうど、あらかじめ一つのストーリーを時系列で把握しているフィクション作家と同じである。作家はより良い結末を成立させることを意図して、前のほうに伏線を入れておくことを考える。

同じように、エイリアンたちも結末に焦点を当ててシナリオを練った。だから「実体α」の権威をいっそう高めるために、**彼の登場自体が人類史的なビッグイベントとして、その何百年も前から幾多の預言者によって告知されるよう仕向けた。**さらに死後は、ある弟子には彼の伝記を書かせ、ある弟子には各地を回って宣教させた。すべては「未来のデビュー」に合わせた伏線だった——そう考えると、すべての辻褄が合うではないか。

「彼は来るはずだったイエスである」

このような仮説に拠るならば、なぜイエスが「奇跡のバーゲンセール」を行ったのかも理解できる。霊的な観点から言うと、人それぞれ病気になったのには理由があるため、〝奇跡〟を駆使して片っ端から治療していく行為には疑問を覚える。しかし、イエスが当初から今生での役割を知っていたとしたら、話は別だ。彼としては、二千年後に人類の真の救世主としてデビューしなければならない。だから、短い間にできるだけ多くの人々の注目を集める必要があった。まるで何かに取り付かれたように奇跡を乱発したのは、その必要があったからに他ならない。しかも、単に〝マジックで目立つ〟だけでは駄目で、霊的指導者としてこれ以上ないほど適格であることを、未来の人々に対して示さねばならなかった。だから、すべてを予知しながら、あえて残酷な運命を甘受したのだ。

そしてまさに、彼らの意図した通り、私たちは世代を超えてイエスの物語を語り継いできた。私たちは国や人種の壁を超えて、彼の言葉に感動し、彼の運命に涙してきた。

考えてもみたまえ。仮にこの伏線がなかったら、世界が滅んだあとに、われわれはもう一度争わねばならないだろう。あるいは〝民主的な投票〟によって、われわれのレベルの域を出ない凡庸な人物を指導者に選んでしまうだろう。もしくは、仮にエイリアンが選んだ青年だとしても、事前の伏線が欠如していれば、こう異議を唱えるだろう。

「誰だ、その若造は？　なんでオレたちがそんなやつに従わなくちゃならない？」と。

だから、事前に彼の道徳性と人間性を示し、真の権威に祭り上げておく必要があったのだ。

新時代の指導者が「イエスの生まれ変わり」だからこそ、私たちは無条件で尊敬し、従う気になれる。それゆえ、二千年前の「プレデビュー」が必要だったのだ。

すべては、愚かなわれわれ地球人類に、今度こそ宇宙社会の仲間入りができるような、まともな文明を作らせるためだ。そのための指導者は、従来のような君主でも、投票で選ばれた人物でもなく、あくまで霊的に最高水準にある者でなければならない。そういう人物でないと、人類を真に精神面で指導することができないからだ。エイリアンたちはまずその新世界の指導者としてふさわしい地球人(の魂)を見つけ、その地位に就けることを決めた。その「未来のデビュー」の伏線として二千年前の出来事を演出したのだ。

実際、彼はメシアと言われながら、現実にはその任務をほとんど遂行することなく世間の表舞台から姿を消した。彼のメシアとしての本領発揮は、実はこれからなのだ。

どうやら、以上が地球外文明による大経綸《けいりん》らしい。そして、もはや謎は存在しない。

さて、前述のように、彼はすでにこの世に生まれ変わり、人知れずわれわれの中を歩き回っておられる。そして2030年代のある日、予言された「大艱難」がやって来るだろう。まさにその時、われわれはある驚くべきドラマを目撃する。**彼がエイリアンと共に人類のレスキューを始め、その後の地球再建活動において主導的役割を果たすのだ。**人々はこれこそ予言されていた「再臨」であり「審判」だったことを知る。そして、誰もが彼こそ新時代の「王」たる資格のある人物であることを認め、従うようになるだろう。

その後に訪れるのは、まったく新しい世界だ。興味深いことに、これはエドガー・ケイシーの予言と大筋では同じだ。彼は人類滅亡の原因こそポールシフトとしているが、その後に生き延びた人々が「新たな種族」となり、新しい世界を築くとしている。

こうして、古い時代が終わりを告げ、新たな時代がスタートするのである。

いかがだろうか？　とうとう真実にたどり着いたと、私は信じている。

ところで、この本の影響を受けて、くれぐれも「再生イエス探し」に熱を上げることがないよう、ご忠告申し上げたい。終わりの日が近づくにつれ、偽メシアや偽預言者が大勢登場するらしい。彼らは驚くほど巧妙な詐欺を用い、時には奇跡すら起こして見せる。それゆえ、信仰に厚い人ほど必ず「偽者詐欺」に引っかかってしまうだろう。

だから「その日」が来るまで、私も誰かを指摘することはしない。

いずれある青年が公然と現れ、エイリアンから人類再建を託されるに違いない。彼は今風の名前をしており、前世に関して沈黙を守るため、当初は誰も彼の正体を知らない。

だが、真実は自ずと明らかになる。その時、初めて人々は彼を指して言うだろう。

「彼は来るはずだったイエスである」(He is Jesus who is to come.)

（了）

第6章のまとめ

○エドガー・ケイシーは「1998年にイエスのご入魂がある」とリーディングしていた。
○聖書時代には輪廻転生の概念は常識だったが、ローマ帝国時代に入ってから宗教会議によって否定された。だが、聖書にはそれを肯定している痕跡が今も残っている。
○イエスの「再臨」に先立って、必ずこの世への「再生」があるに違いない。ノストラダムスの「1999年の詩」こそ「イエスの再生」を予言したものである。
○ノストラダムスもまた「大艱難」を予言していた。
○再生イエスが30代となるのが2030年代であることから、「大艱難」と「再臨」の時期もまたその頃である可能性が高い。2030年代が真の終末の時期である。
○終末に「天に現れる徴」とは「ベテルギウスの超新星爆発」のことだ。
○イエスの全生涯について回る〝天使〟とはエイリアンのこと。一方、聖書に頻繁に登場する〝天の雲〟は彼らの飛行物体を表している。
○エイリアンは「大艱難」の発生自体をあえて阻止せず、その後に人類を選別救済することで地球文明を再建させるつもりだ。そのリーダーとして選ばれたのがイエスだった。

あとがき――希望に代えて

本文でも詳述したが、日本は次のような国家的危機に見舞われる可能性がある。政治家や官僚、マスメディアなどの責任ある立場の人々ほどよく留意してほしい。

第一に**「大地震とその後の（もしかすると日本だけでなく世界的な）恐慌」**だ。今や関東大地震と南海トラフ地震はいつ起きても不思議ではない。前述の通り３００兆円を超える被害額になると政府も認めている。そして日本経済だけでなく米経済、ひいては世界経済を道連れにする可能性がある。二つが連動して起きる可能性もある。

第二に**「原油・天然ガスの安定供給体制の崩壊」**である。原因は中東の戦禍の拡大だ。なんだかんだといって日本はそれらの供給の大部分を中東に依存している。ちょうどこの稿を書いている頃、サウジアラビアとイランの対立・断交のニュースが飛び込んできた。いずれサウジや湾岸諸国も戦災に巻き込まれる時が来ると覚悟していたほうがいい。

第三に**「第三次世界大戦の勃発」**だ。火種は「ウクライナ・中東・南シナ海」の三か所に存在し、かつ中東においては複数存在している。２０１５年６月にドイツで開催されたG７サミットでは「中ロ非難声明」が採択されたが、これなどは第二次大戦前の国際連盟において日独が公式に「国際秩序を乱す側」に認定された歴史を思わせる。

そして、第四が**「大艱難（＝地球規模の天変地異をもたらす何らかの宇宙的な災害）の到来」**である。これは日本一国というより全人類にとっての脅威だ。私は「キルショット」かもしくは「小惑星の衝突」であり、しかも時期は「２０３０年代」だろうと推察した。この災害により人類社会はほぼ壊滅し、エイリアン文明の介入を受ける。そして、二千年前にイエスと呼ばれた人物の転生者が地球再建のリーダーとなる——。

私は世間の常識からすれば荒唐無稽なシナリオを本書で提示した。だが、それは謎解きの結果を示しただけであって、別に「そのシナリオを甘受せよ」とか「運命だから諦めろ」などと訴えているのではない。運命がどうあれ、最後の最後まで被害の最小化には全力を尽くすべきだ。たとえば、東京オリンピックを中止し、その巨大な公共投資をすべて防災強化に振り向けたらどうか。今なら開催権をＩＯＣに返上したとしても、イスタンブール（トルコ）やマドリード（スペイン）などが再立候補すると思われるので、仕切り直しが可能だ。

原油に関しては今ほど買いだめの好機はない。現在、１kℓの原油先物が２万円前後。一年半前は同７万円だったので三分の一以下だ。思い切って政府・企業レベルで備蓄量を増やしたらどうだろうか。むろん、並行して脱化石燃料依存も進める必要がある。

第三次世界大戦に関しては、参戦などもってのほかで、「いかに巻き込まれないようにするか」を真剣に考えるべきだ。可能性が高いのはやはり「NATO対中ロ」の対決であり、すでにその将来を見据えて日米当局者の間にはNATO陣営に日本を組み込もうという政治的な動きすら見られる。だが、次の戦争は「最終戦争＝全面核戦争」になる可能性も高い。果たして今の流れでいいのか。日米安保解消や核武装中立といった戦略も含めて、回避のためにはいかなるタブーも設けずにあらゆる選択肢を議論すべきだ。

ちなみに、「関わるな」といえば、中東戦争や第二次朝鮮戦争も同じである。これらの地域戦争でも核兵器が使用される可能性がある。石油の大口購入者として、朝鮮半島の隣国として、日本はステークホルダー（利害関係者）の一員だ。とりわけ、北朝鮮からのテロ・核攻撃を受けたくなければ、日本はコリア民族同士の内戦に一切関わるべきでない。私の考えでは、戦争に巻き込まれさえしなければ、仮に第一と第二の危機で酷い目にあったとしても、日本は必ず復興できる。むしろ、真っ先に没落することで、次には「新生日本」として甦り、逆に没落した世界をリードできると、希望を抱いている。

むろん、最大の困難は第四の「大艱難」だろう。キルショット、小惑星の衝突、ポールシフト、全面核戦争、その他の超災害……いずれにしても「備える」ことはできる。たとえば、「シェルターの建設」はこれらのどの災厄に対しても有効だ。ある筋の情報によると、世界の支配エリートはすでに各地に地下基地を建設し、地球上のどこにいてもプライベートジェットなどでその日のうちに避難できるように準備しているという。

日本が生き残るためにも同様の施設が不可欠だ。ぜひとも国家プロジェクトとして推進してほしい。そのためには政府レベルで計画を立ち上げ、全省庁が互いに予算を持ち寄って各々の得意分野に注力する形が望ましい。整備の名目ならいくらでも考えられる。たとえば、国交省なら「防災基地建設」と「建設機械の確保」。文部科学省なら「巨大図書館の整備と文化財の保存」。防衛省なら「軍事基地」。農林水産省なら「種子バンク」と「野菜工場」。経済産業省なら「科学技術と工業・製造技術の保存」。その他、厚生労働省なら医療・衛生を担当し、警察庁なら警備・治安維持を担当する……という具合に。

日本が誇るシールドマシンを使って大山脈に長大な基幹トンネルを掘れば、そこから枝トンネルを伸ばしていくことで、ちょうど「巣」のように効率よく無数の基地を建設することができよう。大深度の海底基地も作り、ついでに地熱も採取すればいい。この巨大基地群は小型原子炉や高温岩体発電、風力その他の自主エネルギー源を有し、どんな地震や津波にも耐えられる設計にする。また、自主水源を有し、規定の収容者が十年や二十年は生存できるだけの食糧も保存しておく。

大事なことは、仮に「大艱難」によって地表が壊滅しても、その後に「再建国」できるだけの設備を整えておくことだ。こうして日本各地に将来を見据えた復興の拠点を作っておけば、とりあえず国が亡くなる心配はない。逆にいえば、このプロジェクトが立ち上がらなければ、「大艱難」後、日本は消滅し、全世界は狡賢《ずるがしこ》く生き残った欧米エリートの手に渡ってしまうだろう。

当然、民間も独自にシェルターの建設や購入に乗り出すべきだ。むしろ、この種のプロジェクトこそ、常日頃から熾烈《しれつ》な生存競争にさらされ、豊富な資金を持つ民間の出番と言えよう。各産業分野の企業が自社の生き残りをかけたシェルターを持てば、その分だけ日本の競争力も失われず、後の復興も早くなる。だから政府も民間にシェルター建設を奨励してほしい。

また、これからは個人出資型のシェルターもＮＰＯ事業やビジネスとして成立していくのではないか。ただし、従来型の一時避難・インフラ依存型シェルターでは超災害には対応できない。比較的標高のある場所で、独自の水源と浄化槽、風力・水力などの自然エネルギー源を備えていることが必須だ。

しかも、普段の暮らしにおいても、個々と地域が自給自足力を高めていくことが望ましい段階に入っている。「備えあれば憂いなし」というが、結局、サバイバルに向けて努力した人だけがその果実にあずかることができるのだ。

ところで、「大艱難」の正体が何であれ、小惑星の衝突が地球的な大災害をもたらしかねないリスクであることはよく知られている。実は本稿を書き終えた直後、まさにそのリスクから地球を防衛することを目的としてＮＡＳＡが「惑星防衛調整局（ＰＤＣＯ）」を新設したというニュースが飛び込んできた。ロシアも独自に研究しているらしい。こういったニュースは本当に喜ばしい。結局、地球のことは地球人がやるほかないのだから。

ただし、ＳＧＳ（スペース・ガード・システム）についてはもう二十年も前から言われてきた。ようやく一国が重い腰を上げたわけだが、ただ、太陽系内の小惑星の観測システムだけならともかく、地球衝突コースにある小惑星の迎撃システムを可及的速やかに構築するには巨額の予算が必要になることも確かで、ＮＡＳＡだけに押し付けるのは決してフェアではない。やはり、この「芽」を大切に育てて、国際社会の協力体制へと持っていく必要がある。そのためには今のように国々が互いに争っている状態だと難しい。戦争なんぞにウツツを抜かしている場合ではない。結局、滅亡の危機に臨んでも互いに協力できない種族は、最初から宇宙社会の仲間入りをする資格がないのかもしれない。

対策のテクニカル面についていえば、光度曲線を分析し、形状と自転パターンを把握した上で、核ミサイルを使用する、何らかの重物体を接触させる、強力なレーザー光線で表面を蒸発させる等の破壊・軌道変更方法が提唱されている。それで映画のように本当に迎え撃つことが可能なのか、素人の私には分からない。ただし、その研究のためにも宇宙開発をいっそう推進する必要があることだけは分かる。ＪＡＸＡ（宇宙航空研究開発機構）の小惑星「イトカワ」

探査などは、迎撃の基礎研究としても有効に違いない。

ついでに、万一避けられなかったときのサバイバル策として、大深度シェルターだけでなく、月面や火星基地の建設・移住計画なども進めるべきだ。つまり、日本は人類的な協力体制の確立に力を貸しつつ、一方で自力救済の手も並行して打っておくべきだ。

以上のように、政府から企業、はては個人に至るまで、やれることがたくさんある。まずは預言の大枠の中にあっても、できるだけ自身の運命を好転させる努力をすべきだ。それをやり尽くしたなら、今度はフレーム自体を変えることを目指せばいい。ある意味、ここからが本当に私が力説したいことだ。私はイエスという人物を心から尊敬しているが、それでもクリスチャンではない。仮にこの本で描いてみせた未来をイエスが「幻視」したからといって、われわれがおとなしく従わねばならない道理はない。

どうせ私のような人間は斬り捨てられる側だろう。だから徹底的に悪あがきをしてみたいのだ。びくびくして淘汰されるのを待つだけの立場はごめんこうむる。身のほど知らずだが、私は「できるだけ多くの人々を救えないか」とか、「このシナリオをひっくり返せないか」などと考えている。そのためにもどうしても預言を解き明かす必要があった。

その際、私は聖書に対する自分なりの直感や思索に従い、一般的なキリスト教からすればあえて〝間違っている〟ことも意図して書いた。だから、たとえ聖書であっても自分が「おかしい」と思った点ははっきり指摘もした。ゆえに、正統なクリスチャンや学者から「ここが違う、あれも違う」といった細かな指摘があると思うが、それは承知の上である。

もっとも、〝正統な〟解釈を振りかざして人を裁く前に、イエスが人々に何を説き、ファリサイ派が彼にどう振る舞ったのかを思い出してくれるとありがたいのだが…。

また、「悪戯に危機を煽るな」と批判する人もいよう。たしかに、人類滅亡の危機はこれまでも喧伝され、人騒がせな結果に終わってきた。だから批判する人の気持ちも分かる。しかし、今度こそは「本当」という気がしてならない。なぜなら、国際情勢や経済の分析結果と予知予言などの超自然情報という二つの異質なインテリジェンスがピタリと符合する時代に突入したからだ。ちょうど、火災報知機と煙感知器がそれぞれ単独で作動するよりも同時に作動した場合のほうがはるかに真火災の確度が高いのと同じ理屈である。だからこそ、「20世紀末」と「2012年」の終末論騒動に対して極めてシニカルだった私が、今回は浅学ながら初めて世間に警鐘を鳴らす側に回らせていただいた。そういう意味で私はスピリチュアル・陰謀論界隈に昔から生息する「オオカミ少年」ではない。

私としては〝悪戯〟のつもりはないし、あくまで被害の最小化を真意としている。リスクそれ自体を想定しないことには、いかなるリスク管理も成立しえないのもまた事実だ。なればこそ、ここに例示したように、なにがしかの対策を考えることも可能になる。

賢明な読者ならきっと真意を分かっていただけると信じている。私はそもそも運命論者ではないのだ。本文でも触れたように、人間は根源的な部分で自由だというのが私の信念だ。未来は大宇宙（神）と小宇宙（人）との照応によって最終的に決定される。つまり、それは流動的な「仮シナリオ」にすぎず、人間側からの働きかけ次第で常に変化する可能性を秘めている。そして私たちには自由意志が与えられている。小なりとはいえ、私たち一人ひとりも、その想念・言動・行動を通して未来の創造に関わっているのだ。

だから、人間を運命という荒波に翻弄されるだけの木の葉のような弱い存在だとして諦めたり、クリスチャンのように世の終焉とイエスの再臨を待望したりするならば、世界はこのまま預言の方向へと突き進むだろうが、断固として運命と戦うならば、われわれの手で新たな未来を分岐させることも決して不可能ではない。だから、「どうせ今の世界は終わる運命なのだ、人類の大半は滅んでしまうのだ」などと諦めて虚無に陥ったり、人生を投げたり、努力することを放棄したりせずに、徹底的に「運命」とやらに抗《あらが》ってほしい。

といっても大それたことをやる必要はない。要は自分が少しでも前よりポジティブになればいい。自分が変われば必ず周囲の人々や世界によい影響を与え、それが変革のエネルギーになると信ずること。それを一人ひとりがやれば、未来を変えるとてつもないパワーになる。

私が師と仰ぐある人物はかつて次のように言った。

「四六時中、『運命が、運命が』と口癖のように言って、運命に大きな力を持たせてはいけない。運命がどうあれ、行動し続けることこそ大切なのだ。運命さえも行為なしには成就しない。自分の力を決して過小評価してはならない。力の限りを尽くしなさい。それからなら気のすむまで運命について話してもよい。運命のせいにして成すべきことを成さないのは間違いである。**全力を挙げて努力するならば運命さえも逃げてゆく**」

なんという力強い言葉だろうか。ここに述べたことが「運命」だというなら、みんなの力で変えてみせるまでだ。私たちは決してお釈迦様の手の平の上で踊らされているだけの孫悟空ではない。勝負はまだついちゃいない。ゲームは最後の最後まで分からない。

さて、最後の最後になりましたが、本書の出版を快く承諾してくださった株式会社サイゾー社長の揖斐《いび》憲《ただし》さん、出版の企画を立ち上げていただいた月間5千万PVを誇る知的好奇心サイト「TOCANA」編集長の角由紀子さん、編集の実務を担当していただいた高橋聖貴さんに、心から感謝を申し上げたいと思います。

山田高明

著者プロフィール

山田高明（やまだ　たかあき）

フリーランスライター・超常分野研究家。
1969年京都市生まれ。大阪芸大環境計画学科中退。元「と学会」所属。会社員とライター業を続ける傍ら、一般の学問体系の外に位置する霊的知識・スピリチュアリズム・陰謀論などの「超常分野」に取り組む。とりわけ本書のテーマである聖書預言は30年に渡って研究中。単純なオカルト肯定派ではなく、批判的立場から『トンデモ予言者大集合』（KKベストセラーズ）を上梓し、「と学会」本に執筆参加するなど、複眼的な視野も併せ持つ。近年はネットメディアで記事を発表する機会が多く、「ヤフー」や巨大掲示板に転載されることもしばしば。超国家勢力やエイリアン問題を含む「超常分野」知識と、現実の歴史・国際情勢とを体系的にリンクさせ、隠された世界の秘密に迫ろうと奮闘している。

神々の予定表《アジェンダ》

2016年4月15日　初版第1刷発行
2017年5月31日　　　第3刷発行

著　　者　山田高明

装　　丁　吉原敏文（デザイン軒）
D　T　P　キャップス
編集協力　高橋聖貴

発 行 者　揖斐 憲
発 行 所　株式会社サイゾー
〒150-0043 東京都渋谷区道玄坂1丁目19-2 3F
電話 03-5784-0790（代表）

印刷・製本　中央精版印刷株式会社

ISBN978-4-86625-056-4